U0142366

納稅人基本權系列之二十一

稅法學說與判例研究
（一）

黃源浩 著

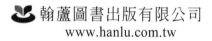翰蘆圖書出版有限公司
www.hanlu.com.tw

序

　　黃源浩博士論文集「稅法學說與判例研究」集結出刊，
爲今年度稅法大事，吾人不能僅以一般稅法論文集視之。其
原因有三：首先，黃博士長年留學法國，法國之加值型營業
稅法爲世界營業稅之起源地，其營業稅法之研究亦爲普世最
爲重視者，國內缺乏專研法國及歐洲法院之稅法人才，黃博
士此書數篇探討營業稅法文章，足以開啓國人眼界。其次，
黃博士德文、英文造詣不下於法文，得以縱覽群書，具國際
視野；尤其其在憲法、行政法方面下過苦工，是以討論稅法
能由更高視野，由納稅人基本權保障與憲法基本價值觀考
察，足以彰顯稅法爲最富涵憲法意識之法律，及賦稅人權保
障爲人權保障主要部分。第三，黃博士原曾長期從事律師業
務，即使留法期間藉由網路科技仍持續關注國內稅法實務問
題，並不斷發表重要稅法論文，是以書中數篇探討行政法院
判決，不僅不因旅外而生疏，及因學養日深益見成熟，尤值
實務界參考。欣見國內稅法學，有如此具啓發性不同視野論
著出版，僅就所知，略綴數語，是爲序。

葛克昌 識於
臺 大 法 律 學 院
財稅法學研究中心

i

光：代自序

本書標題為「稅法學說與判例研究㈠」。其中「稅法學說與判例」比較不需要說明，這代表著作者過去一段時間中，對稅法制度相關問題所進行的研究。當然隨著時間的經過，關心的重點、使用的材料或方法可能不同，然而以國家機關所從事有關的課稅問題為研究對象則一。不過「一」就需要解釋了，因為與此同時，並沒有「稅法學說與判例研究㈡」的出版。使用這樣的名稱只是作者用來鞭策自己的方法，希望在可預見的將來，能夠繼續在這塊領域繳出些成果來。

米蘭昆德拉說：「回憶是依稀的微光。」可不是？在本書付梓出版的前夕，翻閱這些寫作時間橫跨十餘年的文稿，回想起構思撰寫的眾多片刻，腦海中憶起的，總是一道道晞微的光芒：飛越西伯利亞的班機，地平線遠端連成一線的微光；初抵巴黎機場，穿過灰色雲層的第一道曙光、史特拉斯堡大雪封城的冬夜裡，子時熄滅的昏黃燭光。拉爾河畔初春的午後，河上的粼粼波光。普羅旺斯山居的夏日早晨，伴著清甜空氣射入書房的柔柔陽光。父親垂危的病榻前，呼吸器所發出的微弱螢光。隆河岸夏夜的公路上，遠方村落飄渺的隱約燈光……，此時此刻，似乎又都伴著研究室裡灰白的燈光，一一浮現眼前。只不過光陰似箭，作者也已經由當初初始寫作時的博士班學生，變成出國取得學位回來，在大學裡

濫竽的學術界菜鳥了。

　　在這些論文寫作的過程中，甚至是整個學術生涯的進程之中，作者長期承受諸多師長親友的鼓勵，心中一直常懷感激。只是感激者眾，無法在此一一點名。隨著首部論文集的出版，作者只能夠以更加努力、辛勤的寫作，來報答這些漫漫長夜中為我引路的溫柔光芒。

黃源浩

2012.03.16 於輔大

目 錄

再探稅務撤銷訴訟之訴訟標的

目　　次

關鍵詞：稅務訴訟、訴訟標的理論、總額主義、爭點主義、撤銷訴訟、行政處分理由之追補、權利救濟實效性、職權探知原則、協力義務

壹、緒論：問題之提出

　　稅務行政爭訟，恆常具有雙面之矛盾性格。蓋自一方面言之，租稅權力之行使乃國家統治權力之基礎，爲行政權力有效運作所必須，具有高度之公益色彩，轉換於訴訟程序中具體之制度設計，即爲訴訟程序中職權探知原則（Untersuchungsgrundsatz）[1] 之適用。然就另一方面言之，租稅債之關係作爲法定之債之關係，其權利義務之內容與私法之債事實上並無大異，均以金錢之給付，作爲租稅之債權利義務關係之實際內容。是在此一意義之下，訴訟標的所繫之租稅上權利義務關係乃納稅義務人私法上財產，在一定程度內有處分權原則（Verfügungsgrundsatz）[2] 之適用，俾以

---

[1] 此所主要涉及者，諸如關於事實之調查，不受當事人聲明之拘束，法院得因公益之原因爲職權調查（行政訴訟法第 133 條）等。見翁岳生（編），行政訴訟法逐條釋義，頁 311。南博方，租稅爭訟の理論と實際，增補版，頁 145。惟尚請留意者，乃「職權原則」與「職權探知原則」或「職權調查原則」尚有不同。就本文而言，所集中討論者，乃後者於稅務訴訟之適用，務祈鑑查。

[2] 此在稅務訴訟中，主要之表現包括行政法院審判之標的應依當事人之聲明爲之，不得爲訴外裁判；無關公益之事項得承認訴訟當事人之捨棄及認諾；訴之提起、反訴之提起、訴之變更追加、上訴、抗告、和解等，均依當事人之聲明及主張爲之。見翁岳生（編），行政訴訟法逐條釋義，頁 311。處分權原則於德國法制上之展現，可藉由下列陳述知其梗概：「行政訴訟中，考慮及於個別之訴訟標的及訴之聲明者，爲處分權原則（Verfügungsgrundsatz 或 Dispositionsmaxime）之適用。亦即，行政法院爲審判時，應受當事人之聲明及訴訟標的所拘束。這主要可見諸於行政程序之展開及終結。相對的概念爲職權原則（Offizialmaxime），亦即由法院來特定爭議的標的（Streitgegenstand），

尊重私人意思決定之自由。惟產生困難者，乃在於具體之稅務訴訟案件繫屬於行政法院中，法院運用此二原則而爲裁判，各有何等之界限，迄今尚未明朗。尤以事涉裁判既判力客觀範圍之訴訟標的射程範圍爲何、單一之課稅處分在撤銷之訴審理過程中未經復查程序爭執之爭點得否於行政訴訟中主張，經常於訴訟實務上引起爭執。就此，最高行政法院 92年度判字第 309 號判決謂：「稅務行政爭訟係採『爭點主義』，即就本年營利事業所得稅之申報，包含有折舊、其他費用、交際費及營業收入等部分之爭點，當事人就上開特定爭點有所不服，對之申請復查、訴願或進而提起行政訴訟，其效力不及於其他爭點。」[3]，明確表明者有二：其一乃稅務爭訟案件就訴訟標的之特定與其他類型之行政訴訟有所不同，非僅單純之「處分權原則」或「職權原則」即可解釋，更涉及復查之行政救濟程序，對行政處分產生一定預爲審查之效果。其二則進一步指出此差異所在，乃「爭點主義」之適用，故「當事人就上開特定爭點有所不服，對之申請復查、訴願或進而提起行政訴訟，其效力不及於其他爭點」。問題由是生焉：首先，稅務行政訴訟案件之「爭點主義」與「總額主義」之爭執，並非我國法制上所獨有之難題，德、日稅務爭訟案件，早已爭執經年[4]。則此二原則所涉內容爲何？於行

爲刑事訴訟程序中所主要適用。」。Hufen, Verwaltungsprozeßrecht, 4. Aufl., §35 Rn.24.

[3]　裁判作成之日期爲民國 92 年 3 月 27 日，引號爲本文作者所加。

[4]　南博方，租稅爭訟の理論と實際，增補版，頁 50 以下。金子宏，租稅法，

政訴訟法制上有何具體意義？有必要予以探討。尤其繫爭案件，最高行政法院就此一原則之運用是否合乎學理上之要求，俾以達成人民權利之有效救濟與客觀法秩序維持？種種問題，均非明確易解，而有予以深入討論之必要，爲本文問題意識之所在焉。

貳、案件事實摘要

本件原告○泰企業股份有限公司係適用營利事業所得稅普通申報之納稅義務人。民國 81 年間，原告申報年度營利事業所得稅，列報有車輛折舊、其他費用、交際費等部份損失。嗣申報案件申報於被告機關財政部台灣省南區國稅局後，被告機關查核前述申報事項，就(1)車輛折舊超限列報剔除 123,299 元（新台幣，下同）。(2)其他費用中 4,069,622 元轉列爲交際費。(3)而交際費中超出未適用藍色申報之營利事業機關交際費限額之 4,010,777 元予以剔除。(4)此外，被告機關並認定原告漏報營業收入 17,403,060 元，重行核定

第 9 版，頁 758。此一問題在日本稅法學界，尤其成爲爭執之核心。蓋以適用青色申告（約略相當於我國所得稅法中營利事業「藍色申報」之制度）之納稅義務人未於更正通知書中表明主張之理由，得否爲行政訴訟起訴效力之所及？迄今仍不時隱有爭議。見松澤智，租稅爭訟法－異議申立てから訴訟まて理論と實務，中央經濟社，平成 11 年，改訂補正版，頁 49 以下。然於德國租稅法學領域，此一問題所受重視之程度，明顯即不若日本法制，然在結論上，亦明確採行總額主義之立場。參見陳清秀，稅務訴訟之訴訟標的，收錄於「稅務訴訟之理論與實務」，民國 80 年初版，頁 126。

原告之收入為 421,686,983 元。針對此一重行核定之課稅處分，原告不服，於收受核定稅額繳款書及更正核定通知書後，於民國 88 年 3 月 15 日申請復查，惟此一復查之請求，係對 (1) 折舊 (2) 其他費用及 (3) 交際費部分為之，並未對 (4) 營業收入部份申請復查。嗣原告於復查及訴願、再訴願均未得到有效救濟後，乃以財政部台灣省南區國稅局為被告提起行政訴訟，依據行政訴訟法第 4 條第 1 項之規定，請求撤銷行政機關課稅處分，案件循序進入最高行政法院之訴訟程序。

　　最高行政法院針對前述案件，作成 92 年度判字第 309 號裁判。其中針對未經復查決定之「營業收入部份」，明確指出因行政爭訟（於本件當係指撤銷之請求）係採「爭點主義」，本件原告營利事業所得稅之申報，包含有折舊、其他費用、交際費及營業收入等四部分之爭點，然原告就上開特定爭點有所不服，對之申請復查、訴願或進而提起行政訴訟，請求法院判決撤銷違法課稅處分，其效力不及於其他爭點。是故，此一未經復查之課稅構成要件事實，並非行政法院所得審判，應等同於未經復查及訴願程序而處理。並且引述行政法院 62 判字第 96 號判例：「行為時適用之所得稅法第八十二條第一項規定之申請復查，為提起訴願以前必先踐行之程序。若不經過復查而逕為行政爭訟，即非法之所許。本件原告五十六年度營利事業所得稅結算申報，經被告官署調查核定後，僅以原料耗用部分申請復查，對於折舊部分並無異議，是其就折舊部分，一併提起訴願，自非法之所許。」；駁回原告之請求。

參、稅務撤銷訴訟之訴訟標的：
「爭點主義」與「總額主義」

一、撤銷訴訟之訴訟標的

　　訴訟之要素，曰當事人（Beteiligten）、訴之聲明（Klageantrag）、訴訟標的（Gegenstand des Klagebegehrens）[5]。當事人對國家機關所作成之公法上行為有所不服，提起行政訴訟，其所爭執或主張之權利義務關係，亦即訴訟標的，因其提起之訴訟種類有所不同而有異。行政訴訟法於新制實施後，訴訟種類大體可區分為給付訴訟、確認訴訟及撤銷訴訟，然就稅務訴訟而言，主要之訴訟模式仍為針對稅捐稽徵機關所作成之違法課稅處分請求撤銷之撤銷訴訟（Anfechtungsklage）[6]，而有行政訴訟法第 4 條第 1 項之適

---

[5]　行政訴訟中訴訟標的之功能可謂係多方面的：例如，原告提起之訴狀必須表明其訴訟標的、經終局確定裁判之標的對當事人發生既判力、經由其所繫之權利義務關係決定案件是否應由公法法院審判、判斷當事人是否具有實施訴訟之權能、判斷是否發生訴之變更（Klageänderung）等。Ule, Verwaltungsprozeßrecht, 8. Aufl., S.216.

[6]　此一論點，並非單獨於我國法制上所僅見，亦為德日學說所言及。見福家俊朗，租稅訴訟における訴訟物—更正の取消訴訟を中心に，收錄於北野弘久編，判例研究日本稅法體系，學陽書房，昭和 55 年初版，第 4 冊，頁 281。然應予留意者，乃稅務爭訟案件雖以撤銷訴訟為典型，但在邏輯上並非不存在其他訴訟類型。例如請求溢繳稅捐返還之租稅核退（Erstattung）訴訟中，乃以國家作為公法債關係之債務人，而可能以一般給付訴訟之模式進行行政

用。然在訴訟法上，以撤銷訴訟為救濟手段，其訴訟標的亦即當事人間所爭執請求承認或否認之法律關係為何，並非毫無爭議。爭執之核心，乃在於得否以撤銷對象之行政處分作為行政訴訟之訴訟標的？學理上容有爭議。我國行政法院審判實務中，間有實務見解認應以行政處分作為行政訴訟中撤銷訴訟之訴訟標的之情形[7]。惟在推論上，構成撤銷訴訟基礎之爭執事項包括原因事實及請求基礎二方面，撤銷之訴之當事人對於行政處分本身之存在及其內容，並無何等爭議之可言。故行政處分雖為訴訟程序之標的（Klagegegenstand）然其本身並非行政訴訟之訴訟標的[8]。除行政處分本身外，或亦有學說認撤銷訴訟之訴訟標的乃行政處分之違法性[9]、行政處分

救濟。

[7] 此一見解，可見諸行政法院 27 年裁字第 28 號判例：「行政訴訟原以官署之處分為標的，倘事實上原處分已不存在，則原告之訴因訴訟標的之消滅，即應予以駁回。」另陳敏教授亦指出，相同意旨之裁判尚包括 60 年裁字第 49 號判例、61 年裁字第 75 號判例、62 年判字第 184 號判例等。陳敏，行政法總論，第 3 版，頁 1402。採行行政法院前開判決同一見解，而明確指出撤銷訴訟之訴訟標的即為原告起訴請求撤銷之該一行政處分者，為陳計男教授。見氏著，行政訴訟法釋論，頁 213。

[8] 陳敏，同前註。吳庚，行政法之理論與實用第八版，第 654 頁註 38 則謂：「何以撤銷訴訟之訴訟標的並非遭原告訴請撤銷之行政處分？因為對於行政處分之存否當事人並無爭執，行政處分所規制之事實關係（Sachverhalt）亦非訴訟標的。蓋行政訴訟與訴願不同，訴願乃不服行政處分之救濟方法，行政處分所涉及事實關係不屬於行政訴訟當事人間爭執之對象。」。德國法上討論，參見 Ule, Verwaltungsprozeßrecht, 8. Aufl., S.216.

[9] 此為日本多數學說所採，主要認為撤銷訴訟之標的，乃行政處分之違法性全體，至於原告就具體違法事由所為之主張，僅屬訴訟上之攻擊方法，得於撤銷訴訟進行中，在事實審言詞辯論終結前隨時提出主張，不生訴之變更追加

所規制之事實等。德國多數學說，傾向認爲撤銷訴訟之訴訟標的，乃包括原告請求確認此一行政處分爲違法並侵害其權利，以及廢棄該行政處分之訴訟上權利主張（Rechtsbehauptung）或者法律效果之主張（Rechtsfolgebehauptung）[10]。此一推論主要之依據，來自於德國行政法院法（VwGO）第 113 條第 1 項第 1 句之規定：「行政處分爲違法，且因而導致原告之權利遭受侵害者，法院應撤銷該行政處分及異議審查（Widerspruchssbescheid）之決定。」故在撤銷之訴審理過程中，當事人所爭執者乃爲「原處分違法」及「侵害權利」此二事實狀態。準此，撤銷訴訟之訴訟標的乃爲原告所表示之行政處分違法且權利因而受害之主張。而在租稅訴訟之領域中，此一見解亦得到多數學說之支持[11]。

二、稅務爭訟中之「爭點主義」及「總額主義」

㈠概說

訴訟案件訴訟標的之決定，事涉法院裁判既判力

問題。參見松澤智，租稅爭訟法，頁 339-341 以下。瀧川叡一，行政訴訟の請求原因、立證責任及び判決の效力，民事訴訟法講座，第 5 卷，頁 1440 以下。轉引自陳清秀，稅務訴訟之訴訟標的，收錄於「稅務訴訟之理論與實務」，頁 121 註 5。

[10] Ule, aaO., S.206. 陳清秀，同前註，頁 125。關於德國法制上諸種學理之演變，簡要介紹復可參酌吳東都，撤銷訴訟之訴訟標的理論－德國學說與法院見解之介紹與檢討，律師通訊，第 189 期，頁 35 以下。

[11] Vgl. Tipke / Kruse, Abgaben Ordnung und Finanzgerichtsordnung Kommentar, Bd.III, §44 Rn.16ff.

（Rechtskraft; res judicata）之客觀範圍，亦即別訴禁止與重複起訴禁止在訴訟法上之展現[12]。撤銷訴訟訴訟標的之爭論，於稅務爭訟案件中更見其實益，蓋稅務爭訟所涉及之權利義務關係向以繁瑣著稱，提起行政爭訟之原告在救濟過程中得否追補理由，經常直接影響訴訟之成敗[13]。而在另一方面，爭訟客體之特定亦成爲訴訟法制設計上之要求[14]。在此一基礎之上，稅務案件以撤銷訴訟進行時，能否容許當事人主張追補事實理由，法制上有「爭點主義」及「總額主義」二原則之對峙[15]。所謂總額主義（Saldierungstheorie），係認爲對於課稅處分之爭訟對象，乃是課稅處分所核定稅額適法與否之審查。反之，所謂爭點主義（Individualisierungstheorie），

---

[12] 訴訟標的在既判力方面之作用，尤其作爲訴訟標的基礎之原因事實是否爲既判力客觀範圍所及，參見駱永家，判決理由與既判力，收錄於「既判力之研究」，頁 51. 以下。就行政訴訟案件而言，訴訟標的之特定及釐清行政法院判決既判力之客觀範圍，更在於禁止官署爲同一內容之行政處分。吳東都，前揭文，頁 43。

[13] 於我國租稅救濟制度中，在法院之前所踐行之訴訟前程序，對於進行救濟之當事人追補理由原則上採行較爲寬容之態度。例如在復查程序中之追補理由，行政法院 77 年判 711 號判決即指出：「納稅義務人合法申請復查後，在稅捐稽徵機關爲復查決定前提出之補充理由，如與申請復查理由相牽連，且影響及於應納稅額之核計時，應併爲復查之決定。」，乃以同意追補爲原則。

[14] Vgl. Tipke / Kruse, Abgaben Ordnung und Finanzgerichtsordnung Kommentar, Bd.III, §65 Rn.1a.

[15] 金子宏，前揭書，頁 758。陳清秀，稅務訴訟之訴訟標的，頁 3。日本法上較爲近期之文獻，見占部裕典，青色申告の理由差替えと主張制限－租稅確定、租稅爭訟手續の基本構造との關係において，收錄於「租稅行政と納稅者の救濟－松澤智先生古稀紀念論文集」，中央經濟社，平成 9 年，頁 53（56）以下。

則認爲撤銷訴訟之原告對於課稅處分不服而提起訴訟，其爭訟對象乃是與處分理由有關聯之稅額之存否；或認爲法院審判之對象乃撤銷訴訟原告所指摘之課稅處分理由（個別課稅基礎）之適法與否[16]。而此一爭議於訴訟上最主要之功能，闕爲決定未經於復查等訴訟前程序主張之理由，得否於訴訟上主張之[17]。德日學說，原則上均傾向於總額主義之見解，然其內容，尚存有若干出入，致使在比較法上有先予討論釐清之必要。

㈡日本法上之「爭點主義」及「總額主義」

在日本法上討論稅務訴訟案件提起撤銷訴訟，採行爭點主義抑或總額主義，不可避免者亦應由撤銷訴訟之訴訟標的出發。與前述德國法制有所不同，雖多數見解仍將訴請法院判決撤銷行政處分之請求理解爲形成訴訟之一種[18]，然訴訟標的於日本多數見解中，傾向被當作審查之對象乃行政處分違法性之本身，而非請求廢棄該行政處分之訴訟上權利主張。在此一認識之下，尚可將撤銷訴訟之訴訟標的區分爲「行政處分之違法性全體」以及「行政處分之具體的違法事由」二說。而在司法實務上，爭點主義與總額主義之選擇，仍有所區別：

---

[16] 陳清秀，稅務訴訟之訴訟標的，頁3。
[17] 金子宏，前揭書，頁758。
[18] 參見宮崎良夫原著，陳清秀譯，行政訴訟之訴訟標的，收錄於收錄於「稅務訴訟之理論與實務」，頁111。

1. 原則採總額主義：普通申報（白色申告）事件

　　所謂普通申報或者稱作白色申告，係指申報所得稅之納稅義務人，所適用者為一般性之結算申報程序。與我國法制相同，日本稅法制度將涉及營利事業所得之法人稅法事件，區分負結算申報義務之納稅義務人所為之申報為「普通申報」（白色申告）及「藍色申報」（青色申告）二類[19]。其中白色（普通）申報為大多數納稅義務人所適用之正常申報案件，青色申告則為帳證齊全之納稅義務人，於主管稅捐稽徵機關核准之前提下，所使用之申報。青色申告之制度目的，乃對於誠實設帳、申報納稅義務人，透過不同之申報手續而賦予其較為優惠之稅法上條件。而白色申告，乃一般正常條件之下納稅義務人所為之申報，並不以預先得有行政機關許可其使用所得稅申報書為前提。於此類申報案件所發生之撤銷訴訟中，日本法院就撤銷訴訟標的之特定，向來採行明確之總額主義立場。蓋一方面言之，就稅捐稽徵機關所作課稅處分，於撤銷訴訟言詞辯論終結前稅捐稽徵機關所為之課稅

---

[19] 中村芳昭，青色申告の趣旨，判例研究日本稅法體系，第 3 冊，頁 218 以下。日本所得稅法第 143 條規定：「不動產所得、事業所得又は山林所得を生ずべき業務を行なう居住者は、納稅他の所轄稅務署長の承認を受けた場合には、確定申告書及び当該申告書に係る修正申告書を青色の申告書により提出することができる（從事可以產生不動產所得事業所得或山林所得業務之居住者，於納稅地或其他地方稅務署長承認之情形之下，得以藍色申報之方式提出確定申告書及該申告書之修正申告書）。」，即為藍色申報之規定。除所得稅法外，日本法人稅法亦有相類之規定。

處分理由追補及變更向爲判例所許[20]，未有嚴格限制。其主要之論據基礎，乃在於對白色申告申告不實或錯誤所爲之撤銷更正，於日本稅法制度中並未被強制要求載明撤銷變更之理由，蓋以租稅申報之大量性及反覆性之本質，不可期待稅捐稽徵機關具有完整附記更正理由之能力[21]。另方面言之，納稅義務人於訴訟中提出申報更正程序中未主張之理由，亦爲法之所許[22]。二方面言之，課稅處分作爲國家高權行使之結果，其目的固以滿足國庫支出爲其主要考量。然其在行政處分之功能上，所負擔者實爲就租稅之債此一公法上債之關係爲確認，具有確認金錢給付數額之功能[23]。是故於事實審言詞辯論終結前所爲之理由追補，僅具攻擊防禦方法追加變更之意義，除另有遲滯訴訟進行之意圖者外[24]，均許可當事

---

[20]　金子宏，租稅法，頁 758。中村芳昭，課稅處分等の理由附記，判例研究日本稅法體系，第 3 冊，頁 261 以下。蓋前已言及，請求撤銷或維持課稅處分之理由追補變更於日本法上向來之說法，僅作爲攻擊防禦方法之追補變更，並非訴訟標的之追補（加）變更。松澤智，租稅爭訟法，頁 339-341 以下。瀧川叡一，行政訴訟の請求原因、立證責任及び判決の效力，民事訴訟法講座，第 5 卷，頁 1440 以下。轉引自陳清秀，稅務訴訟之訴訟標的，收錄於「稅務訴訟之理論與實務」，頁 121 註 5。

[21]　久保茂樹，納稅者の手續的權利と理由附記，收錄於岡村忠生／田中治／芝池義一（編），租稅行政と權利保護，京都ミネルヴァ書房，1995 年初版，頁 151。

[22]　東京高等裁判所昭和 39 年 4 月 8 日判決，行政事件裁判例集 15 卷 4 號，頁 561。

[23]　福家俊朗，租稅爭訟における行政不服申立前置主義，判例研究日本稅法體系，第 4 冊，頁 243。

[24]　事實上，日本重要之行政法學者南博方教授即曾指出，租稅訴訟中總額主義

人追加補正之。

2. 例外採爭點主義：青色申告事件

　　與前述白色申告之案件，正好相反。於日本法制中，涉及法人稅青色申告之納稅義務人更正不服案件之撤銷訴訟中，日本法院向來以明確之「爭點主義」作爲訴訟程序中納稅義務人一方理由追補許可與否之主要判斷準據[25]，此所涉及者，非僅爲課稅行政處分理由之追補，更爲行政程序保障對於訴訟程序之放射效果所及。是故，基於個別理由所爲之更正決定，即爲不同之行政決定，在救濟上具有分殊訴訟標的之意義。

　　在日本稅法制度上，稅捐稽徵機關針對人民提出之法人稅青色申告申告書，經審核後發現其有申報不實或其他錯誤情形，得予以更正。然而此一更正，應將更正之理由條列載明[26]，其功能一方面在於確保稅捐稽徵機關作成更正處分之慎重及避免行政恣意，二方面也在於便利納稅義務人針對特定之事實提出不服申立之救濟[27]。是故，大阪高裁昭 43.6.21

之採行就訴訟標的特定言，實有不利訴訟迅速進行之缺點。南博方，租稅爭訟の理論と實際，增補版，頁 45。惟就爲遲滯訴訟目的所爲理由補正之禁止，實係另一問題，故本文在此不作深入討論。

[25] 參見日本最高裁判所昭和 56 年 7 月 1 日裁判，最高裁判所民事判例集，35 卷 5 號，901 頁。金子宏，租稅法，頁 759。松澤智，租稅爭訟法，頁 49。

[26] 更正理由之載明，開始於日本舊所得稅法第 45 條第 2 項以下所要求。見中村芳昭，課稅處分理由の附記，判例研究日本稅法體系，第 3 冊，頁 254。

[27] 日本最高裁判所昭和 38 年 5 月 31 日裁判，最高裁判所民事判例集 17 卷 4

判決乃清楚指出：「從法要求在更正處分通知書附記理由來看，應認為原則上不允許以更正處分所附記以外之理由維持該更正處分。」[28] 明確表明爭點主義之立場，更正理由之附記應被理解為實體法上必要之要件而非訓示規定[29]，不許可稅捐稽徵機關在訴願程序中提出未附記之理由作為維持原處分之訴願主張，在結論上採行與爭點主義相同之標準，未經更正程序主張提出之事實理由，不得於撤銷之訴提起後於法院程序中更為提出。

㈢ 德國法上之「爭點主義」及「總額主義」

1. 爭議漸遠之稅務訴訟標的問題

於德國租稅爭訟案件中討論「爭點主義」及「總額主義」，並非長期以來引起爭議之問題，毋寧為戰前舊訴訟法制之時代，所討論之問題[30]。戰後德國行政救濟法制，隨著職權探知原則在訴訟法制上之確立及強調，行政訴訟——尤其稅務訴訟案件中，即隨之廣泛課予受理爭訟事件之法院闡明並探

期第 31 頁。轉引自松澤智，租稅爭訟法，頁 51。

[28] 稅務訴訟資料 59 卷 191 頁，轉引自松澤智，租稅爭訟法，頁 50。

[29] 中村芳昭，同前註，頁 258。

[30] 故近期德文行政訴訟相關文獻資料，已少有獨立介紹「爭點主義」及「總額主義」之文獻，僅戰前較舊之訴訟法文獻，論及相關爭議。近期出版之權威註釋書，甚且亦無從發現此二關鍵字，其於德國法上之討論狀況，實可窺知一二焉。

知事實之義務[31]。在稅務爭訟上，亦以總額主義之觀點特定稅務訴訟之訴訟標的[32]，承認訴訟當事人得於事實審言詞辯論終結前為理由之補充提出[33]。其推論之基礎，來自於德國財務法院法（FGO）[34] 第 76 條第 1 項第 1 句之規定：「財務法院應依職權調查，探知事實（Das Gericht erforscht den Sachverhalt von Amts wegen）。」[35]，俾以發現完整且合於真實的（vollständig und der Wahrheit gemäß）事實狀態。並據此認為法院對事實之探知不受行政程序之影響，當事人原

---

[31] Hufen, Verwaltungsprozeßrecht, 4.Aufl., §35 Rn.21 乃指出：「於行政訴訟之領域所適用者，乃職權探知原則（或審訊原則 Inquisitionsmaxime），也就是說，行政法院應依職權（von Amts wegen；德國行政法院法第八十六條第一項）探究事實關係，不受當事人提出之主張或陳述之拘束。予適用於刑事訴訟程序、財務訴訟程序、社會訴訟程序、非訟程序以及某些特定之民事訴訟領域一般，基於公益之考量使得法院必須完整而正確地調查探知事實（richtigen und vollständigen Sachverhaltsermittlung voraussetzt）。從德國行政法院法之規定亦可推知，法院應平等且客觀地探知事實關係，不受當事人所提出訴訟資料之限制。」。

[32] Ziemer / Haarmann / Lohse / Beermann, Rechtsschutz in Steuersachen, 1977, Tz.7015. 轉引自陳清秀，稅務訴訟之訴訟標的，頁 351。

[33] Vgl. Schoch / Schmidt-Aßmann / Pietzner, Kommentar der Verwaltungsgerichtsgordnung, §113 Rn.21.ff.

[34] 德國法制與我國不同，存有六所終審之最高審判機關。其中行政訴訟案件與財務訴訟案件適用不同之訴訟法而由不同之法院作成終審裁判。Vgl. C. H. Ule, Verwaltungsprozeßrecht, C. H. Beck Verlage, München 1987, S.30f.

[35] 本條規定之主要功能，除在訴訟上確立了財務法院職權調查之原則外，更在於透過法院調查權利之規範，明確賦予當事人促進訴訟之協力義務。Tipke / Kruse, Abgaben Ordnung und Finanzgerichtsordnung Kommentar, Bd.III, §76 Rn.57ff.

則上得於訴訟程序中追補未於行政程序中提出主張之理由，並不會被當作訴訟標的之變更或追加加以處理[36]。是故，法院於行政爭訟程序中被要求應完整而正確地調查探知事實，依職權調查構成要件事實，容許理由之追補。

　　職權探知之制度要求，並非單純來自於訴訟法上之制度設計，更來自於法院爭訟程序前的行政程序。蓋於行政程序中亦存在職權探知之要求，使得國家對於租稅法上構成要件之事實探知，以實質真實（materiellen Wahrheit）之發現為原則[37]，國家機關於行使行政權力之同時，應盡其客觀上調查之能事，探知一切具有意義之事實或法律關係，不以人民所曾提出主張者為限。是故職權之探知非僅於法院程序有之，訴訟前之行政程序亦要求其一體適用。不獨如此，在實體之租稅債務法上，租稅債之關係向來被當作典型之羈束法律關係（rechtlich gebundene Rechtsverhältnis）加以理解[38]，亦即國家機關行使租稅課徵權力，乃負有義務，就公法上債之關係所繫之構成要件事實應予完整而真實之發現，俾使國

---

[36] Tipke / Kruse, Abgaben Ordnung und Finanzgerichtsordnung Kommentar, Bd.III, §67 Rn.2ff. 在稅務案件中，配合前述訴訟標的理論在德國法上之採行，原則上僅有當事人之權利主張或訴訟種類之變更，方被當作訴訟標的之變更加以看待。

[37] BFH BStBl. 76, 767f zitiert aus Martin, Wechselwirkungen zwischen Mitwirkungspflichten und Untersuchungspflicht im finanzgerichtlichen Verfahren, BB, 1986, S.1021. 是故於稅捐稽徵程序中，如同訴訟程序般，使納稅義務人廣泛被賦予發現真實之協力義務，俾便於探知事實。

[38] Vgl. R. Seer, Verständigung in Steuerverfahren, 1996. S2.ff. 陳敏，行政法總論，第 3 版，頁 17。

庫不受未能調查而無從課徵稅賦之損失；納稅義務人亦不致
因機關調查之未能有效實施蒙受不平等稅負課徵之損害[39]。

　　在德國行政訴訟法制、尤其稅務訴訟案件上出現爭點主
義之討論，近期學說實務之諸項問題中，更來自於在一般性
之基礎上，行政訴訟提起之後，能否容許理由追補
（Nachschieben von Gründen）的討論[40]。在德國行政訴訟之
案件中，原則上於法律審之前均得填補理由上之闕漏，稱作
法律審前修補之原則（Grundsatz Reparatur deht vor Kassation）[41]。

---

[39] 爲達此一目的，故稅捐稽徵之行政程序與一般之行政程序不同，除課以機關
調查發現眞實之義務外，亦課以納稅義務人眞實陳述之義務。故「納稅義務
人對於租稅徵收上之事實負有合於眞實的揭露義務。這是在稅法上眞實義務
原則的展現，尤其在（租稅法上的）刑罰程序更是清楚。這樣的展現，可以
在德國租稅通則第九十三條第三句、九十四條第一句第一段、九十五條第三
句、第一四六條第一句、第一四九條第一句、第一五〇條第二句、第一五三
條第一句及第一五四條中找到。所謂的眞實，意味著『正確而完整的申報』
（richtige und vollständige Angaben），所謂不眞實的申報，則係指不完整、
不正確偏離事實或誤導的申報。根據此一義務，只要行政機關發現納稅義務
人有不實申報之可能（möglicherweise unrichtig sind），即必須（muß）針對
租稅的事實關係作進一步的闡明。」參見 Tipke / Kruse, AO, §90 Tz.3.

[40] 在概念上首先應予區別者，乃理由之追補與行政處分理由之補記（Nachholen
der Gründe）並不相同。行政訴訟提起之後，作爲撤銷訴訟程序標的之行政
處分，形式上雖已記明理由，但因不充分或不能支持該行政處分，而由被告
之行政機關於訴訟程序中，就法律或事實之觀點予以補充或變更，是爲追補
理由。行政處分之補記理由，則爲行政機關依據行政程序法第114條第1項
第2款之規定，就行政處分未附記理由之程序瑕疵予以事後記明之補正。二
者進一步區辨，參見陳敏，行政法總論，3版，頁419；盛子龍，行政訴訟
程序中行政處分理由追補之研究，中原財經法學，第9期，頁3以下。

[41] Schoch / Schmidt-Aßmann / Pietzner, Kommentar der
Verwaltungsgerichtsgordnung, §113 Rn.21.

故不獨於稅法領域，當事人於事實審言詞辯論終結之前追補
作為本案攻擊防禦方法之事實理由[42]。故在結論上，德國司
法實務關於訴訟繫屬中理由之追補，乃普遍採行總額主義之
原則，並無疑義。

2. 正確而完整之探知乃憲法要求

在德國法制上，稅務訴訟所適用之職權探知原則並非僅
意味著機關或法院積極主動探知構成要件事實之法制要求，
更來自於憲法秩序之基本價值。Tipke 教授即指出，透過職
權探知之要求所發生效力者，乃德國基本法第 19 條基本權
利有效保護請求權（Auspruch auf Gewährleistung effektiven
Rechtsschutzes）之規定[43]。蓋行政爭訟，尤其租稅爭訟案件
所涉事項複雜而充滿高度之技術性，對法律事務不熟悉的人
民因而受有特別保護之必要。是以透過職權探知，使得有效
之個人權利保護成為可能[44]。另一方面，在租稅實體法之權
利義務關係中，課稅權力之行使亦被要求達成「公平而合法」

---

[42] 非僅於羈束之領域有理由補正之可能，德國聯邦行政法院於 1990 年 5 月 18
　日作成之判決（BVerwGE 85, 161）中，明確容許行政機關於訴訟程序上追
　補裁量所斟酌之理由。故德國行政法院法於 1996 年之修正，其第 114 條第
　2 項即規定：「行政機關於行政訴訟程序中，仍得就行政處分補充其裁量斟
　酌（Ermessenserwägung）。」參見陳敏，行政法總論，第 3 版，頁 1442。
　盛子龍，前揭文，頁 36。

[43] Tipke / Kruse, AO / FGO Kommentar, 1996, §76 FGO, Tz.4.

[44] BFH BStBl. 55, 66., zitiert aus Tipke / Kruse, AO / FGO Kommentar, 1996, §76
　FGO, Tz.4.

的租稅課徵（Gesetz-und Gleichmäßigkeit der Besteuerung）。
尤其稅法制度基本之關懷面向，已由傳統制度中所強調要求
之租稅課徵行為合法性轉向於著重量能課稅、平等負擔在稅
法領域之中之實現[45]。無論係法院或稅捐稽徵機關，稅法上
具有意義之構成要件事實之完整探知，並不僅出於羈束之法
律關係即可推導出職權探知之要求。適用「總額主義」以確
定納稅義務人客觀上應負納稅義務之正確數額，更有其發現
納稅義務人真實之給付能力，以維持課稅公平之憲法考量。

三、小結：擺盪於程序保障與紛爭解決實效性之間的 訴訟標的理論

　　稅務訴訟審理程序中，當事人之一方得否追補未於行政
程序中提出爭執之理由，概如前述。德國法制與日本法制，
大致上基於稅務行政訴訟適用職權調查之原則，廣泛承認訴
訟程序中理由之追補。尤其日本法制中之討論明確指出，除
青色申告之剔除更正因出於保障納稅義務人程序權利之觀
點，例外採行「爭點主義」之原則外，絕大多數案件所適用
之白色申告程序，未於行政程序中提出主張之理由於訴訟程

---

[45] BVerfGE 66, 214：「很明顯地，對於租稅正義存在著一個基本的要求，也
就是基於經濟上的給付能力來課稅。」Tipke 甚至將這段話印在第 11 版的
稅法教科書扉頁之上，以表示對此一原則的重視。此一要求，主要來自於憲
法平等原則之規範。而在另一方面，德國租稅通則第 85 條亦規定：「稅捐
稽徵機關負有義務，依據法定標準核定並徵收租稅。並應特別留意，並無短
徵、違法徵收或給予違法之租稅優惠」，足作為稅捐平等合法課徵此一要求
之法律基礎。Tipke / Kruse, AO / FGO Kommentar, 1996, §85 AO, Tz.1ff.

序中提出，原則上僅被當作是攻擊防禦方法之追補，並非訴訟標的之追補，故亦不發生訴之變更追加問題。其效果乃與學說上所稱之「總額主義」相一致。故稅務案件之撤銷訴訟，表面言之固為撤銷訴訟，然則當事人所爭執者實則並非單純之撤銷，毋寧為公法債之關係數額之確定。故透過事實審言詞辯論終結前支持或請求撤銷原處分理由之追補，所發生之效力乃探知實質之真實，俾使稅捐稽徵機關作成課稅處分、履行課稅權力公平而合法。

　　然在推論上，透過職權探知與權利救濟實效性之要求所導出之總額主義，並非毫無值得後續思考之處。蓋相對於總額主義之原則，爭點主義之採行，亦有有效保護被告防禦權限、維持原告程序保障之效果[46]。在另一方面，當在制度上要求稅捐稽徵機關或法院「完整而真實」的探知所有具有意義之課稅事實，恐怕亦非全然合於憲政秩序之要求。蓋探知行為亦為國家行為，應受比例原則之拘束：百分之百正確無遺漏之事實調查，恐與比例原則所強調之國家行為不得過度有所抵觸[47]。另方面言之，毫無遺漏之行政調查也意味著國家對私人生活領域的過度介入，與憲法秩序中一向強調之私人領域不受不必要侵害之原則相左[48]。

---

[46] 松澤智，租稅爭訟法，頁51。

[47] Tipke / Lang, Steuerrecht, 17 Aufl., §21 Rn.231.

[48] 關於租稅調查探知對於私人生活領域介入侵害之界限，參見黃源浩，稅法上的類型化方法，國立臺灣大學法律學研究所碩士論文，民國88年，頁91以下。

解決矛盾之手段，無法單獨於訴訟法上透過訴訟標的之理論而求得，而應於稅捐稽徵程序中思考課稅權力行使之程序要求，直言之，乃「協力義務」（Mitwirkungspflichten）於稅捐行政領域之適用。所謂「協力義務」，或進一步精確言之「稅法上之協力義務」，係指在租稅課徵程序之中，課予納稅義務人協助機關探知課稅事實或闡明租稅法律關係之義務。或「藉由人民協力，使稅捐稽徵機關得以掌握各種稅籍資料、發現課稅事實、減輕稽徵成本並達到正確課稅之目的。是故在協力義務之制度要求中，諸如設置帳冊、使用交付憑證、自動申報闡明、登記涉及等義務，均足以緩和於稽徵程序及訴訟程序中，因職權調查所導致之國家權力過度擴張。是故，正如大法官釋字第 537 號解釋所示：「此因租稅稽徵程序，稅捐稽徵機關雖依職權調查原則而進行，惟有關課稅要件事實，多發生於納稅義務人所得支配之範圍，稅捐稽徵機關掌握困難，為貫徹公平合法課稅之目的，因而課納稅義務人申報協力義務[49]。」協力義務之所在，乃機關（包

---

[49] Birk 教授對協力義務之見解，亦與大法官 537 號解釋相近：「根據德國租稅通則第八十八條第一項第二及第三句之規定，確定了稅捐稽徵機關行使調查權力的項目及範圍，當於個案中行使調查權限以發現真實。乃在於德國租稅通則第九十條之規定（作者註：即協力義務之規定），係考慮到租稅事實通常係由納稅義務人所掌握，故在此所採行者，乃協同之原則（Kooperationsgrundsatz）。」。Birk, Steuerrecht, 5. neu bearbeitete Aufl., §5. Rn.424. 另關於稅捐稽徵程序中之協力義務及其效果，於我國稅法領域中近年多有論及者。如陳敏，租稅稽徵程序之協力義務，政大法學評論第 37 期，頁 39 以下；柯格鐘，稅捐稽徵協力義務與推計課稅，國立臺灣大學法律學研究所碩士論文，民國 88 年，頁 35 以下；黃源浩，營業稅法上協力義務及

括法院及稅捐稽徵機關）職權調查之所止。透過協力義務之課予所發生之效果，非僅緩和法院與稽徵機關職權調查之密度、降低訴訟當事人舉證要求、更有促進當事人之程序參與俾以納稅義務人程序主體地位之功能。

肆、最高行政法院 92 年度判字第 309 號判決與「爭點主義」

一、概說

　　未經復查程序主張之租稅法上構成要件事實，得否復行於訴訟程序中提出主張？於比較法上之制度梗概，已如前述。然於我國行政訴訟之實務中，針對此一問題，尤其當事人起訴請求撤銷行政處分，其究竟對何等前提事實產生遮斷效力？亦即訴訟標的或行政法院審查之客觀範圍為何？我國行政法院，甚少表示其見解，更未見有援用比較法上之法律概念以作為其裁判之理由者。是故，最高行政法院 92 年度判字第 309 號判決，直接以稅務訴訟係採「爭點主義」為理由，進而否認未經復查程序主張之事實得於相對應之撤銷訴訟程序中主張，即值重視。在問題之討論上，此一裁判所引發之討論有二，其一為爭點主義之內容，已於前文討論。其二則為最高行政法院對於爭點主義之運用，有無可議之處？此不得

　　違反義務之法律效果，財稅研究，35 卷 5 期，頁 135 以下。

不繫諸於稅務訴訟法制上，諸多前提問題之解決。具體言之，包括「爭點主義」於我國訴訟法制上之適用有無依據？行政救濟中理由之追補究竟是否爲法之所許？稅捐稽徵法就租稅相關事實之探知採行何種態度等各個面向，加以思考。

二、我國稅務訴訟，確以「爭點主義」特定撤銷訴訟之訴訟標的？

最高行政法院 92 年度判字第 309 號判決，明確指陳因在訴訟標的之確定上我國法制係採行爭點主義，故不許當事人未於復查程序中未主張爭執之事由。其論據之基礎，主要來自於行政法院 62 年判字第 96 號判例：「行爲時適用之所得稅法第八十二條第一項規定之申請復查，爲提起訴願以前必先踐行之程序。若不經過復查而逕爲行政爭訟，即非法之所許。本件原告五十六年度營利事業所得稅結算申報，經被告官署調查核定後，僅以原料耗用部分申請復查，對於折舊部分並無異議，是其就折舊部分，一併提起訴願，自非法之所許。」。然則該號判例，並未明白指陳之所以不許可未於復查程序中主張之折舊部分於行政訴訟中主張，係基於「爭點主義」之訴訟法上原則而來[50]。是以發生疑問者，則在於

---

[50] 於我國最高行政法院所作成之諸裁判、判例中，直接引述行政法上一般性原理原則者並不在少數。例如行政法院 48 年判字第 52 號判例指陳之法律保留原則、行政法院 83 年判字第 1223 號判例所揭示之信賴保護原則、最高行政法院 92 年判字第 552 號判決所明示之不利益變更禁止原則等，在在均顯示出行政法律由於欠缺成文法律之規範基礎，常以該等行政法上一般性原理原

是否確如最高行政法院於裁判中所述：我國稅務訴訟，確以
「爭點主義」特定撤銷訴訟之訴訟標的？倘就該判決所引述
之行政法院 62 年判字第 96 號判例觀之，其不許當事人主張
未於復查之行政程序中提出之理由，與前述「爭點主義」之
觀點確有雷同之處。然則，吾人得否逕依此一裁判，推出我
國法上在稅務訴訟之訴訟標的之特定上，亦承認爭點主義此
一原則？則實有下列二問題，應作深入思考：

㈠實務見解，間亦容有採行「總額主義」之案例

行政法院受理稅務案件之爭訟，針對納稅義務人所主
張，並據以請求撤銷課稅處分之諸項理由中未經復查程序
者，是否均如行政法院 62 年判字第 96 號判例所示，採行爭
點主義之立場，並非無進一步探求之空間。首先，司法院於
民國 28 年所作成之院字第 1849 號解釋，明確指出訴願提起
後再行發現之新證據，可於再訴願程序中主張：「受理訴願
官署所為之決定，不得自行撤銷，此以訴願法第六條第二項
但書之規定比較觀之，即甚明顯。如訴願人於決定確定前，
發見有利益之新證據，亦祇能由訴願人提起再訴願，以資救
濟。在未經再訴願決定撤銷以前，原處分官署，仍應受其拘
束。至決定確定前為決定基礎之法令變更，原決定官署不得
因訴願人有不服之聲明而自行撤銷其決定，亦與上述情形

則作為推論之基礎。然較值得注意者，乃直接引述「爭點主義」此一學術名
詞而未加以清晰嚴謹之定義，為最高行政法院歷年裁判所難得一見。

同。」，已寓有總額主義原則中，容許嗣後理由追補之意思[51]。行政法院復進一步於民國 52 年判字第 78 號判決中指出，未經復查程序之事實理由得於訴願程序中主張之：「資產折舊之提列實與所得額之計算不無關係，如納稅義務人有應提列之資產折舊，縱未於結算申報及復查時主張提列，仍可在訴願程序中主張提列，以期課稅之公平。」。以及行政法院 72 年度判字第 1354 號判決：「又原告系爭三個月份之水電費倘果包括家庭用度在內，被告機關於查定時原應予依職權查明減除，不待原告自行主張，其一併計入原告之營業費用即屬誤算，縱令原告遲至提出本件行政訴訟時始行主張，揆之稅捐稽徵法第二十八條納稅義務人得於繳納後五年內申請退還之規定，自仍無不可。」乃以容許原告於行政訴訟起訴後追補未於復查及訴願程序中主張之理由，並指明稅務案件撤銷訴訟提起之目的，在於確定納稅義務人客觀上之應納稅額，實則與適用總額主義之結論相同。

(二)訴願法與行政訴訟法之修正意旨

前述行政法院 62 年判字第 96 號判例，作成之時間為行政訴訟法大規模修正前之民國 62 年。然則行政訴訟法與訴願法於民國 88 年大幅修正[52]，單就行政訴訟法而言，即由原本 34 條條文大幅擴充其篇幅及於 308 條條文，增幅接近 10

---

[51] 陳清秀，稅務訴訟之訴訟標的，收錄於「稅務訴訟之理論與實務」，頁 132。

[52] 行政救濟法制之修正及評釋，參見吳庚，行政法之理論與實用，增訂 8 版，頁 591 以下。

倍；訴願法亦由舊法之 28 條條文擴充及於 98 條條文。在此一法制現實之下於新法修正實施後援用舊法時代所作成之判例，恐有重新思考法制變革制度目的必要。與舊訴願法及舊行政訴訟法不同，此次行政救濟法制之修正，乃以貫徹職權調查原則於救濟程序之適用為重要特徵之一。新修正行政訴訟法第 125 條第 1 項規定：「行政法院應依職權調查事實關係，不受當事人主張之拘束。」，此與前述德國財務法院法（FGO）第 76 條第 1 項第 1 句之規定：「財務法院應依職權調查，探知事實」所規範者，具有同一之內涵。相對於民事訴訟法第 199 條第 1 項之規定：「審判長應注意令當事人就訴訟關係之事實及法律為適當完全之辯論。」，行政訴訟所著重者，更在於透過法院之調查以發現客觀上具有意義之構成要件事實。易言之，於新法正式引進職權調查之要求而成為訴訟上有明文規範事項後，法院既有依職權調查之誡命要求，則能否再以「爭點主義」為理由，拒斥當事人於訴訟程序中提出主張未經復查程序之事實理由？拒絕納稅義務人於訴訟程序中所為之理由追補，與新法之制度目的是否相一致？非無推論上之疑義。

　　另方面言之，職權探知或職權調查之救濟法制原則，亦於訴願法中可見其制度之展現，此所涉及者，為訴願法第 79 條第 1、2 項之規定，更加趨近於「總額主義」之內涵。該條規定謂：「（第一項）訴願無理由者，受理訴願機關應以決定駁回之。（第二項）原行政處分所憑理由雖屬不當，但依其他理由認為正當者，應以訴願為無理由。」亦即，透過

訴願審議機關之職權調查，著重者乃客觀之法秩序中，有無違法不當處分之存在，亦可探知立法者規範之真意，實較趨近於總額主義之結論。

(三) 稅務案件撤銷裁判之功能：單純之撤銷？

前已言及，國家行使租稅高權作成課稅處分，所發生之權利義務關係並非單純之下命關係，毋寧係以確認公法上債權債務關係數額為目的之確認處分[53]。是故當事人提起行政訴訟，表面上所爭執主張之權利義務關係，乃訴請法院撤銷課稅處分，實則所爭執者，乃請求法院確認此一公法上客觀存在之債權債務關係之數額[54]。就此，本次行政訴訟法之修正，亦展現撤銷之訴所兼具之確認功能。此主要見諸行政訴訟法第 197 條之規定：「撤銷訴訟，其訴訟標的之行政處分涉及金錢或其他代替物之給付或確認者，行政法院得以確定不同金額之給付或以不同之確認代替之。」。故當事人以撤銷之訴起訴，法院於裁判上經由職權調查確認債之關係之數

---

[53] 此為德國多數學說所採。按德國租稅通則第 3 條第 1 項明文規定：「租稅乃由公團體課徵之無對價金錢給付，於構成要件合致時當然發生。」，論者遂以為課稅處分，乃一確認處分，其功能主要在於確認公法上債之關係之數額。Tipke / Kruse, AO / FGO Kommentar, 1996, §38, Tz.23.

[54] 行政訴訟之撤銷裁判，其所發生之功能是否僅限於單純之撤銷（kassatorische Funktion）？戰前德國通說乃如此認為。見田中二郎，瑞西聯邦行政裁判所制度に就て，收錄於行政爭訟の法理，有斐閣，昭和 61 年初版 6 刷，頁 345。然於我國行政訴訟新法於民國 89 年實施之後，撤銷裁判亦可附有給付之效果或確認之效果，已在法制上得到確認。

額者,得於撤銷判決中除撤銷繫爭之違法課稅處分外,並於裁判中宣告確認數額尤其應納稅額之權利義務關係[55]。是故,於法院行使職權探知權限之際,尚可確認公法上金錢之債之數額,足以見得基於紛爭解決一次性之要求,法院所被賦予者,乃「完整而真實」發現納稅義務人真實給付能力之職權。

三、「爭點主義」與訴訟標的遮斷效之矛盾:稅捐稽徵法之思考

(一)「遮斷效」或「失權效」之概念

訴訟標的之作用,於既判力之客觀範圍上所發生之主要效果,乃就業經法院判斷之權利義務關係,不得更行起訴,以維持一事不再理之訴訟法制基本要求。訴訟制度中以事實審言詞辯論終結日為基準,訴訟標的之權利或法律關係被確定,因此,當事人間就該權利或法律關係在基準時之前所存在之事由或攻擊防禦方法,不問在該訴訟之言詞辯論中曾否提出主張,亦不問其未主張是否有故意過失,均因判決之既判力而被遮斷,不得重行提出爭執,亦不得於最高行政法院之審判程序中作為新攻擊防禦方法而提出,此稱之為裁判既

---

[55] 參見翁岳生(編),行政訴訟法逐條釋義,頁 557。其立法理由謂:「原告提起撤銷之訴為有理由者,如原處分違法情形只涉及金額或數量時,應許行政法院在原先聲明之範圍內自行判決加以糾正,不必撤銷原處分而發回原機關重為處分,以免原處分機關或有拖延不結,甚至置諸不理之情形。爰仿西德行政法院法第一一三條第二項之規定,增設本條,俾有依據。」。

判力之遮斷效（ Abschneidungswirkung ） 或失權效
（Präklussionswirkung）[56]。納稅義務人受有國家機關所作成
違法課稅處分，提起行政救濟，其未於行政程序中提出主張
之理由，除依行政法院前述見解，因稅務訴訟採行「爭點主
義」而無法於訴訟中追補主張外，倘若於判決確定後，當事
人尤其原告未及提出主張之理由，有無更行起訴之可能？按
於邏輯上，此等事由既未於前訴提出，而在客觀上非屬行政
法院裁判之對象，當不為裁判之既判力所及。然於行政法院
72 判字第 336 號判例中，行政法院明確指出此等未及提出
而受裁判之事實理由，亦受裁判既判力之遮斷，不得更行提
出：「為訴訟標的之法律關係，於確定之終局判決中已經裁
判者，就該法律關係有既判力，當事人不得以該確定判決事
件終結前所提出或得提出而未提出訴之其他攻擊防禦方法，
於新訴訟為與該確定判決意旨相反之主張，法院亦不得為反
於該確定判決意旨之裁判」[57]。故依行政法院之見解，此等

---

[56] 駱永家，既判力之基準時，收錄於「既判力之研究」，1994 年 8 版，頁 19。
蔡茂寅，判決之確定力，收錄於翁岳生（編），行政訴訟法逐條釋義，頁 592。

[57] 本件爭訟事實，略為原告蕭○模起訴主張，謂其就被告機關財政部台北市國
稅局所轄民國 62 年度綜合所得稅課稅案件，發單補徵其漏報財產交易所得
部分計新台幣 2,956,849 元課稅處分不服，提起行政救濟。按經行政法院以
70 年度判字第 137 號判決駁回後，原告於民國 71 年 10 月 12 日主張該筆交
易應係免稅所得，重行根據稅捐稽徵法第 28 條申請退還溢繳稅款，亦遭稅
捐稽徵機關駁回。當事人不服此一駁回決定，提起行政訴訟。行政法院隨後
作成行政法院 72 判字第 336 號判例，認為主張稅額核算錯誤依據稅捐稽徵
法 28 條請求退稅之權利義務關係，亦為前案判決效力所及。惟提請留意者，
乃本件作成之年代為民國 72 年間，當時行政訴訟僅有撤銷之訴。故未於前

可得提出而未經提出事項，除不得於訴訟程序中主張外，亦因受裁判既判力之遮斷，而不得於後訴提起撤銷之請求。

㈡ 申請駁回之訴與行政訴訟之標的

　　然就稅務撤銷訴訟採行爭點主義及前述遮斷效力之制度中，所發生之效果是否確爲我國租稅制度所預期？實不無疑義。就結論以言，未於行政程序中提出爭執之事實理由不得於訴訟提出，亦不得於後訴主張，有其維持法院判決既判力、進而維護訴訟法制安定性之考量，或可理解。然以不得提出主張作爲維持形式安定之手段，是否與稅法規範相符？關鍵關在於稅捐稽徵法第 28 條之規範意旨。該條文規定爲：「納稅義務人對於因適用法令錯誤或計算錯誤溢繳之稅款，得自繳納之日起五年內提出具體證明，申請退還；逾期未申請者，不得再行申請。」，並不以業經於復查程序中提出作爲主張適用法令錯誤或計算錯誤溢繳之事由爲必要。其立法意旨謂：「稅捐規定有一定徵收期間，逾期未徵收者停止徵收。至納稅義務人如有因適用法律錯誤、計算錯誤或其他原因而溢繳之稅款，亦應准予提出具體證明申請退回。惟該項退稅，應自繳納之日起五年內爲之。」，於稅捐稽徵實務上，納稅

訴訴請撤銷者，不得於後訴訴請撤銷。惟本件判例於新行政訴訟法實施之後能否續行援用，本文實感懷疑。蓋於新行政訴訟法制中，依據稅捐稽徵法第 28 條申請退還溢繳稅款遭機關駁回，於行政訴訟程序上當係依據訴訟法第 5 條第 2 項提起申請駁回之訴，而非重提撤銷之請求。如是，此一事由尚能否謂已爲前訴之訴訟標的遮斷？不無疑義。

義務人依本條規定申請退稅遭駁回者，向許其提起訴願以資救濟（財政部 72 年台財稅字第 3331 號函）。倘若係稅捐稽徵機關經職權探知發現錯誤，其更正退還溢繳稅額亦不受 5 年限制（財政部 66 年台財稅字第 31186 號函）。實則指明課稅處分之作成，並不似其他行政處分般強調實質確定之效果，倘若確有足以推翻原處分所核課稅額之事由存在，為確定此一客觀上應納稅額之目的，納稅義務人得於一定期間之內請求退稅。故知，此乃因稅捐稽徵之法律關係為羈束之權利與義務，正確探知納稅義務人應納稅額，遠較行政行為形式上之重要性為高。在此一認識之下，以「爭點主義」為基礎不許當事人於訴訟中追補理由，復又不許當事人以另訴主張課稅處分計算錯誤，實不合於稅捐稽徵法以發現實體真實為目的之制度設計，亦為前述最高行政法院 92 年度判字第 309 號判決所漏未審酌者。

伍、結論

　　稅務行政爭訟，於撤銷訴訟中訴訟標的之特定所涉之「總額主義」與「爭點主義」問題，業如前述。最高行政法院 92 年度判字第 309 號判決明確採行「爭點主義」之立場，就納稅義務人未於復查程序中提出主張之理由，禁止其於行政訴訟中提出主張。此一裁判，首次明文正面承認「爭點主義」之原則，固值重視。然其所採行之立場，與德日行政訴訟法學之觀點完全相異，且並未思考及於新修正行政救濟法制與

稅捐稽徵法制之立法意旨，在適用上不免造成疑難。本文自評析該判決出發，明確指出以所謂「爭點主義」爲理由不許訴訟原告爲訴訟中理由之追補，實無法制之依據，防範職權探知原則過度擴張，在訴訟法上另有其道，亦與所謂「爭點主義」無甚關聯。稅務案件，重在實體真實之發現，俾使稅捐稽徵機關能公平而合法課徵賦稅，以維持法治國家平等負擔之稅制基本要求。所有待於後續之討論者，除進一步思考訴訟標的於稅務訴訟之客觀範圍外，更在於透過司法實務，重新思考權利救濟之實效性於我國租稅救濟法制中之展現。

營業稅法上協力義務及違反義務之法律效果

關鍵詞：營業稅、加值型營業稅、協力義務、租稅裁罰

壹、緒論：問題之提出

　　中華民國 91 年 1 月 11 日公布之大法官釋字第 537 號解釋，針對民國 82 年 7 月 30 日修正公布施行之房屋稅條例第 15 條第 2 項第 2 款合法登記之工廠供生產使用之自有房屋其房屋稅減半徵收之租稅優惠規定，及同條例第 7 條「納稅義務人應於房屋建造完成之日起三十日內，向當地主管稽徵機關申報房屋現值及使用情形；其有增建、改建、變更使用或移轉承典時亦同」之規定，及基於該法律條文之實施而由主管機關所發布之財政部 71 年 9 月 9 日台財稅字第 36712 號函，作成合憲之認定。其推理之基礎，略為：「此因租稅稽徵程序，稅捐稽徵機關雖依職權調查原則而進行，惟有關課稅要件事實，多發生於納稅義務人所得支配之範圍，稅捐稽徵機關掌握困難，為貫徹公平合法課稅之目的，因而課納稅義務人**申報協力義務**。」。關於聲請釋憲標的之法令是否合憲姑且勿論，大法官於本號解釋之推理基礎中，首先明文承認使用「協力義務」一語，即足加以重視。

　　所謂「協力義務」（Mitwirkungspflichten），或進一步精確言之「稅法上之協力義務」，係指在租稅課徵程序之中，課予納稅義務人協助機關探知課稅事實或闡明租稅法律關係之義務。或「藉由人民協力，使稅捐稽徵機關得以掌握各種稅籍資料、發現課稅事實、減輕稽徵成本並達到正確課稅之

目的」[1]。按國家課徵租稅之程序，係行政程序之一種，因其公益之本質，所適用者乃職權原則（Untersuchungsgrundsatz）[2]，乃於課稅程序中依職權探知課稅事實之存否，除就當事人有利不利之事項一律注意之外，更不受當事人主張之法律關係拘束[3]。惟如大法官釋字第 537 號所言，課稅構成要件事實，多發生於納稅義務人所得支配之範圍，稅捐稽徵機關掌握困難。是以在稅法領域之中，針對租稅之調查及稽徵，常課納稅義務人以協助闡明事實之義務。據此納稅義務人應誠實申報其應稅所得、忍受行政機關因探知課稅事實之必要而對納稅義務人實施之調查、保留交易上之帳證資料等，以

---

[1]　洪家殷，租稅秩序罰上之行為罰與漏稅罰，財稅研究第 34 卷第 6 期，頁 45。協力義務發生之原因，Birk 教授之見解則與大法官 537 號解釋相近：「根據德國租稅通則第八十八條第一項第二及第三句之規定，確定了稅捐稽徵機關行使調查權力的項目及範圍，當於個案中行使調查權限以發現真實。乃在於德國租稅通則第九十條之規定（作者註：即協力義務之規定），係考慮到租稅事實通常係由納稅義務人所掌握，故在此所採行者，乃協同之原則（Kooperationsgrundsatz）。」Birk, Steuerrecht, 5. neu bearbeitete Aufl., §5. Rn.424.

[2]　陳敏，租稅稽徵程序之協力義務，政大法學評論第 37 期，頁 39。Tipke / Lang, Steuerrecht, 17 Aufl., §21, Rn.3. 亦謂：「於法治國家原則之下，稅捐稽徵機關受有委託，應將租稅之權利義務關係平等且合法地實現。故稅捐稽徵機關就租稅事項之調查，乃應主動依職權為之（參見德國租稅通則第八十八條之規定）。」。另最高行政法院 91 判字第 2300 號判決亦謂：「行政機關作成行政處分，原應先行調查認定事實，再正確適用相關法令以為之。而事實之認定，乃主管機關之職權。」。

[3]　關於行政法上之職權原則，參見林錫堯，行政程序上職權調查主義，當代公法理論，翁岳生教授祝壽論文集，頁 327 以下。

茲配合稽徵程序之進行[4]，以完成租稅稽徵行政所具備之行政及公益目的。

　　協力義務之規範，在各種租稅規定中並非少見，更非房屋稅條例所僅見。其中有具有一般規定之屬性者，例如稅捐稽徵法第 30 條所規定之接受租稅調查之義務、第 44 條所定之給予憑證義務等。亦有具備個別義務之屬性者，如所得稅法第 77 條關於所得稅結算申報之規定是。在各種稅法所規範之協力義務之中，值得注意之一者，除依稅捐稽徵法所規範之一般性之協力義務外，在營業稅（Umsatzsteuer; TVA）之課徵關係中所課予納稅義務人之協力義務尤值重視。蓋吾人日常生活中購物餐飲所經常取得之統一發票，即係基於前

---

[4] 就作者思考問題之脈絡言，真正引發問題意識之問題點主要在於，在稅法領域之中納稅義務人是否負有「誠實義務」（Wahrheitpflicht）或真實義務？此等問題，在閱讀 Tipke 教授下面這段話之後變得更加清晰：「納稅義務人對於租稅徵收上之事實負有合於真實的揭露義務。這是在稅法上真實義務原則的展現，尤其在（租稅法上的）刑罰程序更是清楚。這樣的展現，可以在德國租稅通則第 93 條第 3 句、94 條第 1 句第 1 段、95 條第 3 句、第 146 條第 1 句、第 149 條第 1 句、第 150 條第 2 句、第 153 條第 1 句及第 154 條中找到。所謂的真實，意味著『正確而完整的申報』（richtige und vollständige Angaben），所謂不真實的申報，則係指不完整、不正確偏離事實或誤導的申報。根據此一義務，只要行政機關發現納稅義務人有不實申報之可能（möglicherweise unrichtig sind），即必須（muß）針對租稅的事實關係作進一步的闡明。」。參見 Tipke / Kruse, AO, §90 Tz.3.「誠實義務」於我國稅捐稽徵實務中並非陌生，大法官在諸多解釋之中，亦一再表明人民負有誠實申報等義務，可參見釋字第 521 解釋。則在法制上，誠實義務之來源安在？其界限為何？實為稅法領域中進一步所應思考之問題。參見拙著，稅法上的類型化方法，國立臺灣大學法律研究所碩士論文，民國 88 年，頁 98 註 49。

述課稅事實闡明之協力義務（交付憑證義務）而來。而除統一發票外，營業稅課徵程序中諸項協力義務之規定，包括稅籍登記之義務、設置帳簿之義務、配合調查之義務、使用及保存憑證之義務等，非但有其出於不同行政目的所設計之縝密複雜之義務體系，更在實務之運作上屢屢發生疑難問題[5]，亦與其他稅目所生之義務，尤其金錢給付之公法上債務履行義務等明顯有間，蓋以其並非以直接之金錢給付或公法債之關係之直接滿足作爲制度目的。問題由是生焉：究竟在營業稅法[6]上所發生之協力義務，與主要義務，亦即憲法第 19

---

[5] 最著值得深入探究之案例莫過於未辦商業登記、無法開立統一發票並當然構成漏稅行爲之一部時，導致同時遭課處行爲罰及漏稅罰之情形。針對此種情形是否構成「一罪二罰」而爲現代民主法治國家所不容，大法官就此雖作成釋字第 503 號解釋，惟在實際之訴訟運作中，此等問題其實並未得到終局之解決。參見最高行政法院 91 年 6 月 24 日 91 年度庭長法官聯席會議決議：「司法院釋字第五○三號解釋僅就原則性爲抽象之解釋，並未針對稅捐稽徵法第四十四條所定行爲行爲罰，與營業稅法第五十一條第一款規定之漏稅罰，二者競合時，應如何處罰爲具體之敘明，尚難認二者應從一重處罰。」。足見此一問題在實務上，實未終局解決，而有待進一步對稅法上諸義務之違反效果作更進一步之探索。

[6] 在我國規範營業稅課徵之實體法律，爲「加值型與非加值型營業稅法」。該法本名爲「營業稅法」，於民國 90 年 7 月 9 日公佈修正爲現行名稱。另關於營業稅法之立法例，各國稅法之規範方式不一。以日本稅法爲例，係將該當於我國營業稅之稅目區分爲消費稅及其他流通稅（如登錄免許稅、不動產取得稅），參見北野弘久，現代稅法講義，三訂版，東京法律文化社，1999年，頁 221 以下。德國稅制，則將相當於我國營業稅之稅目區稱爲「銷售稅」（Umsatzsteuer）。Vgl. Vökel / Karg, Umsatzsteuer, 12 Aufl., S.2. 至於在法國，則稱之爲加值稅（TVA）。又法律雖已更名，惟本文爲行文用語之便，於述及我國「加值型與非加值型營業稅法」時，原則上均以「營業稅法」名之。

條所定之納稅義務或公法上租稅債之關係之金錢給付義務有何不同？其與主義務間之關係爲何？倘若納稅義務人就協力義務有所違反，則其所發生之具體效果爲何？此等效果又與主義務之違反有何不同？種種問題，均非有清晰易辨之答案，值此大法官解釋意識及於協力義務在稅法上有所存在之際，探求前述問題，實具有整理過去、探索前局之意義，而爲本文問題意識之所在焉。

貳、協力義務之意義及性質

一、稅法上債之關係義務群：「金錢給付義務」及「協力義務」

㈠概說

　　納稅義務，乃憲法規範所要求之基本義務。是以憲法第19條明文規定：「人民有依法律納稅之義務。」，以作爲憲政秩序對納稅義務之基本決定。惟本條所稱之納稅義務爲何？首先即有進一步討論之必要。憲法第19條之規定，學理上向以「租稅法律主義」（Gesetzmäßigkeit der Besteuerung）稱之。而所謂租稅法律主義，所強調者乃課稅構成要件之法律保留，亦即應以法律規範規制納稅義務。其具體之內容爲何？大法官釋字第217號解釋謂：「係指人民僅依法律所定之納稅主體、稅目、稅率、納稅方法及納稅期間等而負納稅之義務。」。而所謂「納稅主體、稅目、稅率、納稅方法及

納稅期間」係指租稅之債發生之原因，基本上並不包括協助機關闡明事實關係之義務。易言之，租稅之債之給付義務係憲法第 19 條所稱之義務，其他根據稅法規範所產生之義務，屬於國民在憲法上所負擔之一般性義務[7]，二者屬性有其差異。詳言之，所謂租稅法律主義表現於租稅債之關係之結果，乃要求債之發生之要素，包括主體、客體及清償期間，均應為法律規範所明文規定，受憲法第 19 條規定之拘束[8]。納稅義務以外之其他義務，則為一般性的遵守法律義務，受憲法第 23 條之規範支配[9]。

---

[7]　區分憲法第 19 所稱之義務與其他之義務，在法制上最主要之問題關在於憲法第 23 條之適用。前者乃特別之法律保留，而後者係一般之法律保留。

[8]　協力義務之來源，在推論上與憲法第 19 條所規定之租稅法律主義應非一致，蓋租稅法律主義所涉事項，乃以租稅之債構成要件為內涵，與程序合法性無涉。惟日本學者木村弘之亮，針對日本稅法上之協力義務，有不同見解謂：「日本憲法第三十條之規定（作者註：即租稅法律主義之規定），乃謂國民有依法律納稅之義務。此一規定，一方面是針對租稅債務之履行義務而設，另一方面也意味著在租稅行政程序中對於國民協力義務之課予。協力義務乃基於法律而來，諸如租稅申報書提出之義務、協助租稅調查之義務、證據方法之作成義務、憑證的保存義務以及蒐集義務等。」見氏著，租稅法總則，東京成文堂，1998 年，頁 127。

[9]　是以納稅義務，向來被當作人民之「基本義務」（Grundpflichten）或者「國民義務」（Staatsbügerliche Pflicht）之一。Schmidt, Grundpflichten, Nomos Verlage, Baden-Baden, 1999, S.41.

㈡ 租稅法上之義務體系

1. 主義務：金錢給付之義務

　　所謂金錢給付義務，係指租稅課徵程序中基於國庫之目的，以金錢之債之收入作為內容之義務，亦即吾人熟知之「納稅義務」，乃憲法第 19 條所明文要求。而金錢給付義務為法定債之關係，乃於法定構成要件實現時當然發生[10]。其雖然以課稅處分（Steuerbescheid）作為表現於外之形式，惟行政機關用以通知納稅義務人所作成之行政處分，僅係確認處分（festellende Verwaltungsakt）[11]，並未創設租稅之債之權利義務，僅確認納稅義務人所負擔金錢給付之公法上債務之數額及履行之時點爾。租稅之債之主要內涵，仍為一定內容之公法上金錢給付義務。是故金錢之債為租稅之債在外觀上之表現，不止人民對國家機關之給付以金錢為之，倘若發生租稅之核退（Erstattung）或溢繳租稅之返還[12]，亦以一定

---

[10] 德國租稅通則第 3 條第 1 句規定：「租稅係為公共目的需要而由國家課徵的無對價的金錢給付（Geldleistung），於課稅要件合致時即成立。」第 38 條規定：「租稅之債之請求權在法律所定之有關給付義務之構成要件實現時即時發生。（Die Ansprüche aus dem Steuerschuldverhältnis entstehen, sobald der Tatbestand verwirklicht ist, an den das Gesetz die Leistungspflicht knüpft.）」。

[11] 陳清秀，課稅處分（上），植根雜誌 13 卷 8 期。在此意義之下，德國學者一向指出課稅處分所形成之給付義務為形式之給付義務（formelle Leistungspflichtung）。Tipke / Kruse, AO, §38 Tz.26.

[12] 溢繳租稅之返還，乃公法上不當得利之標準典型，亦以金錢之債為其內涵。Tipke / Kruse, AO, §37 Tz.18ff.; Hampel / Benkendorff, Abgabenordnung, 4 Aufl.

之金錢給付爲內容。

　　公法上人民所負擔之納稅義務主要以金錢給付義務之形式存在，並非單純的法律適用問題，或如一般學說所理解，認爲公法債之關係係準用私法上債之關係所得到之當然結果。現代國家，常爲所謂「租稅國家」，乃以租稅之徵收作爲國家日常收支用度之主要手段，故國家原則上不持有生產工具，亦不課人民以勞役之義務。另方面言之，金錢之債亦意味著在諸種國家人民之關係中對人民造成侵害最小之手段，合於比例原則[13]。故出於國庫之目的，實體之稅法乃以金錢給付義務，爲稅法上最主要之義務。

　　憲法秩序對於金錢給付義務所要求應具備之界限，亦明顯與其他義務不同，乃平等原則亦即量能課稅原則（Besteuerung nach Leistungsfähigkeit）之不得違反。故國家課稅權力倘若對量能原則有所破壞（包括給予租稅之優惠及相同能力者給予不同之負擔），則亦應就其破壞平等課稅原則所欲達成之行政上目的，有所說明。惟無論如何，比例原則在租稅課徵上應係次於量能課稅所考量，並無疑義[14]。

S.27.

[13] Vgl. Vogel, Der Finanz-und Steuerstaat, HdStR, Bd.I, S.1156ff.

[14] 量能課稅原則與比例原則之關係，在近期德國法制上復又引起討論。主要言之，乃基於量能課稅要求而來之「半數原則」（Halbteilungsgrundsatz）是否得以量能課稅加以理解，例如 Lang 教授，係將半數原則當作量能課稅原則之具體化來理解。Vgl. J. Lang, Konkretisierung und Restriktionen des Leistungsfähigkeitsprinzip, Festschrift Für H. W. Kruse, S.323f. 此一見解，並已得到 F. Klein 教授之支持。Vgl. F. Klein, AO Kommentar, §3, Rn.13. 此一

2. 公法之債之附隨義務：協力義務

　　協力義務之概念，並非稅法所獨有，毋寧係由民法所繼受之借用概念。在債之關係中，雙方當事人以意思表示所作成之法律行為中，依契約之目的所發生之義務首為「主給付義務」（Hauptleistungspflichten），次為「從給付義務」（Nebenleistungspflichten）[15]，最後則為依契約履行所導出之其他附隨義務（Nebenpflichten），而協力義務即屬其一[16]。德國租稅通則第 90 條針對納稅義務人在稅捐稽徵程序中所負擔之協力義務，規定謂：「當事人對於事實之調查，有協力之義務。當事人為履踐該等協力義務，尤應對有關課稅之重要事實，為完全且合於真實（vollständig und wahrheitsgemäß）的公開，並指明其所知悉之證據方法。此等義務之範圍依個案定之（nach den Umständen des Einzelfalles）。」，即為協力義務之基礎規定。在此意義之下，協力義務亦以課稅事實

推論，在法制上之直接效果乃足使比例原則之憲法要求被吸納於量能課稅原則之中。關於半數原則，參見關於半數原則，見 Tipke / Lang, Steuerrecht, §3 Rn.8. 中文文獻，參見葛克昌，管制誘導性租稅與違憲審查，行政程序與納稅人基本權，頁 115。

[15]　租稅法上附隨給付，在德國法上係指租稅通則第 3 條第 3 項所稱的各種給付，如滯報金（Verspätungszuschläge）、利息（Zinsen）、滯納金（Säumniszuschläge）、怠金（Zwangsgelder）、行政費用（Kosten）等。Hampel / Benkendorff, Abgabenordnung, 4. Aufl., S.4. 此等附隨給付，與民法上之附隨給付概念不同，乃以法條明文列舉者為限。

[16]　關於私法上債之關係義務之種類及法律性質，參見王澤鑑，債法原理第一冊，頁 37 以下。

之調查或租稅關係之闡明為其主要目的[17]。不獨德國法制有關於協力義務之規範，我國稅捐稽徵法第 30 條第 1 項規定謂：「稅捐稽徵機關或財政部指定之調查人員，為調查課稅資料，得向有關機關、團體或個人進行調查，要求提示有關文件，或通知納稅義務人，到達其辦公處所備詢，被調查者不得拒絕。」，亦屬配合調查之協力義務之一環。

　　協力義務之概念雖來自於民法之體系，惟在行政之領域，課人民以協力之義務並非租稅法領域所獨有，例如德國聯邦行政程序法第 26 條第 2 項亦有關於協力義務之一般性規定：「當事人應參與事實之調查。當事人尤應提出其所知悉之事實及證據方法。至於參與調查事實之其他義務，尤其親自出席或陳述之義務，僅於法規有特別規定者為限。」亦屬協力義務在行政程序中之一般性規範。惟國家機關既以公益代表人自居，則針對攸關公益之事項尤其事實之探知，仍以職權探知為其原則，例外方有協力義務之課賦。

　　在稅捐稽徵之程序上，納稅義務人就事實之闡明之所以負有協力義務，原因之一正如同大法官釋字第 537 號所言，來自於租稅事實之不易調查。按於行政程序採行職權調查之原則之下，納稅義務人於稽徵程序中本無主觀舉證責任（subjektive Beweislast）之可言[18]，於典型之職權原則程序如刑事訴訟程序中，被告並不存在「自證其罪」之義務，惟

---

[17] Hampel / Benkendorff, Abgabenordnung, 4. Aufl., S.137.

[18] Tipke / Kruse, AO, §88 Tz.11. 另見吳庚，行政爭訟法論，民國 88 年，頁 163。

在稅捐稽徵程序中卻透過協力義務之課賦，使得納稅義務人
必須「自證其稅」[19]。其內涵一則為證明義務之移轉，二則
為便利稽徵，要求納稅義務人自動履行租稅債之關係。

　　協力義務之存在既係以完整探知課稅事實為其目的，故
其在法制上亦多集中於事實調查或闡明之程序。就德國法制
言之，主要出現於租稅通則第 93 條之陳述義務
（Auskunftspflicht）、第 95 條為代宣誓之保證義務
（Versicherung an Dides Statt）、第 99 條文書證據之提出義
務（Vorlage von Urkunde）、第 99 條之忍受土地及居室侵
入之義務（Betreten von Grundstücken und Räumen）、第 140
條至第 148 條之帳冊（Bücher）及會計記錄（Anzeigepflichten）
之製作及保存義務、第 149 條之租稅申報義務（Steuererklärung）
義務、第 154 條之帳戶真實義務（Kontenwahrheit）、第 194
條之實地調查（Außenprüfung）忍受義務、第 200 條之調查
協助義務、第 210 條之勘驗忍受義務及第 211 條之帳冊文書
處理義務等，均以租稅事實關係之闡明及納稅義務人所掌有

---

[19] 具體言之，納稅義務人非但在稅法上有自動申報、告知稅捐稽徵機關課稅事
實之義務，甚或尚且負有義務證明此等事實之存在或不存在。就自動申報之
義務言之，德國稅法學者 Wacke 甚至以「有組織的搶劫」（organisierter Raub）
加以形容。見 Wacke, Steuerberater-Jahrbuch 1966 / 1967；zitiert aus Tipke,
Gesetzmäßigkeit und Gleichmäßigkeit der Sachaufklärung, Die Steuerrechtsordnung,
Bd.III, 1993, S.1204. 惟在稽徵任務之行政考量下，自動之申報卻成為稅法上
僅次於納稅義務之主要義務，即令向來被認為較為重視個人自由權利之法國
法制，亦非例外。見 Grosclaude / Marchessou, Procédures Fiscales, Dalloz, Paris
2001, p.49.

之資訊之公開揭露（Offenbarung）爲其主要內容[20]，其所具備之制度目的，乃降低稅捐稽徵機關於此類大量案例中因事實調查而支出之行政成本。

3. 第三人所負擔之義務

在稅法領域之中人民負擔義務，除以債務人爲義務人之金錢給付之主義務、協助闡明租稅法律關係之協力義務之外，在例外之情形之下，尚存在著對第三人所負擔之義務，主要言之即爲扣繳（Abzug）之義務。現代國家關於大量之租稅程序爲減少稽徵之成本，針對薪資稅（Lohnsteuer）等納稅義務人眾多之稅目，經常採行就源扣繳之制度，使薪資費用之支付人負擔有扣繳所得稅並繳納於國庫之義務[21]。此亦屬稅法上附隨義務之一種，應受到補充性原則之支配，乃在主義務未能履行之前提之下，方要求第三人補充負擔公法上應納稅負。此外，在稅捐稽徵程序中，第三人亦可能係以代理義務人之地位，發生稅法上之權利義務關係[22]。例如納稅義務人之法定代理人、代表人及財產管理人；納稅義務人之意定代理人、輔佐人等，推論上亦有可能成爲租稅權利義務關係中之義務人。

---

[20] Hennerkes / Schiffer, Unternahmenssteuer, S.2ff.

[21] Tipke / Lang, Steuerrecht, 17Aufl., §9, Rn.766.

[22] 陳敏，租稅稽徵程序之協力義務，政大法學評論第 37 期，頁 45 以下。

4.其他義務

因稅法規範所創設之義務，除前述金錢給付義務、協力義務及對第三人課予之義務外，亦不排除其他義務之存在。例如，稅捐稽徵機關就課稅事實調查所得之資料，有保守租稅秘密（Steuergeheimnis）[23] 之義務等，均係租稅義務體系中基於不同行政目的所出現之義務規定。

二、協力義務之性質

㈠ 協力義務作爲「租稅之債之附隨義務」

協力義務在稅法規範中作爲租稅之債之附隨義務，乃具有高度之合目的性考量，係以事實之闡明（Aufklärung）作爲其制度目的[24]。則做爲行政制度之一環，在一般性之基礎之上當受法治國家原則之拘束，其一爲法律保留之要求，故協力義務之發生乃以法律有明文規定者爲限，非如民法所稱之協力義務，係於債權債務關係履行過程中因誠實信用原則之作用而發生，不以契約明定者爲限[25]。其目的乃在促進實

---

[23] 德國租稅通則第30條第1句規定：「公務員對於租稅秘密，應予保護。」；我國稅捐稽徵法第33條第1項規定：「稅捐稽徵人員對於納稅義務人提供之財產、所得、營業及納稅等資料，除對下列機關及人員外，應絕對保守秘密，違者應予處分。觸犯刑法者，並應移送法院論罪。」均屬對公務員課以保守租稅秘密之義務。參見拙著前揭碩士論文，頁89。

[24] Stelkens / Bonk / Sachs / Kallerhoff / Schmitz / Stelkens, VwVfG, §26 Rn.52.

[25] 王澤鑑，債法原理第一冊，頁42。

現主給付義務，使公法上債務關係之債權人之給付利益實
現，並且合致於法治國家行為明確性之要求。其二則為比例
原則之規制。乃以課人民以協力忍受配合等義務，亦國家行
為之一環，應審查手段與目的間有無正當合理關聯，並排除
不合成本、無法達到目的之侵害行為。

　　在思考及於協力義務之目的後，納稅義務就公法上金錢
給付之觀點言之，除給付之手段需以貨幣之債或金錢之債以
完成者外，亦發生比例原則之適用問題，而並非僅受量能課
稅原則（Besteuerung nach Leistungsfähigkeit）之拘束[26]。尤
其於我國法制上此一問題特別具有實益：憲法第 19 條規範
之目的，乃國庫目的，而協力義務並非納稅義務，而係法律
上一般性義務，應受憲法第 23 條之規制。是故在制度上，
倘若國家已有更加便捷具備效能之手段足以探知特定之課稅

---

[26] 在德國稅法上使用比例原則以審查課稅行為者，所著重者乃「過度之禁止」
　　（Übermaßverbot），亦即在租稅權力行使之過程中，應留意者乃國家僅參
　　與市場之分配，尚不得因租稅課徵使納稅義務人在市場中之地位有所變動，
　　俾維持租稅之市場中立性。是故德國聯邦行政法院嘗明白指出，倘租稅之課
　　徵已非財產之單純限制，而已涉及財產之無從回復之剝奪，則此等具有「絞
　　殺效果」之租稅已非租稅(daß erdrosselnde Steuern keine Steuern；BVerwGE 96,
　　272) 就此憲法規範對租稅權力之限制，在禁止過度之面向上所表現者為「絞
　　殺性租稅之禁止」（Verbot der Erdrosselungssteuer），亦即在個案中租稅之
　　課徵倘若已及於徵收或剝奪之程度，則不得為之。又絞殺禁止之要求在德國
　　近期稅法學說上，已漸有為「半數原則」（Halbteilungsgrundsatz）取代之趨
　　勢，則至少可確認者，乃比例原則之要求在租稅課徵上尚有進一步確認其空
　　間之必要。關於半數原則，見 Tipke / Lang, Steuerrecht, §3 Rn.8. 中文文獻，
　　參見葛克昌，管制誘導性租稅與違憲審查，行政程序與納稅人基本權，頁
　　115。

事實時，另行課以協力之義務恐即有抵觸比例原則之嫌[27]。

(二) 協力義務作爲「不眞正之義務」：原則上無制裁之效果

協力義務作爲税法上所普遍承認之義務，具重要之特徵之二，乃在於原則上並無制裁之效果（nicht sanktionierbar）[28]。首先就協力義務之目的以言，其係爲填補國家機關職權調查之不足，在租税課徵上證據資料皆掌握於納税義務人所熟悉之領域之下，係爲公平課税之必要方以法律規範創設此等義務。惟税法規範之主要目的仍在於取得國庫所需之資金，探知之手段具有特定之目的性，縱令有所違反倘無礙於真實之發現，亦無裁罰之必要。是故協力義務乃不真正義務，在民事上有所違反未必會成爲訴訟之基礎；在公法領域中有所違反亦原則上不生制裁效果，而以證據評價（Beweiswürdigung）上之不利益爲著[29]。納税義務人於爲所負擔者，乃特定課税構成要件事實之確認（Feststellunglast）之責[30]。倘未能有效

---

[27] 實務上就此所發生之問題主要集中於個人綜合所得税之課徵上。所得税法第76條第1項要求納税義務人應附具扣繳憑單爲結算申報，倘若已領具扣繳憑單未辦裡結算申報者，亦發生裁罰之效果。惟税款既經扣繳，扣繳義務人已將款項解交國庫，一則國庫無損失，二則税捐稽徵機關尚得依他法或扣繳義務人之申報得悉課税事實。此等針對納税義務人所爲之裁罰恐即難認爲具有正當性。

[28] Obermayer, VwVfG, §26 Rn.105. 另在税法領域中，Klein 亦認爲協力義務之違反原則上僅具證據評價上之效果。Klein, AO Kommentar, §90 Rn.5.

[29] FG Berlin v. 12.5. 1981, EFG 1982, S.113. zitiert aus Birk, AT, 1988, S.180.

[30] BFH v. 9. 7. 86., BStBl. II 87, S.487. zitiert aus Birk, AT, 1988, S.180.

履行，則稅捐稽徵機關之證明義務，將因此而降低。

㈢ 不同稅目協力義務之密度：「市場公開」標準之提出

在稅法規範普遍承認納稅義務人負有誠實申報及事實關係闡明之協力義務之後，相關之爭執在稅法領域之中並未得到完全令人滿意的解決，相反地，當吾人思索及於協力義務作為公法上附隨義務之一時，皆下來的問題隨即發生：不同之納稅義務人所負擔之協力義務，其密度是否相同？

問題尚須作進一步的思考。一般而言在稅法體系中，依據納稅義務人之身分或者法律上主體地位，租稅之種類可大別為針對個人之租稅（屬人稅）及針對企業之租稅（Unternahmesteuer）[31]。其二者所主要構成協力義務之方式亦有不同。例如，在針對自然人所得課徵之綜合所得稅此一稅目中，納稅義務人所主要負擔之協力義務為主動申報所得，並且於申報後附具扣繳憑單以作結算申報，原則上，除非採行列舉扣除額之申報模式，否則並不負擔單據憑證之保

---

[31] Tipke 在稅法教科書上有如此的說明：「所謂的屬人稅或主體稅（Personalsteuern），係指在課徵時應考慮及於納稅義務人一身事由（例如家庭狀況、幼兒之扶養、老病之照顧）之稅賦，如所得稅、對自然人所課徵的財產稅。」，根據此一標準，對納稅義務人以自然人地位所課徵之租稅即為屬人稅，對企業課徵者為企業稅，如營利事業所得稅、營業稅等。Vgl. Tipke / Lang, Steuerrecht, §8 Rn.21. 又關於企業稅之概念，參見 Hennerkes / Schiffer, Unternahmenssteuer, S.2ff. Hennerkes / Schiffer 並進一步指出，德國法上的租稅債務人實包括自然人、法人及營業人等不同概念。

存義務，更無設置帳簿以供查詢之義務[32]。惟營利事業或從事營業行為之納稅義務人，其所負擔之義務顯即較為繁瑣。例如要求營利事業必須經過登記方得從事營業、交易過程中應開立或保存憑證、設立帳冊、忍受實地調查等義務。二者雖同為協力義務，但在內容上顯有不同。

不同稅目間所發生之協力義務有強度上之差異，對此提出解釋者，為 Kirchhof 氏。其以為，在所得稅以及薪資稅等涉及多數納稅義務人以自然人身份作為租稅債務之債務人之情形，基本的制度係建立在自動申報（Selbstveranlangsprinzip）此一前提，依據就源扣繳之制度以減省國家機關所支出之課徵成本。惟協力義務之存在並不足以直接推導出稅捐稽徵機關職權調查之終結，僅足以針對不同之行政事項使公權力介入之範圍有所不同[33]：

1. 應予以嚴格保護之高度屬人性生活領域

法律所涉及之事實，倘若與自然人一身專屬之權利有密切相關者，則稱為高度屬人性之私人領域（Privatsphäre），應受到嚴格之保護。蓋以涉及人身自由權利之事項，乃人性尊嚴之所繫，倘協力之要求密度過高至於有過度侵犯私人領域之虞時，即為協力義務止步之處[34]。故稅法領域中，關於

---

[32] 關於個人綜合所得稅之協力義務，請參見拙著前揭碩士論文，頁 8 以下。

[33] 相近的見解，見 Wassermeyer, Die Abgrenzung des Betriebsvermögen vom Privatvermögen, DStJG, 1980.

[34] 協力義務以私人生活領域作為界限，參見拙著前揭碩士論文，頁 88 以下。

事實之闡明應放棄「完整而無遺漏」之闡明要求；即令認為
有協力義務適用之範圍，亦應採行嚴格之標準，俾確保私人
領域之不可侵犯。

2. 市場公開事項

　　課稅事實所發生之事項倘若非出於私人之領域，而係出
於營業活動之範圍（Betriebsphäre），則在租稅課徵之過程
中容許較大範圍的擴張協力義務。是以自然人所不會發生之
義務如設置帳冊、取得憑證、保管憑證等義務，均屬在市場
交易中對負擔納稅義務之營業人所課賦之義務，其功能主要
在達成企業之公開（Betriebseröffnung）[35]。針對市場公開事
項廣泛賦予納稅義務人協力之義務，不僅有便利稽徵之考
慮，同時亦存在著租稅中立性（Neutralität）[36] 之考量。乃
以租稅之課徵以不影響於廠商之市場競爭力為原則，企業資
訊之揭露亦要求以不使營業之秘密外洩為基礎。惟透過租稅
資訊之揭露，將使企業之投資訊息正確披露於眾，且降低具
射倖性不法行為所造成之不公平，將更具健全市場之效果。

　　在此一意義之下，尚須進一步探討者乃何一稅目為所涉
及之課稅事實為典型之市場公開事項？問題或可反客為主，
由納稅義務人係營業人之角度出發。一般言之，營業人所需
繳納之稅目，首為營業稅，次為營利事業所得稅（於德國法

---

[35] Tipke / Lang, Steuerrecht, §9 Rn.385.

[36] Vgl. Tipke / Lang, Steuerrecht, §21 Rn.214.

或日本法上稱作法人稅 Köperschaftsteuer）及其他稅目[37]。其中尤以營業稅以銷售或消費作爲利用市場之對價，最具市場公開之必要。是以後文即以營業稅爲對象，探討具體協力義務在營業稅法上之適用。

參、協力義務違反之效果

一、協力義務之違反：推計課稅效果

協力義務作爲稅法上義務之一，與其他義務或者稅法上之主給付義務之不同者，乃在於違反義務所導致之法律效果並不相同。原則上除不具制裁之特性外，主要即在於爲輔助事實關係之闡明，在稅法上得以容忍推計課稅（Schätzung）之使用[38]，尤其應忍受因推計所導致之對於課稅構成要件事實無法完全掌握及調查清楚。蓋納稅義務人就租稅事實闡明之協力義務一旦有所爲反，又難以期待機關得依其他具有效能之手段探知租稅法上有意義之課稅事實時，在稅法上要求稅捐稽徵機關進行完整而無遺漏之闡明，勢不可能。因此，使用有欠精確之事實認定手段即成爲稽徵目的實現所必要。德國租稅通則第 162 條規定：「稅捐稽徵機關於課稅基礎

---

[37] Hennerkes / Schiffer, aaO. S.44.

[38] Hennerkes / Schiffer, aaO. S.19.; Tipke / Lang, Steuerrecht, §9 Rn.385. 帳證完備及誠實申報與推計課稅之不一致，亦爲日本法制所指出，參見日本最高裁判所，昭和 49 年 9 月 29 日所作成之裁判。

（Besteuerungsgrundlagen）無法爲完全之調查時，得進行推計。推計之實施，並應斟酌一切於推計有意義之情形決定之。納稅義務人針對其申報之事項未能爲完全之闡明（ausreichenden Aufklärungen），或未能爲進一步之陳述（weitere Auskunft），拒絕提出代替宣誓之保證（eine Versicherung an Eides Statt verweigert）或違反本法第 90 條第 2 句所定之協力義務時，尤應進行推計。納稅義務人依稅法之規定，應製作帳冊或會計記錄（Bücher oder Aufzeichnungen）而未能提出，或該帳冊或會計記錄未依第 158 條之規定作爲課稅之依據者，亦同。」。推計課稅之本旨，乃在於課稅事實之認定過程中，闡明事實之協力義務未被履踐，由稅捐稽徵機關依蓋然性之衡量，透過類型化之標準（如同業利潤標準、當地一般租金標準等）認定租稅構成要件事實之存在。故就協力義務之制度目的而言，在納稅義務人已盡其協助闡明事實之義務、帳證等課稅事實相關證據方法均已提出，而稅捐稽徵機關猶未能依納稅義務人之協力闡明事實之情形下，則回復職權原則之適用，由稽徵機關逕行調查課稅構成要件事實、作成課稅處分[39]。

二、違反協力義務應受行政制裁之行為

在例外之情形下，納稅義務人違反協力義務亦可能受行政制裁。前已言及，協力義務作爲，稅法上附隨義務之一，

---

[39] Hennerkes / Schiffer, aaO. S.18.

其功能主要在於填補職權調查之不足，並非真正之義務，故在違反時原則上不生裁罰問題[40]。惟發生問題者，乃在於納稅義務人係以違反租稅義務作爲手段以逃漏稅捐，或在違反協力義務致使機關無法依他法經職權原則探知課稅事實時，此時協力義務已喪失其補充之本質，應由行政目的思考其有無獨立受裁罰之可能。況行政罰之課處，係具備高度目的考量之行爲，乃以不法構成要件之行爲在法律上所受保護之法益作爲決定裁罰之要素[41]。尤其經職權原則之分配，在行政程序上機關常負擔有事實闡明之責任，爲使舉證責任分配之法則不至成爲逃漏稅捐之庇護所，推理上當對協力義務之違反作不同之處理。

---

[40] 協力義務之違反，僅在少數案例中可能構成行政不法（Ordnungswidrigkeit），而成爲稅法上秩序罰之可罰行爲。例如，違反設置會計帳簿之義務或有登載不實之情事等。Tipke / Lang, Steuerrecht, 17 Aufl., §22, Rn.106.

[41] 展現此一見解者，爲大法官會議釋字第 503 號解釋。針對漏未辦理營業登記、無法開立發票導致漏繳營業稅之行爲，向來於我國稅法實務上有「漏稅罰」與「行爲罰」之別。前者所要求履行者乃公法上金錢之債，後者所處罰者，乃協力義務之違反。大法官謂：「納稅義務人違反作爲義務而被處行爲罰，僅須其有違反作爲義務之行爲即應受處罰；而逃漏稅捐之被處漏稅罰者，則須具有處罰法定要件之漏稅事實方得爲之。二者處罰目的及處罰要件雖不相同，惟其行爲如同時符合行爲罰及漏稅罰之處罰要件時，除處罰之性質與種類不同，必須採用不同之處罰方法或手段，『以達行政目的所必要者外』，不得重複處罰，乃現代民主法治國家之基本原則。」，就協力義務以言，於租稅事實得依職權調查確知之前提之下，並無獨立之行政目的，僅係輔助主債務之履行。惟倘課稅事實因協力義務違反而陷於存否不明，無法以職權調查課稅事實時，則協力義務即有其獨立存在之目的矣。關於行政目的作爲行政罰之基礎，參見廖義男，行政處罰之基本爭議問題，台灣行政法學會 1999 年度論文集，元照出版，頁 284 以下。

肆、我國營業稅法上協力義務及違反之行為態樣

一、概說

　　國家機關基於營業之活動所產生之經濟上利益所課徵之稅目，為營業稅。與所得稅並不相同者，乃在於營業稅以營業行為或消費行為作為課稅之基礎，乃以營業額作為計算之依據。惟營業行為不同於其他行為，以市場之存在作為其前提，國家機關為維持市場之秩序及交易關係之順暢，故在營業稅法中除一般性之納稅義務之外，亦廣泛包括各式協力義務以幫助稅賦之徵收，此等義務，亦與所得稅法上課諸自然人單純之申報義務，有內容上之重大差異。

二、設籍義務（Buchführungs-und Aufzeigepflichten）

　　營業稅法上所定之協力義務之一，乃在於設籍之義務，乃要求營業人（Unternahmer）須經過登記方得從事營業行為。營業稅法第 28 條前段規定：「營業人之總機構及其他固定營業場所，應於開始營業前，分別向主管稅捐稽徵機關申請營業登記。」此為營業稅法上納稅義務人之設籍義務。設籍登記並非取得法律上人格之手段，與營業主體私法上之地位無涉[42]，僅為稅捐稽徵機關徵收稅捐管理方便而設，而

---

[42] 故此一登記，乃稅籍登記之屬性，與私法或公司法上人格無必然關係。行政

營業人係指從事「銷售貨物、勞務及進口貨物」（營業稅法第 1 條）[43]，其法律上之組織態樣，可能為自然人、法人或合夥，均應依登記取得統一之稅籍後方得從事營業。就違反設籍義務言，包括營業人未經登記而從事營業行為，以及經登記之營業事項有不實時均有裁罰之規定。前者係依營業稅法第 45 條：「營業人未依規定申請營業登記者，除通知限期補辦外，處一千元以上一萬元以下罰鍰；逾期仍未補辦者，得連續處罰」，後者則依同法第 46 條規定，「處五百元以上五千元以下罰鍰；逾期仍未改正或補辦者，得連續處罰至改正或補辦為止」。未辦登記，導致機關無法就營業之營業額為完整之調查時，則有推計之效果，稽徵機關得依查得之資料逕為核定（營業稅法第 43 條第 3 款）。

惟在實務上引起困難者，乃在於公司雖已為營業登記，並經稅捐稽徵主管機關准其設籍課稅，然未經目的事業主管機關發給目的事業許可執照而從事營業行為，得否依營業稅法之規定加以裁罰？財政部 75.7.24 台財稅第 7556622 號函指出：「公司組織之營業人，於開始營業前，已依營利事業統一發證辦法之規定申請營業登記，並經稅捐單位核准設籍

法院 57 年判 300 號判例謂：「公司一經中央主管機關登記並發給執照後即告成立，同時取得法人資格，不因其未依營業稅法第九條及所得稅法第十八條之規定，未向主管稅捐稽徵機關為營業登記及稅籍登記，而否定其公司之存在。」

[43] 德國銷售稅法第 2 條第 1 句前段亦對營業人有所定義：「營業人，係指以獨立之行為從事業務或職業行為之人。」見 Bunjes / Geist, Umsatzsteuergesetz (UstG) Kommentar, 3. Aufl., S.51.

課稅，但未完成統一發證手續，辦妥營利事業登記前，即行
營業，此與營利事業統一發證辦法固有未合；惟事實上稅捐
單位既已准其設籍課稅，即不宜再依營業稅法第四十五條之
規定處罰。至於營業人未辦妥營利事業登記，倘係因與其他
法令規定不合而未獲其主管機關核准，則其先行營業之行
為，各該主管機關尚非不得依其他相關法令予以處罰應參照
該部意見辦理。」。故此時原則上不生違反設籍義務問題，
乃各該主管機關尚非不得依其他相關法令予以處罰之問題。
而辦理設籍登記後，倘營利事業另行辦理註銷登記卻又於註
銷期間續行從事該一營業，亦屬營業稅法第 45 條之適用範
圍（財政部 83.1.4 台財稅第 821506638 號函）。

三、設置帳簿（Bücher）及會計記錄（Aufzeichnungen）義務

　　於營業稅稽徵之權利義務關係中，為使營業人銷售貨物
或勞務之營業額有效對稅捐稽徵機關揭露，營業稅法規定營
業人應設置帳冊（Buchstelle），並且於一定期限內送交主
管機關驗印，俾證明帳冊記載之真實及連續。惟在我國營業
稅法中，法律本文並未有強制性之規定納稅義務人應設置帳
簿，僅在營業稅法施行細則第 32 條第 1 項有所規定：「營
業人依本法第二十三條及第二十四條第一項規定申請改按本
法第四章第一節規定計算稅額者（作者註：即改採一般稅額
計算方式，而非依特種稅額之計算方式），主管稽徵機關應
於一個月內核定。**該營業人應於主管稽徵機關指定變更課稅**

方式之月一日起，依照規定使用統一發票、設置帳簿，並依本法第三十五條規定按期自行申報納稅。」。倘若該一納稅義務人應設置帳簿而未設置帳簿，並未有直接之營業稅法上裁罰效果[44]，故此一義務，認真嚴格言之並非營業稅法上之義務[45]。

　　雖就營業稅法條文加以觀察，難以導出設置帳簿及會計記錄之強制效力，然而吾人尚不得因此遽而推論，謂營業稅法乃帳簿及會計紀錄絕跡之處。首按納稅義務人已設置帳簿，然未於法定期限之內將帳簿送交主管機關驗印者，營業稅法即設有裁罰之規定。此可見諸營業稅法第 46 條之規定：「營業人有左列情形之一者，除通知限期改正或補辦外，處

---

[44] 於我國法上，所可確定者乃設置帳簿之強制規定並非來自於營業稅法之規範，而係由所得稅法第 21 條加以規定：「（第一項）營利事業應保持足以正確計算其營利事業所得額之帳簿憑證及會計紀錄。（第二項）前項帳簿憑證及會計紀錄之設置、取得、使用、保管、驗印、會計處理及其他有關事項之管理辦法，由財政部另定之。」。其裁罰效果，則為所得稅法第 105 條第 2 項所規定：「營利事業不依規定，設置帳簿並記載者，稽徵機關應處以六百元以上、一千五百元以下之罰鍰，並責令於一個月內依規定設置記載；一個月期滿，仍未依照規定設置記載者，處以一千五百元以上、三千元以下之罰鍰，並得處以一週以上、一個月以下之停止營業；停業期中仍不依規定設置記載者，得繼續其停業處分，至依規定設置帳簿時為止。」。至於德國法上規範設帳義務，主要見諸於租稅通則第 140 條以下之規定，但在所得稅法（EStG）第 4 條第 3 項及營業稅法（UStG）第 22 條均有細部規定。Tipke / Lang, Steuerrecht, 17Aufl., §9, Rn.461.

[45] 惟在邏輯上，營利事業所得稅課　之範圍遠廣於營業稅之課　範圍，是以實際運作之結果，仍使營業稅法上之納稅義務人因此普遍負有設帳義務。而營業稅法亦對違反設帳義務者，規定其一定之法律效果。

五百元以上五千元以下罰鍰；逾期仍未改正或補辦者，得連續處罰至改正或補辦為止：一、未依規定申請變更、註銷登記或申報暫停營業、復業者。二、申請營業、變更或註銷登記之事項不實者。三、使用帳簿未於規定期限內送請主管稽徵機關驗印者。」而得知。未設帳簿，導致稅捐稽徵機關無法正確探知或稽核課稅構成要件事實者，營業稅法第 43 條亦規定：「營業人有左列情形之一者，主管稽徵機關得依照查得之資料，核定其銷售額及應納稅額並補徵之：一、逾規定申報限期三十日，尚未申報銷售額者。二、未設立帳簿、帳簿逾規定期限未記載且經通知補記載仍未記載、遺失帳簿憑證、拒絕稽徵機關調閱帳簿憑證或於帳簿為虛偽不實之記載者。三、未辦妥營業登記，即行開始營業，或已申請歇業仍繼續營業，而未依規定申報銷售額者。四、短報、漏報銷售額者。五、漏開統一發票或於統一發票上短開銷售額者。六、經核定應使用統一發票而不使用者。營業人申報之銷售額，顯不正常者，主管稽徵機關，得參照同業情形與有關資料，核定其銷售額或應納稅額並補徵之。」。而稅捐稽徵機關依查得資料而核定應納稅額之結果，往往即為不利益之結果[46]。是以在實際之結果上，吾人仍可斷言營業稅法上亦存在一定之設帳義務，或至少得將之當作一般性之租稅協力義務加以觀察。

---

[46] Hennerkes / Schiffer, aaO. S.18.

四、使用統一發票等憑證（Buchungsbelege）之義務

　　爲便利稽徵機關核算營利事業之營業額，在我國營業稅法中特別創設統一之銷售憑證，即統一發票，用以作爲營業額之課徵基礎。除經財政部核定之小規模營利事業得以免用統一發票者外，均應開立並交付統一發票。營業稅法第 32 條第 1 項首先規定：「營業人銷售貨物或勞務，應依本法營業人開立銷售憑證時限表規定之時限，開立統一發票交付買受人。但營業性質特殊之營業人及小規模營業人，得掣發普通收據，免用統一發票。」，故合於營業稅法所規範之營業行爲，均有使用發票之義務。惟違反統一發票之使用義務者，依其違反之態樣有下列不同之效果。例如營業稅法第 44 條規定：「財政部指定之稽查人員，查獲營業人有應開立統一發票而未開立情事者，應當場作成紀錄，詳載營業人名稱、時間、地點、交易標的及銷售額，送由主管稽徵機關移送法院裁罰[47]。」。於實務上，漏開發票之行爲經查獲則常係依營業稅法第 55 條之規定：「應就其未取得憑證……經查明認定之總額，處百分之五罰鍰。」或依營業稅法第 52 條規定：「營業人漏開統一發票或於統一發票上短開銷售額經查

---

[47] 稅捐稽徵法於民國 81 年 11 月 23 日增訂第 50 條之 2，該條前段規定謂：「依本法或稅法規定應處罰鍰者，由主管稽徵機關處分之，不適用稅法處罰程序之有關規定。」故現行營業稅法關於漏開發票之不法行爲，已非由法院裁罰矣。又關於開立統一發票等憑證之義務，詳細之討論參見黃茂榮，憑證義務及營業稅憑證之開立時限，財稅研究 35 卷 2 期，頁 7 以下。

獲者，應就短漏開銷售額按規定稅率計算稅額繳納稅款外，處一倍至十倍罰鍰。一年內經查獲達三次者，並停止其營業。」[48]。

五、自動申報（Veranlassung）之義務

所謂自動申報，係指營業人在營業稅稽徵之法律關係中，應自動向稅捐稽徵機關申報說明其銷售狀況、陳報統一發票之使用情形。營業稅法第 35 條規定：「營業人除本法另有規定外，不論有無銷售額，應以每二月為一期，於次期開始十五日內，填具規定格式之申報書，檢附退抵稅款及其他有關文件，向主管稽徵機關申報銷售額、應納或溢付營業稅額。其有應納營業稅額者，應先向公庫繳納後，檢同繳納收據一併申報」。違反此一義務者，則依同法第 49 條之規定課處滯報金及怠報金：「營業人未依本法規定期限申報銷售額或統一發票明細表，其未逾三十日者，每逾二日按應納稅額加徵百分之一滯報金，金額不得少於四百元，最高不得多於四千元；其逾三十日者，按核定應納稅額加徵百分之三十怠報金，金額不得少於一千元，最高不得多於一萬元。其無應納稅額者，滯報金為四百元，怠報金為一千元。」。

---

[48] 關於漏進、漏銷及其他裁罰，見洪家殷，對營業人漏進、漏銷及逃漏營業稅之處罰，台灣本土法學雜誌，第 21 期，頁 25 以下。

六、違反營業稅法上協力義務之法律效果

(一) 違反協力義務，構成租稅罰之構成要件

與德國法制相較，在我國營業稅法中違反租稅上協力義務之行為，最主要之特徵即在於均構成租稅罰之構成要件[49]。其中固有性質上接近於怠金亦即執行罰（Zwangstrafe）性質之制裁[50]，惟絕大多數均以裁罰之方式出現。故短漏開發票本身即構成可罰之行為；公法上金錢之債則透過「補稅罰」以一定倍數之數額追回[51]，未必具備處罰之屬性。此外，違反自動繳納義務之營利事業會遭稅捐稽徵機關依營業稅法第49條課處滯報金、怠報金、滯納金，以一定之數額為上限，按日計算，性質上亦較接近當然發生之公法之債所生利息，亦不具秩序罰之性質。

以單純違反協力義務之行為作為租稅上裁罰事由，所主要發生之法制上難題有二。其一為租稅法上可罰之構成要件數因此增加，不可避免使得租稅法上單一行為同時構成多數不法之構成要件之風險倍增。其二為比例原則之考量：蓋協力義務並非主義務，並無直接滿足國庫需求之目的，應受嚴

---

[49] 針對租稅法上一般性之秩序違反行為（Steuerordnungswidrigkeit），在德國租稅通則第 378 條以下有處罰之規定。惟所課處之罰鍰（Geldbuß）以 10 萬馬克為限。Hennerkes / Schiffer, aaO. S.40.

[50] 主要如營業稅法第 45 條針對違反涉及義務之營業人之連續處罰。

[51] 就此以言，補稅罰既以回復公法上之債權為主要目的，則性質上亦非純然之裁罰，毋寧如租稅之核退一般，具有公法上不當得利之性質。

格比例原則之拘束。則倘若稅捐稽徵機關另有他法足以探知稅捐事實時，以違反協力義務作爲裁罰依據即有違反比例原則之嫌。蓋於行政上，課稅事實之闡明仍以職權原則爲基礎，過度擴張協力範疇致使行政機關從此垂拱而治，恐爲憲法秩序所不許也。

(二) 違反協力義務，構成推計事由

在營業稅法上違反協力之義務得構成推計之事由者，乃以營業稅法第 43 條所規定爲主：「營業人有左列情形之一者，主管稽徵機關得依照查得之資料，核定其銷售額及應納稅額並補徵之：一、逾規定申報限期三十日，尚未申報銷售額者。二、未設立帳簿、帳簿逾規定期限未記載且經通知補記載仍未記載、遺失帳簿憑證、拒絕稽徵機關調閱帳簿憑證或於帳簿爲虛僞不實之記載者。三、未辦妥營業登記，即行開始營業，或已申請歇業仍繼續營業，而未依規定申報銷售額者。四、短報、漏報銷售額者。五、漏開統一發票或於統一發票上短開銷售額者。六、經核定應使用統一發票而不使用者。」。是故在協力義務未能履行之時，機關首依職權調查認定事實，倘職權調查已盡其能事而仍未能就租稅債之關係完全闡明時，則得依同業利潤標準逕爲推計[52]。

---

[52] 在法制上，因協力義務之違反導致推計之結果，尚包括所得稅法上之帳證設置記載不全之情形。此可參見最高行政法院 91 年 1399 號判決：「『稽徵機關進行調查或復查時，納稅義務人應提示有關各種證明所得額之帳簿、文據；其未提示者，稽徵機關得依查得之資料或同業利潤標準，核定其所得額。』

伍、結論

　　協力義務，指在租稅課徵程序之中，課予納稅義務人協助機關探知課稅事實或闡明租稅法律關係之義務，乃稅法上普遍存在之制度，無論係稅捐稽徵法等原則性之基礎法律，或各別稅法領域中，均多多少少可以發現法律規範除課人民以納稅義務外，另外規定之誠實義務、申報揭露義務等。大法官解釋過去未曾正視協力義務與主義務之不同，乃具有附隨義務之屬性，應受比例原則高度之拘束，審慎思考義務規定之目的安在。從而針對不同義務違反時所發生之效果亦未區辨，導致在「補稅罰」及「行為罰」二種處罰態樣中，未能明確釐清其主從關係[53]。實則就協力義務而言，原則上既不構成可罰行為，所應從事者，乃在立法論上重新思考「行為罰」之存在理由。適逢大法官釋字 537 號解釋明文正面承認「協力義務」作為租稅法上義務之一種，藉此機會釐清稅法上之義務體系，實足以為日後一行為二罰之問題在我國稅法上之徹底解決，預作準備。另方面言之，協力義務既以高

　　『本法第八十三條所稱之帳簿文據，其關係所得額之一部或關係課稅年度中某一期間之所得額，而納稅義務人未能提示者，稽徵機關得就該部分依查得資料或同業利潤標準核定其所得額。』分別為所得稅法第八十三條第一項及同法施行細則第八十一條所明定。所謂未提示，兼指帳簿文據全部未提示，或雖提示而有不完全、不健全或不相符者均有其適用。」

[53] 洪家殷，財稅研究 34 卷 6 期，頁 59。

度之合目的性考量作爲其特徵，則各自具有不同目的之不同稅目，其所考量者更及於不同稅目間之特性。本文以營業稅爲例，說明在市場公開領域之中，納稅義務人所負之誠實公開義務及於何種程度。所終局期待者，乃透過相關問題之討論，對稅法學之基本問題能有更加深入之理解。

論進項稅額扣抵權之成立及行使

關鍵詞：加值稅（加值型營業稅）、進項稅額、統一發票、租稅中立、實質課稅原則、形式課稅原則

壹、緒論：問題之提出

加值型及非加值型營業稅法第 15 條第 1 項：「**營業人當期銷項稅額，扣減進項稅額後之餘額，為當期應納或溢付營業稅額。**」[1]，以及同法第 33 條第 1 款：「營業人以進項稅額扣抵銷項稅額者，應具有載明其名稱、地址及統一編號之左列憑證：一、購買貨物或勞務時，所取得載有營業稅額之統一發票。」等規定，乃我國稅法中，關於持有登載有已納營業稅額銷貨發票之營業人，就應納加值型營業稅額（即所謂「銷項稅額」；la taxe aval）及已納稅額（即所謂「進項稅額」；la taxe amont）相互間，行使扣抵權利（droit à déduction）之基礎規定[2]，僅適用於加值型營業額計算之部

---

[1]　此一規定雖在文字上有異，然與法國租稅總法典（CGI）第 L-271 條第 1 項之規定效果大致相符：「構成應稅行為價格一部份之加值稅額，就針對該一應稅行為所課徵之加值稅得予扣抵（La taxe sur la valeur ajoutée qui a grevé les éléments du prix d'une opération imposable est déductible de la taxe sur la valeur ajoutée applicable à cette opération）」。所謂應稅行為（opération imposable），乃指貨物銷售、進口以及提供勞務，J. Grosclaude / P. Marchessou, Droit fiscal général, 3ᵉ édition, Dalloz, Paris 2001, p.327. 此亦為我國加值型及非加值型營業稅法第 1 條、第 3 條等所明訂。

[2]　其中銷項稅額之定義於我國法上見諸加值型與非加值型營業稅法第 14 條第 2 項：「銷項稅額，指營業人銷售貨物或勞務時，依規定應收取之營業稅額。」；進項稅額則規定於同法第 15 條第 3 項：「進項稅額，指營業人購買貨物或勞務時，依規定支付之營業稅額。」。法國稅法上就進項與銷項稅額雖無立法定義，然在學說及實務上看法與我國法之定義亦相當近似。J. Grosclaude / P. Marchessou, Droit fiscal général, p.327.; J.-P. Fradin / J.-B. Geffroy, Traité du

分[3]。按加值稅或加值型營業稅之稽徵[4]，在制度設計上乃與銷貨發票（la facture; la facturation）強制開立之制度有不可分之關係[5]，而透過加值稅銷貨發票載明進項稅額，以確認負擔營業稅繳納義務之營業人所得行使之扣抵權利，更被認作係加值稅或加值型營業稅制中「**無可爭議的、最具原創性之特徵以及整個加值稅制之基石**[6]」。蓋加值型營業稅係以

---

droit fiscal de l'entreprise, PUF, Paris 2003, p.680-691.

[3] 加值型與非加值型營業稅法中所稱之「非加值型營業稅」，依該法第 1 條之 1 規定，係指同法第四章第二節以下所規定之依特種稅額計算之營業稅，主要包括金融業者、特種飲食業、小規模營業人等之銷售額，基本上不發生加值計算之問題，其營業稅之屬性與加值型營業稅實屬二事，然於我國法制中卻罕見地將此二種稅目併同規定於一法典中，此乃司法院大法官釋字第 397 號解釋理由書所謂：「現行營業稅法對於營業稅之課徵係採加值型營業稅及累積型轉手稅合併立法制」之情形。又關於進項銷項間扣抵之計算，參見 J.-P. Fradin / J.-B. Geffroy, Traité du droit fiscal de l'entreprise, p.680-691. 中文文獻，參見黃茂榮，營業稅之稅捐客體及其歸屬與量化，稅捐法專題研究（各論部分），植根出版，2001 年，頁 107 以下。

[4] 加值型營業稅作爲二次大戰以後，被美國以外之眾多國家採行之基礎稅目，其名稱在不同稅法體系中各有所異。於英國法制中稱作加值稅（Value Addied Tax; VAT）、法國法制亦稱作加值稅（TVA），而於德國法制中則稱作「銷售稅」（Umsatzsteuer）。我國法制中，則應稱以「加值型營業稅」，而與舊制營業稅僅於零售階段一次課徵有所區別。然此等名詞所指涉者基本上爲同一稅目，本文於行文時原則上統稱爲「加值型營業稅」，僅於引述法國或歐洲實務文獻時依前後文稱其爲「加值稅」，特此註明。

[5] P. Derouin, Droit à déduction de la TVA et règle de l'affectation: à propos de l'arrêt BLP Group (CJCE 6 avr.1995), DF 1995, p.1340.; J.-J. Bienvenu / T. Lambert, Droit fiscal, 3ᵉ édition revue et augmentée, PUF, Paris 2003, p.368.

[6] « Le droit à déduction est incontestablement le point le plus original et la pierre angulaire du régime de la TVA. », J.-P. Fradin / J.-B. Geffroy, Traité du droit fiscal de l'entreprise, p.704.

交易標的之貨物、勞務生產及交易過程中所增加之價值作為
課稅對象，而非針對交易中累積之價值總額課稅[7]。是故如
何透過制度設計，使課稅之權力僅針對交易流程中貨物、勞
務增加之價值，而由**終局之消費者**而非交易流程中之營業人
負擔加值稅實質之納稅義務，避免對商業流通之機制造成經
營上額外之負擔干擾，即成為**加值型營業稅制度維持其中立
性（neutralité）所不可或缺之基本考慮**[8]。在此一前提下，
營業人從事營業活動，支付價款購入或進口營業所需之貨
物、勞務而向其他營業人取得進項銷貨發票[9]，而將其使用

---

[7]　參見大法官釋字 397 號解釋理由書所稱：「加值型營業稅係對貨物或勞務在
　　生產、提供或流通之各階段，就銷售金額扣抵進項金額後之餘額（即附加價
　　值）所課徵之稅，涉及稽徵技術、成本與公平，有其演進之過程」。另見黃
　　源浩，歐洲加值稅之形成及發展——以歐洲法院裁判為中心，月旦法學雜誌
　　第 118 期，頁 94。

[8]　而就加值型營業稅此一稅目之基本制度而言，亦有不少學者指出其所重視者
　　與傳統之賦稅如所得稅、財產稅、遺產贈與稅等不同，而更加強調其對於市
　　場中立或者競爭中立（Wettbewerbsneutralität）所蘊含之價值。P. Kirchhof, Der
　　verfassungsrechtliche Auftrag zur Besteuerung nach der finanziellen
　　Leistungsfähigkeit, StuW 1985, S.324.; J. Grosclaude / P. Marchessou, Droit
　　fiscal général, 3ᵉ édition, Dalloz, Paris 2001, p.294. 歐洲法院相關裁判對租稅
　　中立性之討論，則可參見 CJCE 6 avril 1995, Aff.4 / 94, BLC Group plc.

[9]　在我國稱統一發票，蓋以其係以國家機關所要求之統一格式印製故耳。參見
　　加值型及非加值型營業稅法第 32 條第 3 項：「統一發票，由政府印製發售，
　　或核定營業人自行印製；其格式、記載事項與使用辦法，由財政部定之。」。
　　至於法國法上關於加值稅發票雖未要求依統一之格式印製，然其亦受有嚴格
　　之形式及登載內容要求。J. Grosclaude / P. Marchessou, Droit fiscal général,
　　p.340. 至於就進口貨物之進項稅額扣抵，於法國稅法上係以進口報單（la
　　déclaration d'importation）代替進項發票，見 CE 16 févr. 2001, nᵒ 195-718, Sté

於自身銷售之貨物勞務後，得將其於進項勞務貨物中已支付之加值型營業稅額，扣抵其應納之銷項稅額，並於租稅申報時結算總計其應納或應退之稅額。在此一扣抵計算之法律關係中，進項銷貨發票所載明之加值型營業稅額（即主張扣抵權之營業人，對其他營業人所已支付之稅額），透過發票之登載及交付，使取得發票之營業人得以就已付之加值稅額行使扣抵之權利[10]。然而，此項扣抵之權利於稅捐稽徵實務中並非不存在著操作上之疑義，或進一步言之，因其在行使之過程中特別為稅法規範要求其形式要件之完備，因而造成諸多實務及學理上難題[11]。例如，負擔加值型營業稅繳納義務之營業人，固以取具加值稅銷貨發票（統一發票）或其他憑證作為行使此一權利之基本前提。然倘若該發票並非直接交易對象所開立[12]，或於格式上存有瑕疵、未合乎一定要式規

Precision Castparts Corporation France.

[10] TA Poitiers, 25 févr. 1999, n° 96-685, SA Rémy-Cointreau; J.-P. Fradin / J.-P. Geffroy, Traité du droit fiscal de l'entreprise, PUF, Paris 2003, p.715.

[11] C. Baylac, Le formalisme du droit fiscal, L'Harmattan, Paris 2002, p.162 et suivantes.

[12] 此可參見行政法院 87 年度 7 月份第一次庭長法官聯席會議決議：「……營業人雖有進貨事實，惟不依規定取得交易對象開立之進項憑證，而取得非交易對象開立之進項憑證，申報扣抵進項稅額時，該項已申報扣抵之銷項營業稅額顯未依法繳納，仍應依營業稅法第十九條第一項第一款規定，就其取得不得扣抵憑證扣抵銷項稅額部分，追補該項不得扣抵之銷項稅款。又我國現行加值型營業稅係就各個銷售階段之加值額分別予以課稅之多階段銷售稅，各銷售階段之營業人皆為營業稅之納稅義務人。故該非交易對象之人是否已按其開立發票之金額報繳營業稅額，並不影響本件營業人補繳營業稅之義務。」，乃明確指出進項稅額扣抵權之基本前提，乃在於納稅義務人所取具

定時[13]，雖亦由銷貨營業人於發票載明特定之已支付進項稅額，亦非得以作為負擔繳納義務之營業人之進項稅額而抵減。

在前述之基本理解下，吾人所得發現者，乃加值稅或加值型營業稅，作為 20 世紀方才發展成熟之新興稅目，其在稽徵技術上之複雜程度遠非其餘傳統稅種（如營利事業所得稅、個人綜合所得稅、遺產及贈與稅、土地稅等）所得輕易比擬，而其相對之制度利益亦來自於此一複雜之稽徵程序[14]。營業人除於一定期限內，負有申報繳納之義務外[15]，就其應

之發票係交易對象所開立。然而該一決議在結論上固可支持，然其推論之理由所謂「又我國現行加值型營業稅係就各個銷售階段之加值額分別予以課稅之多階段銷售稅，各銷售階段之營業人皆為營業稅之納稅義務人。」一語，恐就加值型營業稅之本質有所誤解，蓋加值型營業稅係以「消費」而非「銷售」作為稅基，交易流程中每一階段之「繳納義務人」其實並非真正終局之義務人，其繳納義務發生之同時亦發生其扣抵權利，國庫享有之租稅債權亦僅單一債權，僅終局之消費者該當於真正意義之納稅義務人，並非所謂「多階段銷售稅」（la taxe cumulative）。二者之區別，參見 J. Grosclaude / P. Marchessou, Droit fiscal général, p.294-297.

[13] 此主要包括營業人應於稅捐稽徵機關所定之時限表內申報，並依加值型及非加值型營業稅法第 33 條之規定格式內容，記載發票之應記載事項等。

[14] 一般而言，加值型營業稅之制度優點主要來自於稅制之中立性（僅對交易流程中之加值課徵、對商業流通機制不造成額外負擔）以及不易逃漏，然必須承認者，乃此二目的之達成倘無發票制度及扣抵權利之設計，殆屬不可能。參見 J. Grosclaude / P. Marchessou, Droit fiscal général, p.294.

[15] 關於申報義務，參見黃茂榮，憑證義務及營業稅憑證之開立時限，財稅研究，第 35 卷 2 期，頁 7 以下。另見財政部財政部 93.08.03 台財稅字第 09304540870 號函：「營業人依加值型及非加值型營業稅法施行細則第二十九條規定，申報扣抵銷項稅額之進項稅額憑證，依行政程序法第一百三十一條第一項規定，應受五年期間之限制。營業人如仍有逾五年尚未提出申報扣抵之進項稅額憑證，應於九十三年十二月三十一日前提出申報扣抵銷項稅額。」。

納稅額之計算，最爲關鍵者闕爲前述「進項稅額扣抵權」之
成立及其行使。此等權利作爲稅法上權利之一種，有其與其
他公法債權不同之處；主要之差異乃在於特別著重法律行爲
之形式上要件之具備[16]。蓋加值型營業稅銷貨發票之開立，
不僅需遵守相當之格式規定，甚且在進項稅額扣抵權利行使
方面，亦存在有相當繁瑣之形式上要求。然而，行使該等扣
抵權利，究竟應具備何等形式上要件？此一權利之行使，又
與其他公法上債權債務關係之行使有何差異？在歐洲法院[17]
及法國中央行政法院之裁判、以及我國稅捐稽徵實務上，就
此一問題已累積有相當之案例，本文即擬以此爲出發點，探
討比較加值型營業稅進項發票扣抵權在**我國與法國及歐洲法
制上所共通之行使要件**，尤其針對法國中央行政法院及歐洲
法院近期之見解演變說明其間之價值取捨，俾就我國相關制
度之運行提供不同之參考模式[18]，以圖正確適用此一設計複
雜精巧、易遭誤解之稅制，乃本文問題意識之所在焉。

---

[16] TA Melun, 3ᵉ ch., 25 mars 2004, req. n° 01-3470, Sté froid International, DF 2004, Comm. 935.

[17] 在加值稅制之相關討論中，引述歐洲法院之裁判對於思考問題之重要性，可以經由 Y. Sérandour 的這段話來理解：「自從歐洲法院的裁判開始區分適用範圍以來，加值稅之適用就不再只是個數字計算的問題。法律推論的重要性凌駕了數字計算，並透過歐洲法院判例強化了此等優勢，釐清了支配進項稅額扣抵權領域的各項原則。」。Y. Sérandour, Le droit à déduction de la TVA en jurisprudence communautaire, JCP Entreprise et Affaires, n° 49, 1999, p.1954.

[18] 針對我國法制狀況下營造業借牌營業導致發票開立及營業稅稽徵之問題，另可參見陳衍任，營造業之「借牌營業」及其課徵營業稅之探討，財稅研究第 37 卷，第 2 期，頁 189-217。

貳、進項稅額扣抵權之概念

一、概說：加值型營業稅在稽徵作業上之特徵

加值型營業稅作為二次大戰以後方才蓬勃發展之新興稅制，不僅與戰前即已存在之主要直接稅如所得稅、財產稅有重大之差異，即便與其前身相類似之其他間接稅，亦有相當大之制度出入。比較其間差異之所在，最大之難題首先來自於加值型營業稅究竟以何種經濟事實作為稅基[19]？此等問題隨著加值稅相關制度之全面歐洲化[20]，已漸漸失去其爭議之實益，蓋加值稅作為一般性之消費稅之性質，已然於歐洲法

---

[19] 大致而言，租稅之稅基通常區分為「所得」、「資產」、「消費」三者。Trotabas / Cotteret, Droit fiscal, Dalloz, Paris 1997, p.22. 而其中加值型營業稅之稅基認定困難可以在德國法上所存在之傳統爭執窺見一斑，向來有「流通稅」與「消費稅」二種見解之對峙。Vgl. Tipke / Lang, Steuerrecht, 17 Aufl., §14 Rz.1. 另可參見黃茂榮，營業稅之稅捐客體及其歸屬與量化，稅捐法專題研究，2001年，頁 114。黃世鑫，營業稅是什麼稅？月旦法學雜誌第 80 期，頁 22。

[20] CJCE 27 novembre 1985, Aff. 295/84：「歐洲共同體第六號指令之內容，應置於自一九六七年展開之對營業額課稅之立法協調一致過程（processus d'harmonisation des taxes sur le chiffre d'affaires）來理解。於此一過程中所制頒之首號指令，其目的乃在於期望各會員國不斷地採行統一化之立法，以消除個別之原有累積稅制，進而達成加值稅稅制之統一。將關於營業額之稅賦當作統一化之客體，其結果乃使得加值稅成為規制貨物及勞務流通之稅（taxes qui grèvent la circulation des biens et des services）。」參見黃源浩，歐洲加值稅之形成及發展——以歐洲法院裁判為中心，月旦法學雜誌第 118 期，頁 102。

制中取得相當一致之見解[21]。然則稅制之適用難題，並非因此完全得到解決，而在探討進項發票所表彰之扣抵權利在稅法上之成立及行使之前，不可避免應首先討論此一稅制在租稅稽徵上之特殊設計：其一為「繳納義務人與納稅義務人之區別」，其二則為在發票制度之下行使扣抵權利之當事人，所受稅法上形式主義或「形式課稅原則」之拘束[22]。此等特徵，所造成之效果乃負擔加值型營業稅繳納義務之營業人，透過發票之開立所發生之一連串權利義務關係：首先是開立人於法律上負有繳納之義務而直接成為租稅債務人，其次是收受人（倘若為營業人）取得扣抵應納稅額之權利，最後才是稽徵機關得以稽核加值稅的功能。故發票作為加值稅制度中被要求強制開立之憑證，其作用亦在於同時滿足此三方面之需求[23]。而作為加值稅制度之創始國，法國現行稅法制度之中，關於營業人取得發票、行使銷項稅額扣抵權之規定相當之複雜，甚至較歐洲聯盟 1977 年第 6 號指令所要求者更為繁瑣。考其原因，除在於稅捐稽徵領域防止逃漏加值稅或以詐害手段騙取退稅外，更在於制度設置之初，加值稅發票

---

[21] 此可參見黃源浩，歐洲加值稅之形成及發展——以歐洲法院裁判為中心，月旦法學雜誌第 118 期，頁 93-94。

[22] 此等形式原則，主要展現於兩方面，一則在於加值稅發票嚴格之要式要求；二則就加值稅負擔繳納義務之營業人而言，其乃加值稅債務形式上之債務人，實質上之債務係支付該等稅額之終局消費者。

[23] Voir M. Cozian, Précis de fiscalité des entreprise, 28ᵉ édition, Litec, Paris 2004, p.363-364.

即被認為具有稅捐稽徵以外之其他行政目的[24]。是故，與稅捐稽徵有關之經濟上活動原則上將在其發生之流程中被清楚地記明，某種程度提供國家權力進行經濟管制之便利，即成為加值稅制於國庫目的以外最主要之附加優點。然而，透過加值稅發票所行使之進項稅額扣抵權，與其他營業人或納稅義務人在加值稅領域中所得行使之稅額退還或扣抵權利，仍有若干差別。是故，進項稅額扣抵權與近似概念之區別，仍有必要予以釐清。

二、進項稅額扣抵權與近似概念之區別

㈠ 溢繳或誤繳加值稅額退還請求權

在加值稅之制度設計上，除以營業人為主體之進項稅額扣抵權之外，另在制度設計上亦存在若干以納稅義務人或營業人為受益人之已納稅額返還或扣抵之權利，主要包括「出口退稅」之請求權利，以及溢繳或誤繳營業稅額之退還請求權利。後者乃稅法上一般性權利，係指營業人因計算錯誤或

---

[24] 在此特別所指涉者，包括兩方面之目的，其一為一般性帳冊及記帳義務之實施，尤其便於瞭解交易之流程，見 CE, section, 8 avril 1994, n° 60-405, J.-P. Touchais, DF 1994, Comm.1826. 其二為法國經濟法制中長期以來之傳統，主要在於便利於價格管制之相關調查權力行使。尤其後者，基本上亦為法國司法機關就加值稅發票進項稅額扣抵權之行使與歐洲法院見解不一之關鍵。參見 M. Cozian, Précis de fiscalité des entreprise, p.364. 加值稅發票在經濟管制法制方面之功能，參見 P. Donsimoni, Règles de facturation: Les « R.R.R. » entre le marteau et l'enclume, Les Petites Affiches, 1998, n° 17, p.7.

適用法規錯誤，請求稅捐稽徵機關退還已納之加值稅額之權利[25]。於我國稅捐稽徵法第 28 條固規定：「納稅義務人對於因適用法令錯誤或計算錯誤溢繳之稅款，得自繳納之日起五年內提出具體證明，申請退還；逾期未申請者，不得再行申請。」；然於加值型營業稅領域所發生之退稅請求，主要見諸於加值型及非加值型營業稅法第 39 條：「（第一項）營業人申報之左列溢付稅額，應由主管稽徵機關查明後退還之：一、因銷售第七條規定適用零稅率貨物或勞務而溢付之營業稅。二、因取得固定資產而溢付之營業稅。三、因合併、轉讓、解散或廢止申請註銷登記者，其溢付之營業稅。（第二項）前項以外之溢付稅額，應由營業人留抵應納營業稅。但情形特殊者，得報經財政部核准退還之[26]。」，無論請求

---

[25] Voir J. Grosclaude / P. Marchessou, Droit fiscal général, 3ᵉ, Dalloz, Paris 2001, p.331-332. 需留意者，乃我國加值型及非加值型營業稅法第 19 條第 2 項所規定之例外：「營業人專營第八條第一項免稅貨物或勞務者，其進項稅額不得申請退還。」。

[26] 在此存在一有趣之推論問題，事實上具有深入追究之價值，亦即針對誤繳、溢繳之加值型營業稅額，究竟是負擔繳納義務之營業人抑或實際支付稅額之終局消費者有權請求退還？自我國法第 39 條觀察，此一權利係歸屬於營業人；然在法國法上，負擔繳納義務之營業人僅形式上債務人，並無自行請求返還誤繳納稅額之權利。例如法國中央行政法院 CE Plén.11 juillet 1977, Ferrero France 一案中，開立發票之營業人因適用錯誤之較高稅率導致其向顧客溢收應納之加值稅。則營業人得否以納稅義務人之地位逕行起訴要求稅捐稽徵機關退還已納之溢繳稅額？法院清楚指出，負擔繳納義務之營業人並非終局之納稅義務人，僅該一溢付稅款之顧客（真正之終局納稅義務人）方為有權起訴請求返還溢納稅款之原告。另方面，撥充規則之適用亦使得取得發票之營業人受有相當程度之法律形式上義務拘束。又此一請求權主體問題歐洲法院

退還或留抵，均以基礎之租稅債權債務關係並未發生，而負擔繳納義務之營業人已繳納特定數額之加值型營業稅作為其原因事實，與發票制度無必然之關連性。而就租稅債權債務之角度言之，稅款溢繳之退還乃稅捐稽徵機關無法律上原因受有租稅利益之請求返還，乃公法領域中不當得利（enrichement sans cause）返還請求權行使之問題[27]，與加值稅進項稅額扣抵乃有本質上之區別。而此等權利之行使，亦無法如加值稅發票所彰顯之扣抵權利般，得以追溯貨物勞務自生產至消費之過程。

㈡ 出口退稅請求權

於加值型營業稅制度中普遍存在之出口退稅權利（rembourser pour les achats en franchise），與進項稅額扣抵

與法國之司法實務見解有異，於 CJCE 6 nov. 2003, Aff.c-78/02 à c-80/02, Karageorgou et a. 一案中，歐洲法院以 1977 年第 6 號指令未禁止返還請求為由，承認營業人有權退稅。然而在制度設計上，必須承認者乃在於此等差異來自於發票之應記載事項中加值稅額之記載方式：我國法制之中，開立予消費者之發票係採行稅額內含之方式，交易標的之貨物勞務價格已包括此等稅額，而成為買賣雙方交易條件之一部分。而法國加值稅發票係採行外加方式，交易標的價格、適用之稅率與應納之稅額均分別記載，故支付加值稅之消費者，於給付價款之時乃清楚知悉其所終局負擔稅額，而負擔繳納義務之營業人亦清楚知悉其代繳之身份。

[27] 稅款溢繳請求退還，其屬性可參見行政法院 86 年度庭長評事聯席會議決議。另關於公法上不當得利之一般性討論，參見 P.-L. Frier, Précis de droit administratif, 2e, Montchrestien, Paris 2003, p.354.

權利之區別，主要來自於權利之功能及請求主體上之差異[28]。尤其出口退稅之請求權利，與針對進口貨物之課稅經常於各國法制之中被當作貿易政策工具使用，以作爲鼓勵出口或外籍旅客於境內消費之手段。於法國法制之中，出口退稅請求權請求之主體亦不以營業人爲限，即令爲終局之消費者如出境之外國旅客，亦無礙於成爲出口退稅請求權利之主體[29]。就基礎之債之關係言之，進項稅額扣抵請求權之行使乃具有公法上抵銷或交互計算之性質，與出口退稅之請求權乃單純之公法上利益返還亦屬有異。蓋就國內營業活動稽徵加值型營業稅，負擔繳納義務之營業人係屬單純代繳（subrogation）之性質[30]，然則於外銷貨物退稅請求之案件中，從事外銷行爲之營業人所支付之進項加值型營業稅額即例外具有終局負擔之性質，得以自己之名義向稅捐稽徵機關請求返還已納之

---

[28] 此一權利於法國法上來自於法國租稅總法典第 L-275 條之規定，並要求應以稅捐稽徵機關做成之證明（attestation）作爲行使退稅請求權利之要件，見 CE 27 juillet 1984, n° 40-378. 至於我國稅制，亦針對外銷貨物勞務係採行零稅率，此可參見加值型及非加值型營業稅法第 7 條第 1 款之規定。

[29] CE 25 mars 1983, n° 32-048; CE 16 décembre 1987, n° 60-680. 就我國法而言，發展觀光條例第 50 條之 1 規定：「外籍旅客向特定營業人購買特定貨物，達一定金額以上，並於一定期間內攜帶出口者，得在一定期間內辦理退還特定貨物之營業稅；其辦法，由交通部會同財政部定之。」，交通部及財政部並以此爲依據，制訂有「外籍旅客購買特定貨物申請退還營業稅實施辦法」，規定持非中華民國之護照入境者，同一天內向同一特定營業人購買特定貨物，其含稅總金額達到新臺幣 3,000 元以上者，得請求退還已付加值型營業稅額。

[30] CE 11 juillet 1983, n° 35-079; CE 25 nov. 1985, n°46-007; J.-J. Bienvenu / T. Lambert, Droit fiscal, p.368.

稅額[31]。此一權利，乃以單純之稅款退還爲內容，請求之人即貨物勞務之出口人（exportareur）於法律上並無納稅義務之可言，與加值稅進項稅額扣抵係作爲正確計算納稅義務人已納稅額與應納稅額間之差額之手段，乃有明顯差異[32]。

參、進項稅額扣抵權之成立

一、概說

　　作爲加值型營業稅在制度設計上最爲明顯之特徵，進項稅額扣抵權之成立及行使要件相當程度地均爲各國稅法制度中重要之規範內容。例如前述我國加值型及非加值型營業稅法第 15 條之規定即屬適例。雖然歐洲聯盟 1977 年第 6 號指令第 17-1 條規定：「**進項稅額扣抵權，於可扣抵之租稅債務發生之同時即時成立。**」[33]，乃以交易關係中特定條件之存在作爲其權利之成立要件。然則亦必須承認，針對此等權利之成立所應具備之要件，在各國稅法中鮮少有單一條文之

---

[31]　CE 22 mars 1991, n° 94-305, Sté Viskay Israël.

[32]　Voir M. Cozian, Précis de fiscalité des entreprise, p.363 et suivantes.

[33]　此外，第 6 號指令第 17 條第 2 項前兩段尚規定：「在勞務及貨物係使用於營業人之應稅行爲所需之情形下，納稅人被授權扣抵（est autorisé à dédure）其應納之稅額：a. 納稅義務人於一國境內之應納或已納之加值稅額，係來自於另一納稅人就其交付或將交付（sont ou seront livrés）之貨物、或已實現或將實現（ont ou seront rendus）之勞務而繳納者。b. 應納或已納之加值稅係對進口貨物課徵者。」。

明文立法規定，毋寧爲各不同條件彙整而成之結果：法條雖若干程度地直接規定進項稅額扣抵權之成立要件，然於實際之法制運作中，此等主、客觀要件之共同具備仍有賴於司法裁判甚或行政實務之補充。大體上，此等要件可區分爲進項稅額扣抵權歸屬主體方面之要件，以及其行使範圍方面之客觀要件[34]。又進一步具體言之，前者所牽涉者乃負擔繳納義務之「營業人」此一概念之合致，後者所牽涉者乃作爲計算基礎之貨物及勞務與營業活動間之關連。是故，當負擔加值稅繳納義務之營業人從事應稅之營業活動[35]，且在下列各主、客觀要件合致之情形下，加值稅之進項稅額扣抵權利即當然成立。

二、主觀要件

　　加值型營業稅進項稅額扣抵銷項應納稅額之權利，其成立之基礎要件就主觀面向而言，乃在於權利行使之主體爲從事營業活動之「營業人」，而非應稅貨物勞務終局之消費者[36]：故僅在交易標的之貨物勞務流通關係之前後兩手均爲「營業人」（assujettie）之情形之下，方有可能發生進項稅額扣抵權[37]。我國加值型及非加值型營業稅法所稱之「營業人」，

---

[34]　Voir J.-J. Bienvenu / T. Lambert, Droit fiscal, p.369-371.

[35]　J. Grosclaude / P. Marchessou, Droit fiscal général, p.327-328.

[36]　CJCE, 11 juillet 1991, Aff.C-97/60, Lennartz.

[37]　M. Cozian, Précis de fiscalité des entreprise, p.363. 就我國法制而言，加值型營業稅法上所規定之發票區分爲二聯式及三聯式發票，前者以一般之終局消費

依該法第 6 條之規定，係指：「 一、以營利為目的之公營、私營或公私合營之事業。二、非以營利為目的之事業、機關、團體、組織，有銷售貨物或勞務者。三、外國之事業、機關、團體、組織，在中華民國境內之固定營業場所。」。然則，法國租稅總法典 L-283 條第 3 項規定：「**任何人，於加值稅發票或其他代替文據記載加值稅者均為該加值稅款之繳納義務人。**」，並未於法律條文中明訂「營業人」之概念。在此一理解之下，所衍生出相關之問題主要為負擔繳納義務之「營業人」與「納稅義務人（contribuable）」二者間之差異[38]。負擔繳納義務之「營業人」乃加值稅制中特有之制度，**其並非該一貨物或勞務之直接終局消費者，實際上並不負擔加值稅之納稅義務**[39]，僅因於加值稅銷貨發票上記載收受加值稅款，因而負擔將該等稅款繳納予國庫之義務，然在實質之負擔意義上，其並非「納稅義務人」，此亦為加值稅作為間接稅在租稅負擔面向上最重要之特徵[40]。

者為開立對象，後者以從事營業活動之營業人為對象，亦足以達到區分交易前後兩手是否均為營業人之效果。

[38] CE 29 déc. 1995, Sudfer; Voir J.Grosclaude / P. Marchessou, Droit fiscal général, p.302.; J.-J. Bienvenu / T. Lambert, Droit fiscal, p.352.

[39] 反面言之，倘若營業人針對特定貨物勞務之購入，雖持有其他營業人開立之發票，然係以與經營活動無關之終局消費者地位使用此等貨物勞務，即無「營業人」之地位矣。CE 21mars 1986, n° 49-823; DF 1986, comm. 1281, concl. Fouquet.; CE 22 nov. 1978, n° 4012, Laurentin, DF 1979, comm. 1522.

[40] J.-J. Bienvenu / T. Lambert, Droit fiscal, p.368. ; 另外，A. Maitrot de la Motte 亦指出，加值稅之重要制度特徵，乃在於納稅義務人與負擔繳納義務之人二者間之清楚區別。A. Maitrot de la Motte, Souveraineté fiscale et construction

三、客觀要件

㈠ 進項稅額係發生於應稅範圍之營業活動中

加值稅或加值型營業稅進項稅額扣抵銷項應納稅額之權利，其成立之基礎要件就客觀面向而言，乃在於該一稅額係發生於應稅範圍之營業活動中[41]，而非與經營活動無關之終局消費行為[42]。針對客觀範圍之判斷，受會計上之**撥充法則**（principe d'affectation）拘束[43]，亦即僅限應用於應稅營業部分之進項稅額，方得主張扣抵。我國加值型及非加值型營業稅法第 19 條第 1 項第 2 款規定：「營業人左列進項稅額，

---

communautaire, LGDJ, Paris 2005, p.9 note 26.

[41] 此可參見歐洲法院 CJCE 6 avr. 1995, Aff. 4/94, BLP Group plc. 一案中，歐洲法院表示之見解：「（作為扣抵交易客體的）貨物及勞務應與應稅行為具有直接且立即之關連性，至於負擔繳納義務之營業人最終之目的為何，在所不問（les biens ou services en cause doivent présenter un lien direct et immédiat avec les opérations taxées et que à cet égard, le but ultime poursuivi par l'aasujetti est indifférent.）。」。

[42] CJCE, 8 mars 1988, Aff.C-165/86.：「扣抵權之成立，必以該貨物勞務與負擔納稅義務之營業人之營業行為有關。」。就我國稅捐稽徵實務案例而言，此一標準亦足以用於理解負擔營業稅繳納義務之營業人舉行業務檢討會之餐費，取得合法憑證者，其進項稅額可扣抵銷項稅額（財政部 75 年度台稅二發第 7523449 號函），而公司員工退休，舉辦「惜別茶會」支付佈置會場及茶點之費用，其進項稅額不得扣抵銷項稅額（財政部 75 年度台稅二發第7524878 號函）之原因。

[43] CE 21 mars 1986, n° 49-823; J.-J. Bienvenu / T. Lambert, Droit fiscal, p.369.; P. Derouin, Droit à déduction de la TVA et règle de l'affectation: A propos de l'arrêt BLP Group (CJCE 6 avr.1995), DF 1995, p.1340 e.s.

不得扣抵銷項稅額：二、非供本業及附屬業務使用之貨物或
勞務。但爲協助國防建設、慰勞軍隊及對政府捐獻者，不在
此限[44]。」，即爲此一原則之具體化規定。而法國租稅總法
典第 L-256-1 條，亦即歐洲聯盟 1977 年有關針對營業額課
稅統一稅基之第 6 號指令第 2 條之規定內容，亦與此意旨相
同：「應納加值稅之行爲，乃由繳納義務人或相類之人所實
施之有償貨物交付或勞務給付行爲[45]。」。故負擔繳納義務
之營業人所實施之營業活動同時有應稅部分及免稅部分時，
加值稅進項稅額扣抵權利亦僅就應稅部分之交易價額發生
[46]。此一原則，不僅於我國與法國租稅法制中存在，亦爲歐
洲法院歷次裁判所明示[47]。是以區別特定貨物勞務交易關係
中，應稅部分與免稅部分之數額所構成之營業額乃於營業稅
法制中特別有意義：倘若負擔繳納義務之營業人雖取得發

---

[44] 同條第 3 項則規定：「營業人因兼營第八條第一項免稅貨物或勞務，或因本
法其他規定而有部分不得扣抵情形者，其進項稅額不得扣抵銷項稅額之比例
與計算辦法，由財政部定之。」，故於我國法上，撥充法則之拘束範圍除後
述排除扣抵權之部分外，尚包括本業以外「不得扣抵」之部分。

[45] 法國租稅總法典 L-271 條以及附則第二章第 230 條：「僅以經營必要之貨物
勞務得發生扣抵權利（n'est déductible que si ces biens et services sont
nécessaires à l'exploitation）」。J. Grosclaude / P. Marchessou, Droit fiscal général,
p.328.

[46] 參見司法院大法官釋字第 397 號解釋理由書第一段。

[47] CJCE 6 avr. 1995, Aff. 4/94, BLP Group plc.; CJCE 8 juin 2000, Aff. 98/98,
Midland Bank plc.; CJCE 22 février 2001, Aff.408/98, Abby National plc.; P.
Derouin, Droit à déduction de la TVA et règle de l'affectation: à propos de l'arrêt
BLP Group (CJCE 6 avr, 1995), DF 1995, p.1340 et suivantes.

票，然並非用於應稅之營業活動或有排除規定存在時，則自始不生進項稅額扣抵權問題[48]；倘若於稽徵過程中針對特定費用是否爲經營活動所必要發生爭執，原則上係由稅捐稽徵機關就此負擔證明之責任[49]。

㈡ 進項稅額不得扣抵之例外排除規定

於加值稅制度設計中，各國稅法多半亦存在某些例外規定，使特定交易活動雖係發生於應納加值稅之經營活動範圍中，營業人亦以支付該等交易之進項稅額，然例外爲稅法例外排除進項稅額扣抵權，不得扣抵[50]。如我國加值型及非加值型營業稅法第 19 條第 1 項第 3 至 5 款規定：「營業人左列進項稅額，不得扣抵銷項稅額：三、交際應酬用之貨物或勞務。四、酬勞員工個人之貨物或勞務。五、自用乘人小汽車。」等，即爲排除事項。於法國租稅總法典之相同性質規定中，此等排除項目主要包括不動產交易[51]、乘人交通工具、人員交通費用、禮品贈品、汽油、應用於遭「酒類販售法典」禁止之廣告之貨物勞務（les biens et services utilisés par les publicités prohibés par le code débits de boisson）、不得扣抵

---

[48] J. Grosclaude / P. Marchessou, Droit fiscal général, p.328.; CE 5 avr. 2004, n° 250-356, Fédération des entreprises internationales de la mécanique et de l'électronique.

[49] 此乃法國稅捐稽徵實務上固有之見解。CE 6 avr. 2001, n° 198-233, BDCF.

[50] J. Grosclaude / P. Marchessou, Droit fiscal général, p.328-330.

[51] 此一規定與歐洲法制間之相互關係，參見 CJCE 19 sept. 2000, Aff.C-177/99 et C-181/99, Ampafrance et Sanofi. 案歐洲法院之說明。

項目之租賃以及企業之不動產租賃支出等[52]。蓋以該等交易
關係性質較爲特殊，較易遭運用於租稅逃漏之用，或其屬性
難以判斷是否爲經營活動所必要，易生爭執之故。是以特定
之貨物、勞務交易爲立法者規定於例外排除事項，其交易即
無進項稅額扣抵權之適用。

肆、進項稅額扣抵權之行使：
形式課稅原則之適用

一、形式課稅原則之適用：開立發票及申報義務之履行

　　雖然於一般稅法領域之中，稅捐稽徵之權利義務關係所
側重者乃納稅義務人應稅經濟活動之實質經濟上意義，當租
稅債務債務人所從事之交易活動於法律形式上之外觀與經濟
上之實質不一致時，稅捐稽徵機關甚或司法機關所採認者，
通常爲該等應稅行爲經濟上之實質意義，而非形式上之意
義，是爲「實質課稅原則」（le réalisme du droit fiscal）[53]。

---

[52] J. Grosclaude / P. Marchessou, Droit fiscal général, p.329-330. 另關於企業不動
產租賃支出，規定於法國租稅總法典附則第二章236條。

[53] CE, Sect. 20 février 1974, n° 83-270, Lemarchand.; CE Avis, Ass. 8 avril 1998,
n° 192-539, Société de distribution de chaleur de Meudon et d'Orléans. 另外，法
國稅法領域中關於企業從事不合常規交易之否認，亦被認作係實質課稅原則
之展現。然則於加值稅領域之中，實質課稅原則之適用有無其拘限？乃有進
一步思考之空間，詳後述。

然則，於加值稅之稽徵範圍，尤其稅捐債權之成立及行使，所適用者並非完全之實質課稅要求[54]。亦即，某些交易關係在稅法上之評價並未考慮經濟活動之實質意義，而著重特定行為在法律形式上所發生之意義或法定要式之要求，是為所謂「形式課稅原則（le formalisme du droit fiscal）」適用之範疇[55]。蓋於加值型營業稅之稽徵關係中，實際之納稅義務

---

[54] 法國法制中，加值稅領域僅於有限之案件中適用實質課稅原則，乃於「不合常規交易關係（l'acte anormal de gestion）」理論適用之範圍可窺見一斑。直言之，與所得稅制不同，加值稅之領域不生非常規交易問題，乃目前法國之通說見解。關鍵見解可參見 CE 4 mars 1985, n° 41-398, Montval 一案中，法國中央行政法院之判決理由。在該案中，母公司向子公司支付之買賣價金遭稅捐稽徵機關認定為不合市場交易常規，因而拒絕該公司以該價格所申報之進項稅額扣抵。但法國中央行政法院，仍認為此一情形不構成拒絕適用進項稅額扣抵權之事由。蓋扣抵之型式上要件已然齊備，稅捐稽徵機關無權於法定要件之外，另外增加「正常價格」此一條件。此外，歐洲法院在 CJCE 23 nov. 1988, Aff. 230/87, Naturally Yours Cosmetics 一案中亦認為，加值稅之稽徵關係中交易之對價係「主觀之價值」（la valeur subjective），並不存在著「客觀、正常」的交易價格。對照我國法制，加值型及非加值型營業稅法第 43 條第 2 項規定謂：「營業人申報之銷售額，顯不正常者，主管稽徵機關，得參照同業情形與有關資料，核定其銷售額或應納稅額並補徵之。」，乃以實質課稅之原則適用於加值型營業稅領域，在法制設計上顯有相當之出入。

[55] C. Baylac, Le formalisme du droit fiscal, p.162 et suivantes. 尤其明顯者，乃法國稅捐稽徵實務中所一再強調，在未持有銷貨發票之情形之下，即便交易關係確然存在、已支付之進項稅額確已解繳國庫，任何扣抵權利均不可能發生，此可參見 CE 25 mai 1982, n° 24-212, Laval 一案中法國中央行政法院所表示之見解。然而，此一說法並非意味著實質課稅之原則於加值稅之領域完全退位而無適用之餘地，僅在進項稅額扣抵權利行使之範圍內此一現象特別明顯耳。至於此二原則相互間之關係，尤其形式課稅原則在整體法律秩序中之界限，在此請容從略。

人、營業人與國家機關間之關係大體而言較諸所得稅或其他間接稅複雜。其原因主要來自各國加值稅或加值型營業稅之法制中，對營業人多半課予其諸多金錢給付義務以外之義務，俾以維持加值稅稽徵制度之有效運作[56]；甚或在加值稅稽徵之直接目的以外，亦可能容有財政功能以外之其他效果[57]。而其中與交易活動中之加值計算有關者，主要在於交易活動中憑證（發票）之開立及取得[58]，並以向稅捐稽徵機關提出申報作為權利行使之前提要件[59]。是故，我國加值型及非加值型營業稅法第 19 條第 1 款乃規定：「營業人左列進項稅額，不得扣抵銷項稅額：一、購進之貨物或勞務未依規定取得並保存第三十三條所列之憑證者。」，乃以持有一定之憑證尤其載有加值稅額之發票作為行使扣抵權之前提，即

---

[56] 此等義務，主要包括商業及稅籍登記、憑證之使用及保存等。參見黃源浩，營業稅法上協力義務及違反義務之法律效果，財稅研究第 35 卷 5 期，頁 135 以下。

[57] 如以進口課稅、出口退稅形成貿易政策上之效果，或如後述之經濟管制功能等。

[58] 歐洲法院近期見解，傾向認為在自動化支付關係中，不以發票之持有作為行使扣抵權之要件。CJCE 1 avril 2004, Aff.c-90/02, Bockemühl. 實則電子化支付系統之交易，除可被當作加值稅發票形式主義之例外案件外，歐洲法院於近期連串裁判中所展現之實質課稅立場，更值矚目，詳後述。

[59] 在我國法制上，應納加值型營業稅營業人應依統一發票開立期限之規定開立發票，並以 2 個月為一期申報當期銷售額並計算應納稅額。參見最高行政法院 91 年度判字第 1765 號判決：「又營業人之進項稅額准予扣抵或退還，係以已申報者為前提，本件上訴人既未依規定申報系爭銷售額，其未據實申報進、銷項憑證並計算其進、銷項稅額，至為顯然，自無營業稅法第十五條第一項扣抵進項稅額之餘地。」。

可當作此一形式主義於我國稅制中主要之表現。

　　加值稅制中形式主義之展現不僅表現於行使於進項稅額扣抵權利之要式要求，更在於進項發票之開立人，於各國法制中或多或少被要求必須係主張扣抵權利之營業人交易關係之前手；倘若取得者，乃非直接交易對象所開立之發票，則持有發票之營業人即便確於交易關係中支出並申報進項營業稅額，亦無主張進項稅額扣抵權利之餘地[60]。於法國法上，此一嚴格之形式主義可由稅捐爭訟實務上中央行政法院之一連串裁判中清楚得知，如：「在沒有銷貨發票之情形下，任何扣抵權利均不可能發生，即使交易關係確實存在亦然[61]。」。而營業人不僅應持有發票，且該作為扣抵憑證之發票應依法定程式記載，倘有所欠缺而構成形式上之瑕疵者，亦無從主張扣抵[62]。然應予特別留意者，乃作為形式課稅原則所適用

---

[60]　參見前引行政法院 87 年度 7 月份第一次庭長法官聯席會議決議，及最高行政法院 89 年度判字第 972 號判決：「營業人雖有進貨事實，惟如不依規定取得交易對象開立之進項憑證，而取得非交易對象開立之進項憑證，申報扣抵銷項稅額時，該項已申報扣抵之營業稅額顯未依法繳納，仍應依營業稅法第十九條第一項第一款規定，就其取得不得扣抵憑證扣銷項稅額部分，追補稅款。此與該非交易對象是否已按其開立發票之金額繳納營業稅無關。」。例外情形得容許使用以他人為名義人之發票扣抵者，參見財政部 78 年度台財稅第 780276657 號函：「營業人於不動產租賃期間之水電費，雖憑證名義為出租人，如經雙方約定由承租人使用支付，該水電費營業稅額，應准予檢具水電費收據扣抵聯申報扣抵銷項稅額。」。

[61]　CE 25 mai 1982, n° 24-212, Laval.；另就進口貨物未有進口報單不得行使進項稅額扣抵權部分，見 CE 16 février 2001, n° 195-718, Sté Precision castparts Corporation France.

[62]　CE 23 juill. 1976, n° 95-966, Chante.; J.-J. Bienvenu / T. Lambert, Droit fiscal,

之主要範圍之一[63]，然而並不表示於此一領域之中僅有形式
課稅，毫無實質課稅原則之適用可能性。蓋加值稅領域中構
成實質課稅原則例外之部分，乃以偏惠於國庫或稅捐稽徵機
關之稽徵作業作爲其常態，並非意味著在加值稅之領域之中
適用者爲完全與實際狀況脫節之形式要求：負擔加值稅繳納
義務之營業人倘若持有形式上合乎要求之發票，然實際上根
本未有交易行爲發生或者其內容與發票登載者不符，仍構成
進項稅額扣抵權被排斥適用之原因[64]。故所謂形式課稅，**僅
展現在加值稅發票之嚴格要式以及債務人之判斷**二方面：無
論何人，只要在加值稅發票上記載加值稅額，即成爲負擔加
值稅繳納義務之債務人[65]；沒有合乎格式要求之銷貨發票，

---

　　p.370. 於我國加值型營業稅稽徵實務上，此等應記載事項除稅額外均以加值
　　稅發票專用章加以記明。參見財政部 71 年度台財稅第 38583 號函：「領用
　　統一發票之營利事業，其對外營業事項發生時所開立之統一發票，應行填載
　　之事項，本部已於規定之統一發票格式訂明，至統一發票使用辦法第五條第
　　二項有關統一發票專用章之規定，乃旨在簡化書寫發票作業，及避免錯誤，
　　倘營利事業開立之統一發票未蓋用統一發票專用章，亦未載明其事業名稱、
　　地址及統一編號者，自應依照營業稅法有關開立統一發票應行記載事項未依
　　規定記載之規定論處。」。

[63] 相對應於實質課稅原則，稅法上存在著相當程度的「形式課稅」要求，雖少
　　見有體系之討論，然某種程度上確爲一共通之一般性現象。形式課稅之原則
　　於稅法領域之展現，主要包括各種申報義務之履行、加值稅發票制度、特定
　　證據方法之採用等等，其可能係爲稽徵便利，亦可能爲其他目的而存在。參
　　見 C. Baylac, Le formalisme du droit fiscal, p.17-48.

[64] CE Plén. 6 déc. 1985, n° 33-193, Garage Castésien.; M. Cozian, Précis de fiscalité
　　des entreprise, p.364-365. 於我國法制中，此經常爲加值型營業稅法制中虛報
　　進項稅額等爭議之來源。

[65] CE 8 août 1990, n° 68-907, de Jaham.

任何扣抵權利均不能發生。而就法國加值稅稽徵實務言之，絕大多數之爭議問題均發生於加值稅發票法定程式之具備，並且亦因此等法定要式之存在，導致過度嚴苛之形式主義要求，因而時受稅法學說訾議[66]。

二、加值稅進項發票之法定程式：不得補正之嚴格要式？

㈠嚴格之形式課稅原則：法國中央行政法院之傳統立場

加值稅或加值型營業稅所適用之形式主義或形式課稅之原則，倘若就發票開立之部分深入觀察，於我國法制及法國法制中所表現者均為進項發票法定要式之規定。如前述我國加值型及非加值型營業稅法第 19 條第 1 款、以及同法第 33 條之規定：「營業人以進項稅額扣抵銷項稅額者，應具有載明其名稱、地址及統一編號之左列憑證：一、購買貨物或勞務時，所取得載有營業稅額之統一發票。二、有第三條第三項第一款規定視為銷售貨物，或同條第四項準用該條款規定視為銷售勞務者，所自行開立載有營業稅額之統一發票。三、其他經財政部核定載有營業稅額之憑證。」等。故主張扣抵權利之營業人單純持有發票，並申報應納及已納稅額，尚未必即得以順利行使此一權利，而關鍵即係繫諸於加值稅進項發票之嚴格法定要式要求，尤其在比較法制上，此等嚴格態

---

[66] C. Baylac, Le formalisme du droit fiscal, p.163.

度向為法國司法機關一貫之立場。蓋正如法國中央行政法院
所指出者，格式要求之滿足主要之功能在於：「加值稅發票
應呈現足夠之細節內容（suffisamment précis et détaillé），
俾使貨物銷售及勞務供應之屬性被清楚認識，並且**辨明交易
關係中債權人及債務人之身份**（l'identité du débiteur et celle
du créancier）[67]。」而在實際之內容上，嚴格之程式要
求所拘束者乃交易關係中負有開立發票義務及行使扣抵權利
之交易關係前後手。就前者而言，開立發票記載不實或漏載
將有一定程度之裁罰效果[68]，就後者而言，欠缺法定要式之
加值稅銷貨發票即無從行使進項稅額之扣抵權利，即便該項
稅額確已申報支付亦然。就法國加值稅稽徵實務之運作言，
加值稅發票制度所具備之嚴格要式性或形式主義要求不僅於
抽象之法律規範中存在，即令於具體之訴訟案件中，此一立
場亦向為稅捐稽徵機關及法國中央行政法院所堅持。早自
1970 年代之裁判起，法國中央行政法院即再三表明下列之
立場：發票所登載之事項，不僅必須完全合乎交易活動之實
際狀況（confirmant la réalité des opérations mentionnées sur la
facture）[69]，且就發票記載之內容而言，應該「**足夠詳盡完**

---

[67] CE 15 avr. 1988, n° 57-399.

[68] 就我國營業稅法制而言，不僅未依規定開立發票設有罰則，倘若持用不得扣
抵之發票申請扣抵應納稅額者，尚有可能被視為虛報進項稅額。裁罰問題固
有相當之討論價值，然限於篇幅，尚請見容未在此深入討論。

[69] CE 24 janvier 1979, n° 6-782, IFF France.

整[70]」。此外，行使進項稅額扣抵權之發票且必須為交易時開立之原本，以影本或其他證明之方法證明已納進項稅額之存在，均不被接受[71]，甚至針對某些格式瑕疵如應記載事項之脫漏，亦不容許營業人嗣後之補正[72]。就此，法國租稅總法典第 L-283 條第 4 項規定：「當發票與貨物之交付或勞務之給付內容不符合時，或在價金實際上並非由買受人支付之狀態時，應納之稅款應由發票之開立人負擔（Lorsque la facture ne correspond pas à la livraison d'une marchandise ou à l'exécution d'une prestation de services, ou fait état d'un prix qui ne doit pas être acquitté effectivement par l'acheteur, la taxe est due par la personne qui l'a facturée.）。」，即展現此一禁止扣抵之立場[73]。具體言之，法國稅捐稽徵實務上，針對租稅總法典 L-283 條第 4 項之解釋適用以及加值稅進項發票扣抵權之行使，於下列案型中特別強調形式主義之立場：

1. 無法辨明之進項發票主體

在加值稅發票扣抵權利所涉相關爭訟案例之中，法國中央行政法院所堅持之形式課稅立場，其一來自作為扣抵權利行使憑證之發票，必須足以辨明其交易主體，包括買受人及

---

[70] CE 15 avr. 1988, n° 57-399; CE 26 oct.1983, n° 24-898, Karam.

[71] 參見法國租稅程序法典第 L-102 B 條之規定。

[72] CE 9 déc. 1991, n° 69-823, SA Sud-Ouest médical.

[73] 另法國租稅總法典第 L-272 條第 2 項之規定。

出賣人雙方在內[74]。故在發票之應記載事項中有所遺漏，尤其漏載供貨商之名稱，則該一發票所載進項稅額即無法扣抵[75]。在制度設計上，所以要求發票之交易主體應清楚載明，乃與加值稅制度所具備之勾稽效果有不可分之關係[76]。蓋加值稅制度自始乃以不易逃漏著稱，自生產以至於消費之每一交易流程均得由發票推究而得，故無法辨明交易主體之進項發票，當不可能為稅捐稽徵機關或法院接受作為行使扣抵權利之有效憑證。

2. 取得交易關係以外第三人之發票

　　法國加值稅稽徵實務中，針對加值稅發票作為行使扣抵權利憑證，所面臨之另一形式要求關在於交易關係之連鎖，亦即前後手之直接連結：主張加值稅進項稅額扣抵權之營業人，倘若提出者並非與其有直接交易關係之營業人所開立之發票，則完全不生扣抵權利。在 CE 14 déc. 1979, n° 11-798, Comité de propagande de la banane 一案中，主張扣抵權利之營業人所提出之發票並非與其發生直接交易關係之相對人，法國中央行政法院仍明確指出，即便此時係爭課稅案件之交易關係確實已經發生、應納稅額已繳交於國庫，仍無礙於稅

---

[74] 法國租稅總法典附則第二章第 223-1 條，亦要求加值稅之進項稅額應由供應商直接於發票上載明。

[75] CAA Paris, 96-1962, 1 déc. 1998., DF 1999, Comm. 597.

[76] J. Grosclaude / P. Marchessou, Droit fiscal général, p.296-297. 是故，於加值稅之領域之中，除非係偽造發票、虛設行號等情形，否則不易發生租稅逃漏情事。

捐稽徵機關拒絕該營業人行使進項稅額扣抵權利[77]。

3. 交易資訊之記載欠缺

於法國加值稅稽徵實務中，因違反形式主義之要求，導致負擔繳納義務之營業人遭法院或稅捐稽徵機關否認其加值稅發票進項稅額扣抵之情形，尚包括發票所應記載之交易資訊欠缺，尤其應納稅額及適用稅率之記載[78]。在法國中央行政法院之早期判例中，曾有容許稅捐稽徵機關要求應將交易標的明確列舉載明（exonérés）之情形[79]，是以法國法上加值稅發票所要求揭露之交易資訊，至少包括貨物勞務之未稅價格、適用之稅率以及應納總稅額[80]。然而應留意者，乃此等應行記載事項有所遺漏之發票，雖不足以作為營業人請求扣抵之憑證，卻無礙於加值稅繳納義務之成立。在 CE 8 août

---

[77] 另可參見 M. Cozian, Précis de fiscalité des entreprise, p.36. 又應留意者，乃取得交易關係中非直接交易對象所開立之發票，不得作為營業人主張扣抵權利之憑證，此一嚴格之形式主義態度並非法國法制所獨有。我國稅捐稽徵實務中，財政部 83 年 7 月 9 日台財稅第 831601371 號函說明二之㈠乃明文認為，營業人未取得實際銷貨人出具之憑證，應依稅捐稽徵法第 44 條規定處以行為罰。事實上在此類案例中，國庫縱令根本無稅款損失之風險，提出申報之納稅義務人亦無從主張扣抵權利，反而尚須承受稅捐稽徵機關之裁罰。足見加值稅領域中形式主義之原則，絕非法國稅法上所獨見。

[78] C. Baylac, Le formalisme du droit fiscal, p.179-180.; CE 14 déc. 1979, n° 11-798, Comité de propagande de la banane. 就我國法制而言，發票應記載事項之內容主要包括交易日期、品名、數量、單價、金額、銷售額、課稅別、稅額及總計、買受人名稱及統一編號等，參見統一發票使用辦法第 9 條之規定。

[79] CE 25 mai 1977, n° 52-307.

[80] M. Cozian, Précis de fiscalité des entreprise, p.363.

1990, n° 68-907, de Jaham 一案中，負擔加值稅繳納義務之營業人於發票中漏載適用稅率及應納稅額，雖不足以作為扣抵之憑證，然無礙於稅捐稽徵機關要求其解繳該等稅款。故正如前述，加值稅發票之形式課稅原則，乃一高度偏惠於稅捐稽徵機關之制度使然。

(二) 不可抗力之形式責任？

　　營業人針對已納進項稅額扣抵權利之行使，以持有合乎格式記載之發票作為其前提，於法國稅捐稽徵實務上所造成之影響絕非僅止於發票記載之細節化要求，甚至使營業人所負擔之憑證義務，脫逸於一般稅捐債務法或程序法上所被課與之義務。直言之，此等形式課稅原則於法國法上，甚且曾經經歷絕對之形式責任階段。在若干案例中，法國中央行政法院甚且曾經拒絕特定營業人扣抵權利之主張，即便就此等營業人而言，無法持有發票係出於不可抗力（force majeure）之因素[81]。此一見解，主要見諸於 CE 22 avril 1992, n° 75-784, SA. Aterliers Normandie-Anjou 一案中[82]，法國中央行政法院之見解。於該案所涉事實中，負擔加值稅繳納義務之營業人因不可歸責之事由遭遇火災，致使所保存之交易明細記錄燬損，因而無法提出交易之進項發票。雖該營業人無法提出作為扣抵憑證之進項發票，然而於該營業人之供應商議及交易

---

[81] C. Baylac, Le formalisme du droit fiscal, p.167.

[82] DF 1992, Comm. 1822. 必須承認，乃法國法院如此嚴格態度，亦在法國稅法學說中一向遭受學者猛烈之批評。

關係之前手所保存之帳冊資料中，仍可確實查知營業人所支付之進項稅額，且該款項確實亦由前手營業人解繳國庫。然而於該案中，法國中央行政法院仍以「未持有發票」爲理由，否准營業人之扣抵請求，此等嚴格之形式主義立場乃迭遭學者批評，亦引起法國法上對發票持有之扣抵條件進一步之思考與討論[83]。

三、漏開、故意虛僞記載及未交付發票之裁罰

虛僞記載或僞造之發票毫無疑問不得作爲扣抵之依據，並另有其刑事或行政責任之問題[84]。然而，在加值型營業稅發票開立受嚴格形式課稅原則支配之情形下，於各國稅捐稽徵實務中除裁罰措施外所不可避免之另一問題，尚在於加值稅發票形式瑕疵之效果，尤其在實務上，**當國庫實質上並未發生稅收損失時，以行使進項稅額扣抵權之營業人所持有之銷貨發票存有形式上瑕疵為理由，否准扣抵權之行使，其課稅權力行使之實質正當性安在，容有相當令人質疑之空間。**就我國加值型及非加值型營業稅法第 48 條第 1 項之規定以觀，倘若發票之開立存有「應行記載事項未依規定記載或所

---

[83] C. Baylac, Le formalisme du droit fiscal, p.167. 就此以言，我國加值型營業稅稽徵實務之態度可謂較法國法寬鬆。僅加值型與非加值型營業稅法施行細則第 30 條規定：「統一發票扣抵聯經載明『違章補開』者，不得作爲扣抵銷項稅額或扣減查定稅額之憑證。」。

[84] B. Tilly, Facturation de complaisance: le juge, la victime, le délinquant aux frontières de la fraude fiscale, «La facturation de complaisance dans les entreprises», L'Harmattan, p.39 et suivantes.

載不實」之情形，則尚有處罰之規定[85]。在此一理解之下，加值稅發票發生有登載不盡不實之形式瑕疵，其效果則有進一步探討之可能[86]。在交易關係中，應開立銷貨發票而未開立所發生之法律效果，於法國法制中之基礎設計雖與我國近似，然亦有相當之差異[87]。其中亦發生漏稅罰與行為罰之競合關係：針對無發票交易，就其所漏稅額得加徵 50% 之漏稅罰；而就應交付未交付發票之交易，則課處 15 歐元罰鍰之行為罰[88]。

---

[85] 另可參見財政部 84.06.29 台財稅第 841630114 號函：「關於營業人違反營業稅法第十九條第一項第二款至第五款規定，以不得扣抵之進項憑證申報扣抵銷項稅額者，除補稅外，可否免按同法第五十一條第五款規定處以漏稅罰乙案，應依大法官會議釋字第三三七號解釋意旨辦理。」。

[86] 在推論上，發票登載之不盡不實應做更進一步之類型化處理。首先，根本未有任何交易存在，或以虛構不存在之主體作為進項發票開立之名義人，亦即所謂「假發票」（factures fictives）之情形，應予排除不在此處討論之列。蓋此等以詐術或偽造、變造之手段獲取租稅上之不正利益者，通常於刑事上即構成可罰之行為，其不得作為行使進項稅額扣抵權利之有效憑證，並無疑義，此可參見法國租稅總法典第 272 條第 2 項以及 TA Melun, 25 mars 2004, n° 01-3470, Sté. Prodis International. 等案。相關評釋，見 D. Favard, Surfactures et factures fictives face aux délits de fabrication et d'usage de faux en ecriture, «La facturation de complaisance dans les entreprises», L'Harmattan, Paris 2001, p.97-103.

[87] 針對我國法制中虛報進項稅額之裁罰，參見黃茂榮，虛報進項稅額之罰則，植根雜誌第 14 卷 8 期，民國 87 年 8 月，頁 1-75。

[88] 在交易關係中負擔加值稅繳納義務之營業人違反憑證開立及交付義務之法律效果，除涉及進項稅額扣抵權之行使要件外，最主要之稅收外效果當為各項行政裁罰之存在，而此亦為我國法制中向來難解之難題。參見洪家殷，對營業人漏進、漏銷及逃漏營業稅之處罰，台灣本土法學雜誌，第 21 期，頁 25 以下。葛克昌，一事不兩罰之公然漏洞——最高行政法院九十一年度六月決

四、可扣抵稅額之計算

　　營業人取具形式上得以作為進項稅額扣抵權行使憑證之發票，於前述各要件具備之後，即得以申報並計算其最後得扣抵之稅額。首先，已支付之稅額或已取得之稅額，有非屬於應納範圍之銷貨折讓扣減部分稅額，應予扣減，而就其餘額計算應納稅額[89]。此可見諸我國加值型及非加值型營業稅法第 15 條第 2 項所規定：「**營業人因銷貨退回或折讓而退還買受人之營業稅額，應於發生銷貨退回或折讓之當期銷項稅額中扣減之。營業人因進貨退出或折讓而收回之營業稅額，應於發生進貨退出或折讓之當期進項稅額中扣減之[90]。**」。而已支付之銷項稅額之中，乃以與可稅之營業活動有直接關連者，方得作為扣抵之稅額。於計算出可扣抵稅額之後，營

議評釋，月旦法學，第 92 期，頁 274 以下。本文作者就此一問題之立場，大體上立基於兩方面之思考，一則為抽象層面上，稅捐稽徵領域中納稅義務人或負擔繳納義務之營業人所負義務之類型或協力義務之範疇，其次為具體之稅捐稽徵制度中，漏開發票與假發票、虛開發票、便宜發票所構成之不同層次之效果及區辨必要。本文為篇幅所限，在此僅處理進項稅額扣抵權在租稅債權債務關係中所涉之相關問題，裁罰部分及發票開立義務，當容另文討論之。

[89] J.-J. Bienvenu / T. Lambert, Droit fiscal, p.368-374.

[90] 與我國法制相同，銷貨折讓（rabais）原則上係排除在法國加值稅課徵之範圍中，除非其另行構成對折讓營業人提供勞務。CE 10 avril 2002, n° 212-014, SA Somagri. 另見財政部 82.02.19 台財稅字第 821478431 號函：「營業人因進貨退出或折讓而收回之營業稅額，應依營業稅法第十五條第二項後段規定，於發生進貨退出或折讓之當期進項稅額中扣減之。」

業人當期所負擔之繳納義務方屬確定。

伍、形式課稅與實質課稅之間：法國中央行政法院與歐洲法院之衝突

一、概說：歐洲法制之反饋及抗拒

　　加值稅制於歐洲法制發展之初，固係以法國 1954 年開始實施之加值稅制作爲模仿之範本[91]，然而經由歐洲聯盟各會員國在稅捐稽徵實務上之運行尤其歐洲法院相關裁判之作成，此一稅制之內涵早已脫逸於當初法國法制所設想之範圍，反而對法國國內法律制度造成反饋，進而影響於內國法院尤其中央行政法院[92]之態度。倘若自加值稅統一稅基開始於歐洲共同體成員國實施以來之實務運作加以觀察，在若干爭點上所表現者乃法國內國法秩序及行政法院之立場受歐洲法院之引導影響，如特定稅目是否構成「對營業額課徵之稅」而與歐洲一體之法制序有悖[93]。就實際之稅捐稽徵及加值稅

---

[91]　J. Grosclaude / P. Marchessou, Droit fiscal général, p.289.

[92]　在此所以特別強調中央行政法院，蓋因法國租稅救濟制度與我國制度不同，掌理終審司法審判權力之機關，可能爲中央行政法院，亦可能爲最高法院之商事庭。針對法國租稅救濟法制之相關問題，以及租稅救濟領域中審判權力之劃分諸節，參見黃源浩，法國租稅救濟法制基本問題，財稅研究第 37 卷第 3 期，頁 146 以下。

[93]　CE 31 octobre 1990, n°92-091, Syndicat national des industriels de l'alimentation animale. 黃源浩，歐洲加值稅之形成及發展──以歐洲法院裁判爲中心，月旦法學雜誌第 118 期，頁 98-105。

制度在整體稅制中之地位而言，乃對於法國稅制中一向採行之嚴格形式原則之反饋及抗拒，更將進項稅額扣抵權行使之爭議，拉回至制度之基本價值、亦即租稅中立之領域加以思考。

二、歐洲法院之立場：國庫無損失風險、比例原則考量

雖然在整體稅制之發展過程中，法國加值稅制可謂現行歐洲各國稅制之範本。然而在歐洲法院之相關裁判中，採行與法國司法機關相異見解者實亦非少見。相較於法國法制所採取之嚴格形式主義之立場，整體而言，歐洲法院所採取者毋寧爲較屬和緩之態度，並在相關之判決中再三質疑嚴格形式主義之必要性。首先，早在 CJCE 14 juillet 1988, n° 123, 330/87, Madame Jeunehomme,SA « EGI » et Etat belge 一案之裁判中，針對比利時稅法所規定，加值稅進項稅額扣抵權之成立所適用之形式課稅原則，歐洲法院嘗如是指出：「一九七七年第六號指令第二十二條之三第 b 段有關扣抵權利之行使要件，應被限縮於確保稅捐稽徵機關加值稅額徵收及調查之必要範圍內。此外，**就發票應予登載之事項，無論在其數額或技術上，均不應在實際案件中使得進項稅額之扣抵權利無法或過度難於行使。**」，可謂對於向來在法國以及受法國稅制影響之加值稅制度中被奉行不渝的嚴格形式主義要求，提出根本性之質疑。此一態度，事實上展開了一連串對於偏惠於稅捐稽徵機關之嚴格要式規定質疑之前奏，尤其以**比例**

原則（le principe de proportionnalité）之介入使用，強化了歐洲法院一貫以來之理由構成[94]。就一般性之態度而言，歐洲法院較爲傾向認爲加值稅發票僅爲行使進項稅額扣抵權利之工具，倘若申報進項稅額扣抵之營業人係屬善意而無不法逃漏稅款之意圖、國庫事實上並無應收稅款損失之風險，則至少應容許負擔加值稅繳納義務之營業人就已發生之發票格式瑕疵予以補正（régularisation），而整體問題之考量，更被指出應以**國庫有否發生實際上之稅收損失或承受稅收損失之風險**爲依據。蓋以加值稅作爲一種一般性消費稅之特性而言，租稅中立性之要求所考量者乃對於商業交易之機制，自生產至終局消費之流通過程中所造成之負擔降至最低，且不至對企業經濟上決策造成影響[95]。在此等立場下，加值稅發票要式之違反而容許補正者，至少包括下列兩種可能性：

㈠ 善意之補正

就歐洲法院而言，涉及營業人作爲請求扣抵已納進項稅額之基礎之加值稅發票，其發生應記載事項之格式瑕疵時，稅捐稽徵機關應否容許其補正，首先繫諸於營業人於法律上是否爲善意：當負擔加值稅繳納義務之營業人所持有之發票雖有格式錯誤，然其開立者或收受者並無利用此等錯誤以逃

---

[94] CJCE 19 septembre 2000, Aff.177/99, Ampafrance SA.; J.-J. Bienvenu / T. Lambert, Droit fiscal, p.365.

[95] 關於租稅中立之基本概念，參見 J. Grosclaude / P. Marchessou, Droit fiscal général, p.8.

漏加值稅之意圖時，此等錯誤應容許營業人加以補正
（régularité de bonne fois）[96]。此一見解，亦否認了法國中
央行政法院長期以來之傾向，認爲加值稅發票扣抵之債權債
務關係，係獨立存在，一旦開立即便係出於錯誤亦使得扣抵
權利當然發生[97]。然而必須留意者，乃歐洲法院以「善意」
作爲容許補正之判斷標準，並未形成全面性之立場。於 90
年代後期，歐洲法院更將是否容許營業人就發票瑕疵提出補
正之判斷標準，更進一步朝向租稅之實質意義以及國庫目的
推進。亦即以國庫是否存在著稅款損失之風險作爲主要之判
斷標準，並進一步要求整體稅制中形式主義之適用應納入更
進一步之合目的性考量。

㈡ 國庫無損失之補正

在加值稅發票格式瑕疵補正之案例中，歐洲法院近年來
更以國庫實質上是否承受有稅款損失爲標準，以判斷營業人
得否行使補正之權利：在此種情形下由營業人所提出之補正
要求，甚至連是否善意均無須考慮[98]。在 CJCE 19, septembre
2000, Aff. 454/98, Plén., Schmeink & Cofreth AG & Co.KG et

---

[96] CJCE 13 déc. 1989, Aff.C-342/87, Genius Holding BV.

[97] 在歐洲法院 CJCE 6 nov. 2003, Aff.C-78/02 à 80/02 一案中，由對國家機關提
供勞務之營業人所開立之發票，其所涉交易不生加值稅繳納義務。營業人因
誤認其具有此等繳納義務而開立該發票者，歐洲法院清楚指出應容許營業人
循補正規定請求退還已納稅款。全案評釋見 DF 2004, p.679 et suivantes.

[98] M. Cozian, Précis de fiscalité des entreprise, p.364.

Manfred Strobel 一案中，歐洲法院更加清楚地指出：「當加值稅銷貨發票之開立人業已在相當之時間內，完全消除國庫稅收損失之風險時，因加值稅制所具有之中立性，即要求該等錯開之稅額得以被補正。無論此等補正之稅額所涉錯開發票，是否出於發票開立人之善意。加值稅銷貨發票錯誤開立之補正程序，應由各會員國之立法機關定之，俾使該等補正規定脫離於稅捐稽徵機關裁量權限範圍之外。」。亦即，除非特定之形式上瑕疵足以導致國庫無法課徵加值稅之風險，足以作為機關拒絕營業人扣抵銷項稅額之理由外，容許營業人對錯誤開立發票加以補正，方合乎租稅中立之稅制要求。事實上，在此等裁判之中所蘊含者，為對於不合乎規範目的之形式主義盲目要求之指斥：加值稅發票之目的一在便於查核、二在便於計算，但均以國庫實際上因此受有租稅利益為最主要目的，脫逸此等範圍之外、不合目的之形式規定，均為公平商業機制不必要之額外負擔。

在歐洲法院之推論體系中，作為推論主軸者毫無疑問在於加值稅制度於租稅制度中所展現之中立性，此可見諸 CJCE 5ᵉ ch., 1 avr. 2004, Aff. C-90/02, Bockemül. 一案中歐洲法院所表示之見解。歐洲法院重申加值稅之制度設計，在於「**確保租稅負擔對經濟活動之中立性**，而無論此等經濟活動之目的或結果為何，只要此等經濟活動係受加值稅制度所規制（Le système commun de la TVA garantit, par conséquent, la neutralité quant à la charge fiscale de toutes les activités écomoniques, quels que soient les buts ou les résultats de ces activités, à condition que lesdites activités soient elle-mêmes soumuses à TVA.）。」。至於加值稅進項發票扣抵權行使之形式要件，固由各會員國以國內立法決定，然而此等形式要件之存在，僅係爲確保加值稅債權之收取以及稅捐稽徵機關稽核調查之便利；而無論如何，加值稅發票形式要件之要求不得導致「**在實際案件中使得進項稅額之扣抵權利無法或過度難於行使**（pratiquement impossible ou excessivement difficile l'exercise du droit à déduction）」之結果[99]。

三、法國中央行政法院與嚴格要式性之緩和

針對加值稅進項稅額扣抵權之行使要件，法國中央行政法院雖自 1970 年代以來向以維持加值稅發票嚴格之要式性作爲基本立場，然則，此等立場在近年來亦有相當之緩和傾向。尤其在學說理論之批評以及歐洲法院相關裁判之壓力之下，法國中央行政法院亦難以堅守其長期以來之嚴格立場，開始於近期之裁判中展現動搖緩和之一面。尤其在若干案例

---

[99] 在此一理解之下，值得進一步討論者實爲租稅中立在歐洲法院之相關裁判中所佔有之地位問題。大致上，歐洲法院乃將中立性當作企業稅制中維持租稅公平之基本要求，如 CJCE 7 sep. 1999, Aff.216/97, Gregg 一案所指出：「實際上，租稅中立之原則所對抗者，乃經濟上之行爲人在 TVA 之領域之中，實行相同之行爲卻遭受不同之對待。其所造成之效果乃在於，倘若稅捐稽徵機關以繳納義務人從事第十三條 A 項所規定之經濟活動之方式所享有之減免稅額，乃取決於其所從事經營活動之方式時，即有誤認此一原則之嫌疑。」，就此而言，租稅中立原則爲租稅公平原則在企業稅制中之展現，應課稅者固平等課徵、應扣抵者亦應平等扣抵，而「無論此等經濟活動之目的或結果爲何」。CJCE 5e ch., 1 avr. 2004, Aff. C-90/02, Bockemül.

中，只要負擔繳納義務之營業人所提出之發票並非虛偽假造，亦容許有較為寬鬆之處置。大體言之，吾人可由下列各項裁判中法院立場之鬆動，約略窺知此一趨向之演變：

(一) 營業人善意之補正

當負擔加值稅繳納義務之營業人違反加值稅發票之形式要求，而以存有格式瑕疵之發票作為請求扣抵進項稅額之憑證時，法院觀察之重點開始集中於營業人是否善意，或進一步言之，是否具有逃漏稅額之故意，並在一定之要件下容許善意之營業人，針對形式瑕疵採取補正之措施[100]。故與早期嚴格形式主義之判例不同，法國中央行政法院事實上已揚棄嚴格之嚴格立場[101]，在國庫無損失之情形下，容許善意之營業人補正，而以該瑕疵發票為依據扣抵其應納之銷項加值稅額。

(二) 交易上根深蒂固之長久習慣

於法國中央行政法院近年來針對加值稅發票嚴格要式之緩和，最受矚目之發展當在於法院對於交易活動在經濟現實上之特徵予以承認，亦即，針對取得非直接交易相對人名義之發票、或在特定職業領域中取得以他人名義所開立之發票，足以構成「交易上根深蒂固的長久習慣」（d'habitudes

---

[100] CE 27 mai 2002, n° 229-133; J.-J. Bienvenu / T. Lambert, Droit fiscal, p.365.
[101] CE 29 déc. 1978, n° 9405.; DF 1980, Comm. 606.

invétérées）而國庫在結果上並無稅款損失之風險時，得以容許營業人扣抵之主張[102]。此一見解，事實上解決了法國加值稅領域中類似**借牌營業**等案件所造成之稽徵上困難[103]。在相關案例中，負擔加值稅繳納義務之營業人取得非直接交易對象所開具之加值稅發票，並據以向稅捐稽徵機關申報、作為負擔加值稅繳納義務之營業人行使進項稅額扣抵權之依據，雖在形式上不合乎法國租稅總法典對於加值稅進項稅額扣抵權之形式要求、亦無法完整展現此等交易之流程，然卻為特定職業中交易習慣所承認，而在結論上，法國中央行政法院亦接受此等與加值稅形式主義要件有所不合之扣抵。

(三) 單純之名義人錯誤

法國中央行政法院對加值稅進項發票嚴格要式之緩和，亦展現於若干主體瑕疵之案型，尤其單純之名義人錯誤。在早年之案例中，加值稅發票記載之名義人（包括買受人與出賣人兩方）均被要求不得有任何之瑕疵，否則即喪失該筆稅款扣抵之權利。然法國中央行政法院亦在若干案例中認為，加值稅發票雖誤以公司負責人為開立之名義人，在不發生國庫實質上稅款短收之風險之情形下，應容許營業人主張扣抵[104]。故雖在法律上公司之負責人與公司雖人格互殊，在應由

---

[102] CE 9 déc. 1991, n° 69-823, RJF 1992.2.138., CAA de Nantes, 13 avr.1994, n° 93-789, RJF 1994.8-9.533.

[103] Voir RJF 1992, Comm. 138.

[104] CE Plén. 30 avr. 1980, n° 15506.

公司具名開立發票而誤由負責人具名之情形，亦於法國稅捐
稽徵實務中容許營業人補正而准予扣抵進項稅額[105]。

四、本文見解：再探加值稅發票之功能

㈠ 稅法上形式主義與實質課稅之協調

　　在前述討論中，針對違反法定要式之加值稅發票，得否
作為營業人扣抵進項稅額之依據，於法國司法實務與歐洲法
院間見解之不一致，事實上可認作係稅法上「形式課稅」與
「實質課稅」二價值間之取捨協調問題。就法國稅制及法院
判決所強調之形式課稅而言，所著重者乃稅法之安定性，以
及稅捐稽徵行政之便利及效能；相對於此，實質課稅之要求
實為租稅公平此一原則所衍生[106]。然則，**無論為實質課稅或
形式課稅，倘若未有理論上之正當基礎或容許其無界限地四
處蔓延，毫無疑問將淪於國家權力之恣意，未能為法治國家
整體之憲政秩序所接受**。在此一理解之下，法國稅制中加值
稅發票之嚴格要式要求，實則來自於其背後之行政功能，包

---

[105] 在此尤其值得深入觀察者，乃法國稅法及商法制度中對於法人與其代表之
自然人間、或集團企業間各公司法人人格相分離在賦稅上造成之效果。Cass.
Com. 18 mai 1999, Sté. TGI c/ Crédit Lyonnais.

[106] 然而，此一論述並不表示本文作者認為實質課稅原則與租稅公平得以直接劃
上等號。畢竟在經濟理性之前提下，對課稅有關要件做出合乎經濟活動本旨
之認定，實乃事物當然之理。參見 B. Plagenet, Le raisonnement économique
dans la jurisprudence fiscale, « Constitution et Finances Publiques », Etudes en
l'honneur de Loïc Philip, p.534.

括加值稅稽徵領域之調查便利以及其他經濟管制領域兩方面
之考量。蓋就法國法制而言，嚴格形式主義要求之正當性不
僅來自課稅領域，更來自其他之經濟管制尤其價格管制之領
域[107]。尤其法國公法制度乃具有其長期之管制傳統。國家權
力所介入管制之事項，於財政及經濟領域可謂係無所不在，
至 20 世紀 80 年代之後此等管制方逐漸鬆綁，然仍於基礎法
制中處處可見管制之痕跡。要求任何交易關係均應開立發
票，事實上並非僅出於加值稅稽核課徵之財政目的，尚包括
經濟管制尤其價格管制之功能[108]。在此一理解之下，加值稅
發票在格式上要求「**足夠詳盡完整**[109]」、「**辨明交易關係中
債權人及債務人之身份**[110]」均係因此一考量而生。然而，就
歐洲法院之立場而言，其所關心者與其說是經濟調查權力之
便於行使，不如說是更加強調歐洲整合之基本要求，亦即人
員貨物資本之自由流通，以及各會員國稅制針對企業課稅所
應具備之中立性。而**租稅中立，意味著國家機關對於在市場
中從事交易之企業，均課予其一視同仁之稅捐負擔，進而達
到租稅領域中公平之效果**[111]。然而，倘若以歐洲法院之判決

---

[107] M. Cozian, Précis de fiscalité des entreprise, p.363.

[108] P. Donsimoni, Règles de facturation: Les « R.R.R. » entre le marteau et l'enclume, Les Petites Affiches, 1998, n° 17, p.7. 當然，這個制度的前提問題是國家有權力管制價格。此一經濟管制是否確實於憲法上有其基礎及價格管制之界限等節，不在本文討論之列，請容作者從略。

[109] CE 15 avr. 1988, n° 57-399; CE 26 oct.1983, n° 24-898, Karam.

[110] CE 15 avr. 1988, n° 57-399.

[111] CJCE 7 sep. 1999, Aff.216/97, Gregg.

結果，而完全否認加值稅發票制度中形式課稅原則之適用，恐亦欠持平。畢竟在歐盟本身並無稅捐稽徵機關之情形下，所考慮之稽徵行政便利因素與單純之內國法院有所不同。是故，實質課稅與形式課稅此二原則間之衝突與協調，無可避免地當由發票所具有之行政功能作根本性之思考。

(二) 比例原則作爲形式主義適用之界限

在稅法制度中，給予稅捐稽徵機關一定程度的行政上便利尤其調查措施上之便利是必要的。蓋正如 Larmarque 教授所指出的，乃**稅捐稽徵機關在從事租稅核課及徵收之際，已非執行單純行政職務之公務機關，無寧更負有執行憲法上所要求公平課稅此一原則之任務**[112]。在此一理解之下，一定程度之形式主義在稅法領域之適用恐爲稽徵行政所無從避免[113]。然而，此等權力之存在本身並非稅法制度之目的，毋寧係爲維護稅法之公平適用及營業領域之公平競爭。在此一理解之下，任何稅法上形式主義之要求均應合乎於其制度設計所欲達成之行政目的，不合目的之過度嚴苛程式規定，將可能被評價爲對租稅中立原則之違反，而爲整體憲政秩序所不容。此等形式上要求，並非單純之稅捐稽徵技術問題，亦非得容許立法機關藉口行政裁量任意輕重[114]。就稅捐稽徵之基

---

[112] C. Baylac, Le formalisme du droit fiscal, Préface de Jean Larmarque, p.11.

[113] 尤其稅捐稽徵，本質上乃大量行政所使然。參見黃源浩，稅法上的類型化方法，國立臺灣大學法研所碩士論文，1999 年，頁 101 以下。

[114] CJCE 19, septembre 2000, Aff. 454/98, Plén., Schmeink & Cofreth AG & Co.

本目的亦即實現稅捐之國庫目的而言，倘若稅法上特定之形式瑕疵並不足以**導致國庫實質上之稅收損失風險**時，此等行為在稅法上即不宜否准其對納稅義務人為有利之主張，亦不得作為稅捐稽徵機關裁罰之基礎[115]。此乃比例原則適用於稅捐稽徵領域之結果，亦足以作為稅法領域中實質課稅與形式課稅二不同原則協調之分界點。

　　故發票之格式瑕疵，在得補正之範圍之內應容營業人提出補正；亦不宜在未考量國庫是否承受稅收損失風險之情形下動輒評價為虛報進項稅額之不法行為。畢竟支配稅法規範者，除技術性規定之外尚有經濟之理性，對於任何不合乎經濟上實質意義之形式要求，均應在其稅捐稽徵之行政目的上存在堅實之合法性基礎，並拒斥過度而不必要之形式原則適用，方為現代國家稅制之應然狀態。

KG et Manfred Strobel.

[115] 此可參見大法官釋字第 337 號：「營業稅法第五十一條第五款規定，納稅義務人虛報進項稅額者，除追繳稅款外，按所漏稅額處五倍至二十倍罰鍰，並得停止其營業。依此規定意旨，<u>自應以納稅義務人有虛報進項稅額，並因而逃漏稅款者，始得據以追繳稅款及處罰</u>。財政部中華民國七十六年五月六日臺財稅字第七六三七三七六號函，對於有進貨事實之營業人，不論其是否有虛報進項稅額，並因而逃漏稅款，概依首開條款處罰，其與該條款意旨不符部分，有違憲法保障人民權利之本旨，應不在援用。至首開法條所定處罰標準，尚未逾越立法裁量範圍，與憲法並無牴觸。」，對於租稅裁罰措施亦以國庫有損失、營業人確有逃漏稅款為前題。雖大法官並未明示此一原則得否適用於進項稅額扣抵權利行使部分，然於推論上實應為相同之解釋。就取得虛設行號開立發票部分，另可參見財政部 84.3.24 台財稅字第 841614038 號函。

陸、結論

加值稅或加值型營業稅制中，營業人開立之銷貨發票上所登載之已納進項稅額，得作爲後手營業人扣抵銷項稅額之依據，乃各國加值稅及相關法制中所明確規範之基礎制度。進項稅額扣抵權，作爲稅法上權利之一部分，經常在實務上及學理上造成困難者乃在於其成立及行使之要件，以及期間所明顯展現之稅法上形式課稅原則之適用。就此，本文特別提出以下諸點，作爲討論之結語：

1. 租稅中立作爲稅法之價值，於加值稅之領域中特別受到重視。在歐洲法院以及法國中央行政法院相關之裁判中，更可清晰發現此等原則背後所蘊含之價值判斷：國家機關與市場之主要關係在於維持公平之競爭及商業之自由流通。因此，國家機關於稅捐領域中適用形式課稅原則不得過渡逾越比例原則、導致營業人稅法上權利難以實現之結果。而加值稅進銷貨發票之形式上要件，亦應考慮經濟上之現實狀況，不得過渡嚴苛導致加值稅扣抵之權利實際上形同無法行使，進而影響營業人於市場上與其他企業平等競爭之地位。

2. 進項稅額扣抵權之行使以及其他形式主義之要求，仍應考慮國庫目的亦即財政收入有否因此減損。於我國稅捐稽徵實務別具討論實益之問題，實在發票因形式瑕疵遭拒絕扣抵，然此等瑕疵於國庫稅收並無損失，

則拒絕營業人行使扣抵權利之正當性何在，實有進一步思考之空間。尤其加值型營業稅制中，雖大法官釋字第 337 號解釋業已排除國庫無損失案件之裁罰，然則虛報進項稅額之裁罰及所發生之效果，仍有於此一基礎上續行深入討論研究之空間。

3. 實質課稅與形式課稅之要求，在稅法領域中經常位處在對立之面向。形式課稅，所蘊含價值在於便利稽徵機關之行政作業，並據以維護稅法領域中法律之安定性。而實質課稅原則，則係在經濟理性之前題下依據經濟活動之實質意義認定特定行為之稅法上效果，其功能在於維護租稅之公平。此二原則在稅法領域之協調，不僅展現在加值稅進項稅額之扣抵，亦在其他領域中經常出現。如何在整體稅制中針對此二原則之適用求得一合理之模式，當為稅法學說與實務後續研究不可迴避之主要問題。

股東會紀念品費用
禁止扣抵之溯及效力

評最高行政法院 92 年度判字第 30 號判決

關鍵詞：加值稅（加值型營業稅）、進項稅額、解釋函令、溯及既往、信賴保護

壹、緒論：問題之提出

　　營業稅或加值型營業稅在制度設計上，乃以發票制度及其所具備之勾稽效果作爲最屬顯著之特徵[1]。按我國自民國 74 年實施新制營業稅以來，透過發票制度之施行及營業人相關帳證保存協力義務之課予[2]，已相當程度地成功複製及移植此一源起於歐陸尤其法國稅制之繁複制度。然而，正如所有繼受自其他國家之法制一般，此等制度於實際之司法或行政環境中，亦不可避免地面臨到我國法制環境中獨特之問題，而有待於我國之稅捐稽徵行政及司法機關加以解決。在此一理解之下，**上市上櫃公司購買股東會紀念品所支出費用**所含加值型營業稅進項稅額，得否扣抵該公司銷項應納營業稅額？倘若無法扣抵而負擔繳納義務之營業人卻將之作爲進項申報，則稅捐稽徵機關除要求營業人補繳稅款外，得否因其漏報應納稅款同時課予補稅罰？乃成爲近年來我國營業稅稽徵實務中重要之議題。尤其隨著新行政法制之不斷齊備，此等問題之深入探究乃成爲學理及實務上饒富趣味之疑難。不僅具有建構本土化稅制之價值，且在比較法制上，亦具有進

---

[1]　相對於其他稅種，就稅捐稽徵行政而言，加值稅制度之主要利益即來自於發票制度所造成之不易逃漏效果 J. Grosclaude / P. Marchessou, Droit fiscal général, 3e, Daloz, Paris 2001, p.294.

[2]　關於營業稅法上諸項協力義務於我國法制上之討論，參見黃源浩，營業稅法上協力義務及違反義務之法律效果，財稅研究，第 35 卷第 5 期，頁 135 以下。

一步深入探討之空間[3]。就此，最高行政法院 92 年度判字第
30 號判決，乃以稅捐稽徵機關嗣後依據解釋函令溯及認定
營業人以不得扣抵進項稅額之股東會紀念品費用申報扣抵，
涉有虛報進項稅額情事，並認定其有虛報之過失「均有再詳
予斟酌之必要」，因而做成裁判，廢棄不利於上訴人（即營
業稅繳納義務人）之台北高等行政法院裁判、發回下級審更
為詳查。此等問題涉及者，包括營業稅進項稅額扣抵權行使
之客觀範圍、租稅裁罰對象之營業人應否以故意過失作為責
任要件、財政部 87 年 12 月 3 日台財稅第 871976465 號函適
用之範圍與大法官釋字第 287 號解釋、租稅之核課期間與納
稅義務人之信賴保護等等諸項問題。在推論之理由，相當程
度乃展現最高行政法院於此類爭執案件中主要問題之立場[4]，
具有深入探討之價值，而為本文問題意識之所在焉。

---

[3] 尤其自加值型營業稅制度創始國之法國法制加以觀察，其於稅法制度中針對
進項稅額之扣抵範圍，實亦為長年以來實務運作之結果。參見黃源浩，論進
項稅額扣抵權之成立及行使，月旦法學 140 期，頁 99-100。就此，並可參
見法國租稅總法典 271 條以及附則第二章第 230 條之規定：「僅以經營必要
之貨物勞務得發生扣抵權利（n'est déductible que si ces biens et services sont
nécessaires à l'exploitation）」。J. Grosclaude / P. Marchessou, Droit fiscal général,
p.328.

[4] 經作者以關鍵字「股東會紀念品」查閱司法院法學資料檢索系統之結果（檢
索日期：民國九十六年五月五日），與本件屬同類爭點者尚有最高行政法院
91 年判字第 2274 號判決，其主要裁判要旨所涉及者乃營業稅法第五十一條
第五款規定之虛報進項稅額是否以「故意虛報」為要件，與本件判決相較，
較不易觀察法院針對此等問題之基本立場。另與本件爭點相同者尚有最高行
政法院 92 年判字第 1089 號判決。

貳、案件事實摘要與判決要旨

一、事實經過及主要攻擊防禦方法

　　提起行政訴訟上訴人即原審訴訟之原告、課稅處分之相對人○○百貨股份有限公司，乃依據公司法組織設立之公開發行公司，並依據證券交易法於資本市場發行股票、集中交易。民國 83 年至 87 年間，上訴人依據公司法之規定召開股東會，爲求股東踴躍參與，乃購入股東會紀念品分贈於各股東，並因此取得統一發票五紙，充作進項憑證，就其支出之已納進項稅額，向稅捐稽徵機關申報扣抵銷項稅額。然而，上市公司股東會紀念品所支出費用中構成營業稅額之部分，得否容許營業人就此扣抵應納稅額，加值型及非加值型營業稅法並無明文之直接規定，在解釋上得否容許負擔加值型營業稅繳納義務之營業人如此主張，容有若干疑義。是故，財政部乃於民國 87 年發佈台財稅第 871976465 號函，明示：「公司於召開股東會時，以紀念品贈送股東，上開紀念品核屬與推展業務無關之饋贈，依據營業稅法第十九條第一項第三款及同法施行細則第二十六條第一項規定，其進項稅額不得申報扣抵銷項稅額[5]。」。臺北市政府稅捐稽徵處（後因

---

[5]　加值型及非加值型營業稅法第 19 條第 3 款：「營業人左列進項稅額，不得扣抵銷項稅額：三、交際應酬用之貨物或勞務。」、施行細則第 26 條第 1 項：「本法第十九條第一項第三款所稱交際應酬用之貨物或同法勞務，包括

營業稅自民國 88 年起改制爲國稅，由財政部台北市國稅局承受其業務）乃以上訴人以不得扣抵項目之進項稅額申報扣抵銷項稅額，構成營業稅法第 51 條所稱「虛報進項稅額」爲理由[6]，核定上訴人逃漏營業稅新臺幣（下同）281,748 元，除補徵所漏稅款外，並裁處漏稅罰 563,400 元。上訴人不服乃提起行政救濟，案件遂依次進入最高行政法院之審查程序。就上訴人所提出之攻擊方法而言，主要主張者爲下列理由：

1. 上市公司股東會，係爲決議與公司業務經營有關之各項決議，此爲公司法之規定，爲使公司業務得以順利運作，乃鼓勵股東參加股東會。贈送出席股東之紀念品相關支出，並非完全與公司業務無關。

2. 股東會紀念品之進項稅額能否扣抵銷項稅額，於民國 87 年發佈台財稅第 871976465 號函以前，**稅法及解釋令並無明確規定不得扣抵**，既無明文規定不得扣抵，營業人乃申報扣抵，而臺北市稅捐稽徵處受理申報審核多年來並無異議，更無任何質疑，即認爲股東會紀念品之進項稅額得扣抵銷項稅額之行爲並非違法。是以**此等狀態已構成法律上值得保護之信賴**，且

宴客及與推廣業務無關之餽贈。」。

[6] 參見加值型及非加值型營業稅法第 51 條第 5 款：「納稅義務人，有左列情形之一者，除追繳稅款外，按所漏稅額處一倍至十倍罰鍰，並得停止其營業：五、虛報進項稅額者。」，以及同法施行細則第 52 條第 1 項：「本法第五十一條第五款所定虛報進項稅額，包括依本法規定不得扣抵之進項稅額、無進貨事實及僞造憑證之進項稅額而申報退抵稅額者。」之規定。

無「虛偽申報進項稅額」之故意。故至少就裁罰部分，上訴人得主張無故意過失或受信賴保護而撤銷[7]。就此等理由，被上訴人之稅捐稽徵機關乃主張下列二方法，以資防禦：

(1) 財政部發布上開函釋後，臺北市稅捐稽徵處即於各報刊載新聞稿，闡述上開規定及說明將從同年 1 月下旬起對上市、上櫃公司上項進項憑證全面辦理查核。上訴人既為上市公司，且委託專業會計師簽證，財經訊息之取得不虞匱乏，對於上開事項自難諉為不知。

(2) 又按財政部所作之解釋函令係本於立法意旨而為解釋，並非於法律之外另為補充規定，是不問其發生係在該解釋令之前或之後，均可依此解釋意旨處理，此觀之司法院釋字第 287 號解釋甚明。是故，稅捐稽徵機關乃認為繫爭做成於民國 87 年度之解釋函令，當可毫無疑問適用於之前年度之課稅案件之中，除要求作為繳納義務人之上訴人補繳應納稅款之外，並得以此為依據對納稅義務人課以漏稅罰。

---

[7] 此外，上訴人於上訴理由中尚爭執得依最高行政法院90年度判字第1147號判決意旨，適用稅捐稽徵法第 48 條之 1 免予處罰之規定，惟整體而言於該案件中並非主要爭點，且在結論上亦足為本文主要討論之解釋函令溯及既往範圍問題涵括，尚請容許在此捨而不論。

二、最高行政法院判決要旨

　　最高行政法院 92 年度判字第 30 號判決要旨：「按『人民違反法律上之義務而應受行政罰之行為，法律無特別規定時，雖不以出於故意為必要，仍須以過失為其責任條件。』觀之司法院釋字第 275 號解釋自明。所謂『過失』，係指行為人雖非故意，但按其情節應注意並能注意，而不注意者，為過失。至於本件上訴人有無過失，自應以上訴人於 83 年至 87 年間，以系爭五張發票申報扣抵銷項稅額時，有無應注意並能注意，而不注意之情形，為其判斷之論據。又按『行政行為，應以誠實信用之方法為之，並應保護人民正當合理之信賴。』（行政程序法第 8 條參照）依行為時營業稅法第 43 條規定，營業人逾規定申報限期 30 日，尚未申報銷售額者，主管稽徵機關得依照查得之資料，核定其銷售額及應納稅額並補徵之。營業人申報之銷售額，顯不正常者，主管稽徵機關得參照同業情形與有關資料，核定其銷售額或應納稅額並補徵之。卷查本件上訴人於 83 年 4 月 1 日取得系爭第一張購買股東會贈品之發票申報扣抵銷項稅額時，如稽徵機關立即依規定查處，豈有於相隔多年之後，再追溯累積各期漏稅金額予以處罰之可能！本件主管稽徵機關就稽核系爭發票是否虛報情事，究竟有無違背誠實信用之方法，並損及納稅義務人正當合理之信賴，自有研究斟酌之餘地。本件既遲至財政部 87 年 12 月 3 日台財稅第 871976465 號函發布後，始明確釋示公司於召開股東會時，以紀念品贈送股東，其進

項稅額不得申報扣抵銷項稅額。則於該函釋前，財政部所屬各稽徵機對該發票是否可以扣抵銷項稅額，似欠明確之依據，能否事後回溯課予納稅義務人高於主管稽徵機關之法律責任，並據以認定上訴人有過失，均有再詳予斟酌之必要。」，並做成裁判，撤銷原審判決發回下級審法院更為審判。

參、進項稅額扣抵權之客觀範圍

一、加值型營業稅進項稅額扣抵權

　　針對實體之租稅債權債務關係而言，本件所涉之基礎爭執乃加值型營業稅進項稅額扣抵權之客觀範圍，尤其上市公司購買股東會紀念品支出之進項稅額得否扣抵其作為營業人銷項之應納稅額。按加值型及非加值型營業稅法第 15 條第 1 項規定：「營業人當期銷項稅額，扣減進項稅額後之餘額，為當期應納或溢付營業稅額。」；及同法第 33 條第 1 款：「營業人以進項稅額扣抵銷項稅額者，應具有載明其名稱、地址及統一編號之左列憑證：一、購買貨物或勞務時，所取得載有營業稅額之統一發票。」，乃我國法制中關於**營業稅進項稅額扣抵權**之基礎規範[8]。其制度功能乃與加值型營業

---

[8] 關於加值型營業稅進項稅額扣抵權之一般性討論，參見黃茂榮，營業稅之稅捐客體及其歸屬與量化，稅捐法專題研究（各論部分），植根雜誌社出版，2001 年 12 月，頁 107 以下。或可參見黃源浩，論進項稅額扣抵權之成立及行使，月旦法學雜誌第 140 期，頁 91 以下。

稅或加值稅之基本制度功能有關：透過進項與銷項互相間扣抵之制度，使課稅之權力僅對作為應稅行為之貨物或勞務交易過程中之加值行使，而由終局之消費者而非交易流通關係中經手之營業人作為實際負擔租稅支出之主體，以維持稅制之中立性[9]。因此，透過營業稅發票載明進項稅額，以確認負擔營業稅繳納義務之營業人所得行使之扣抵權利（droit à déduction），更被認作係營業稅制中「**無可爭議的、最具原創性之特徵以及整個加值稅制之基石**」[10]。是故，營業人交易過程中，購入營業所必需之貨物勞務而支出進項營業稅額，得以請求扣抵其自身從事營業活動開立發票所應納之銷項營業稅額，乃加值型營業稅制最為重要之制度特徵，並且為稅捐稽徵機關於加值型營業稅領域中行使調查權力所仰賴之基礎制度。

---

[9] 而就加值型營業稅此一稅目之基本制度而言，亦有不少學者指出其所重視者與傳統之賦稅如所得稅、財產稅、遺產贈與稅等不同，而更加強調其對於市場中立或者競爭中立（Wettbewerbsneutralität）所蘊含之價值。P. Kirchhof, Der verfassungsrechtliche Auftrag zur Besteuerung nach der finanziellen Leistungsfähigkeit, StuW 1985, S.324.; J. Grosclaude / P. Marchessou, Droit fiscal général, 3ᵉ édition, Dalloz, Paris 2001, p.294. 歐洲法院相關裁判，針租稅中立性之討論及歐洲聯盟之基本態度，則可參見 CJCE 6 avril 1995, Aff.4 / 94, BLC Group plc.等案。

[10] « Le droit à déduction est incontestablement le point le plus original et la pierre angulaire du régime de la TVA. », J.-P. Fradin / J.-B. Geffroy, Traité du droit fiscal de l'entreprise, p.704.

二、進項稅額扣抵範圍與營業範圍

　　營業人購入營業所需貨物勞務因而取得進項稅額扣抵權，固為其在稅法領域中所享有之主觀權利，然此等權利之成立及行使，受有多方拘束限制，尤其形式主義之要求[11]，其中與本件爭點有主要關連者，乃營業人扣抵稅額，其所支出之進項稅額欲扣抵銷項稅額者，應發生於營業人營業範圍內此一客觀限制。按加值型及非加值型營業稅法第 19 條第1 項第 2 款及第 3 款規定：「營業人左列進項稅額，不得扣抵銷項稅額：二、非供本業及附屬業務使用之貨物或勞務。但為協助國防建設、慰勞軍隊及對政府捐獻者，不在此限。三、交際應酬用之貨物或勞務。」。故購入貨物勞務所支付之進項營業稅，倘若與營業人之本業與附屬業務無關，而屬營業目的外之餽贈交際者，即屬不得扣抵[12]。就此一制度設

---

[11]　例如，主張扣抵權利之營業人必須持有銷貨發票或其他法定證明文件、應在一定時間之內申報、所從事之交易活動並非減免加值型營業稅之交易等等。J.-J. Bienvenu / T. Labert, Droit fiscal, p.368-374. 另見黃源浩，論進項稅額扣抵權之成立及行使，月旦法學雜誌第 140 期，頁 99 以下。

[12]　參見大法官釋字第 397 號解釋理由書第 1 段：「依營業稅法第十九條第一項規定同條項所定之進項稅額，不得扣抵銷項稅額，又同條第二項規定專營免稅貨物或勞務者，其進項稅額不得申請退還。但就兼營營業稅法第八條免稅貨物或勞務者，其購進所營免稅貨物或勞務，或營業人非供本業及附屬業務使用之貨物或勞務等第十九條第一項所列之進項稅額，因與得扣抵之進項稅額，有不易明確劃分之情形，為合理計算應納稅額，營業稅法第十九條第三項乃授權財政部就兼營營業稅法第八條第一項免稅貨物或勞務，或因本法其他規定而有部分不得扣抵情形者，其進項稅額不得扣抵銷項稅額之比例與計

計而言，乃因襲自歐洲國家普遍實施之加值稅制，並用以確
保營業人於此等交易之過程中所發生之功能僅流通之前後手
而非貨物勞務終局之消費者[13]、支出費用購入之貨物勞務確
係直接適用於應稅之本業或附屬業務之中[14]。是故，當加值
型營業稅之繳納義務人係基於終局消費者之地位而非交易流
程中交易之前後手地位購入貨物或勞務時，此等交易關係所
已納之進項稅額即無從扣抵銷項應納稅額。在此一理解之
下，財政部 87 年 12 月 3 日台財稅第 871976465 號函所稱：
「公司於召開股東會時，以紀念品贈送股東，上開紀念品核
屬與推展業務無關之饋贈，依據營業稅法第十九條第一項第
三款及同法施行細則第二十六條第一項規定，其進項稅額不

算辦法，由財政部定之，作爲稽徵或納稅之依據。此種法律基於特定目的，
而以内容具體、範圍明確之方式，就徵收稅捐所爲之授權規定，並非憲法所
不許（釋字第三四六號解釋參照）。」。

[13] CJCE, 8 mars 1988, Aff.C-165/86.：「扣抵權之成立，必以該貨物勞務與負擔
納稅義務之營業人之營業行爲有關。」。就我國稅捐稽徵實務案例而言，此
一標準亦足以用於理解負擔營業稅繳納義務之營業人舉行業務檢討會之餐
費，取得合法憑證者，其進項稅額可扣抵銷項稅額（財政部 75 年度台稅二
發第 7523449 號函），而公司員工退休，舉辦「惜別茶會」支付佈置會場及
茶點之費用，其進項稅額不得扣抵銷項稅額（財政部 75 年度台稅二發第
7524878 號函）之原因。另就進項稅額扣抵權客觀範圍，參見黃源浩，論進
項稅額扣抵權之成立及行使，月旦法學第 140 期，頁 99-101。

[14] 此可參見歐洲法院 CJCE 6 avr. 1995, Aff. 4/94, BLP Group plc 一案中明確表
示之見解：「貨物與勞務應與應稅行爲具有直接且立即之關連性（un lien direct
et immédiat）。」以及 CJCE 8 juin 2000, Aff. 98/98, Midland Bank plc.; CJCE 22
février 2001, Aff.408/98, Abby National plc. 等案。 P. Derouin, Droit à déduction
de la TVA et règle de l'affectation : à propos de l'arrêt BLP Group (CJCE 6 avr,
1995), DF 1995, p.1340 et suivantes.

得申報扣抵銷項稅額。」即有其制度上之必要性。蓋雖公司法針對公司召開股東會有明文要求，然發放紀念品以求鼓勵促進股東（公司之構成員）與會，則非與其營業活動（以不特定第三人為對象）具有直接之相關[15]。是故，在實體之租稅債權債務關係中，禁止負擔營業稅繳納義務之營業人以其公司股東會紀念品支出扣抵銷項稅額，與加值型營業稅之制度本旨以及進項稅額扣抵權之客觀範圍相符，且在解釋上得為營業稅法第 19 條第 1 項第 2、3 款及同法施行細則第 26 條第 1 項規定文義所及，當屬在推論上值得贊同之見解。然而，雖在實體之租稅債權債務關係中得以支持此一見解，並非意味著本件稅捐稽徵機關所做成之補稅及裁罰決定均於合法性無所疑義，問題之關鍵，乃繫諸於財政部 87 年 12 月 3 日台財稅第 871976465 號函之作成及適用，以及大法官釋字第 287 號解釋所涉及之行政上解釋函令回溯適用有無界限之問題。

---

[15] 本案上訴人則主張「此為公司法之規定，為使公司業務得以順利運作，乃鼓勵股東參加股東會」，然此等費用充其量僅屬公司便宜性之支出，與「營業」本身並無直接之關連性。此一見解，似以「營業」作為加值型營業稅法之營業客體，在推論上雖值贊同，然我國加值型營業稅制之相關法律爭執中，「營業」之意義及其相關範圍之不確定所引發之爭執實為實務上重大爭執，有待進一步之釐清。至法國法上有關加值稅租稅客體諸問題，可參見CE, Sect.6, Jeillet 1990, 88 224, Comité pour le développement industriel et agricole du Choletais (CODIAC) 一案中法國中央行政法院所表示之見解。

肆、稅法解釋性行政函令之回溯適用

一、稅法不溯既往與解釋函令之回溯效力

按法律不溯既往（Non-rétroactivité du droit），乃法治國家中維持法安定性、確保基本權利保障之重要原則之一[16]，復爲我國大法官解釋再三宣告其具有憲法之位階，乃法治國家原則之重要構成要素[17]。尤其在刑罰之領域，行爲之處罰僅得對法律生效後所發生之不法事實適用，乃爲各國刑法及歐洲人權宣言等重要規範所再三強調[18]。然而，於稅法領域，

---

[16] L. Favoreu / P. Gaïa / R. Ghevontian / F. Mélin-Soucramanien / O. Pfersmann / J. Pini / A. Roux / G. Scoffoni / J. Tremeau, Droit des libertés fondamentales, 3ᵉ, Dalloz, Paris 2005, p.298-301.

[17] 參見大法官釋字第 574 號解釋理由書第 4 段：「法治國原則爲憲法之基本原則，首重人民權利之維護、法秩序之安定及信賴保護原則之遵守。因此，法律一旦發生變動，除法律有溯及適用之特別規定者外，原則上係自法律公布生效日起，向將來發生效力。惟人類生活有其連續性，因此新法雖無溯及效力，而係適用於新法生效後始完全實現之構成要件事實，然對人民依舊法所建立之生活秩序，仍難免發生影響。此時立法者於不違反法律平等適用之原則下，固有其自由形成空間。惟如人民依最修正前法律已取得之權益及因此所生之合理信賴，因該法律修正而向將來受不利影響者，立法者即應制定過渡條款，以適度排除新法於生效後之適用，或採取其他合理之補救措施，俾符法治國之法安定性原則及信賴保護原則。」。

[18] 就法國法而言，法律不溯既往之實定法化，主要起自於 1804 年，民法典第 2 條之規定：「法律僅得向將來生效，不得發生回溯之效力（La loi ne dispose que pour l'avenir; elle n'a pas d'effet rétroactif.）」。然而，此一原則在非裁罰領域即便時至今日，仍被認爲僅具有立法之價值，在一定要件合致之前提

法律不溯既往之適用即非如刑法領域般單純。首先在特定範圍之內，或出於租稅優惠之考慮、或出於稽徵技術之困難，稅法制度事實上本即存在有相當之回溯效力之可能性，甚或根本難以避免稅法規範回溯適用之情形[19]。其次，當稅法規範在內容上無法以明確無異議之文字將其所欲規制之內容清楚臚列、描述時，即存有若干程度之解釋空間，而此等解釋在推論上亦可能產生某種回溯效果[20]；而立法機關只要在公益理由考量及特定條件之拘束之下，亦可能在稅法領域中從

下容有例外之立法，尚非絕對不能碰觸違反之憲法原則，尤其在稅法領域之適用，更有與其他領域不同之思考。A. Kerrest, La rétroactivité de la loi fiscale, RFFP n° 42, 1993, p.152.

[19] 例如，我國所得稅法第 39 條之規定：「以往年度營業之虧損，不得列入本年度計算。但公司組織之營利事業會計帳冊簿據完備，虧損及申報扣除年度均使用第七十七條所稱藍色申報書或會計師查核簽證，並如期申報者，得將經該管稽徵機關核定之前五年內各期虧損，自本年度純益額中扣除後再行核課。」，雖係以租稅優惠之面目出現於稅法制度，然不可否認亦在某種程度上承認租稅核課具有溯及既往年度之效果。不獨我國稅制，法國稅制亦有類似情形。F. Luchaire 乃因之指出：「對納稅義務人而言，當其完成特定經濟活動而對其帶來收入時，對於此筆收入將構成如何之課稅義務根本不清楚，毋寧是正常的。我們也可以說，就是因為對租稅正義之追求，而使得稅法領域中的溯及效果被正當化了。」F. Luchaire, La sûreté: droit de l'homme ou sabre de Monsieur Prudhomme? RDP 1983, p.625. 而在此一理解之下，整個法國法制對於法安定性原則以及信賴保護在稅法領域之適用，均發展出與德國法制不同之態度，尤其對稅法規範溯及效力之討論，當容另文探討。並參見 F. Douet, Contribution à l'étude de la sécurité juridique en droit fiscal interne français, LGDJ, Paris 1997, p.11 et suivantes.

[20] J. Buisson, La porté de la loi fiscale dans le temps: 1. Non-rétroactivité et droit fiscal, RFDA 2002, p.786-788.

事具有**回溯效力之立法**[21]。其中針對稅法解釋所產生之回溯
效果，我國大法官釋字第 287 號解釋，乃針對行政機關所發
佈之解釋函令指出：「**行政主管機關就行政法規所爲之釋示，
係闡明法規之原意，固應自法規生效之日起有其適用。**」可
謂明確承認行政機關所制頒之解釋性行政函令，得以在「闡
明法規原意」範圍內、亦即法規解釋之基礎上發生溯及效力、
溯自其解釋標的之法規生效日起有其適用[22]。而就本件爭訟
案件而言，稅捐稽徵機關之所以主張財政部發佈於民國 87
年度之台財稅第 871976465 號函得以適用於 87 年度以前之
課稅案件，其法律上之依據主要亦在於此。故加值型及非加
值型營業稅法第 19 條第 2、3 款所稱「非供本業及附屬業務
使用之貨物或勞務」及「交際應酬用之貨物或勞務」雖未有
進一步明確之立法定義、亦未列舉不得扣抵進項之態樣，然

---

[21] 此可參見法國憲法委員會之明確見解：「在稅法之領域中，具有憲法價值之
所有原則均不禁止法律在稅法之領域中，採行具有回溯效果之措施（aucun
principe de valeur constitutionnelle n'interdit à la loide prendre des dispositions
rétroactives en matière fiscale.）。」。Cons. Const. 29 décembre 1984, Décision
n° 84-186 DC, Loi de finances rectificative pour 1984. 另參見 A. Kerrest, La
rétroactivité de la loi fiscale, RFFP n° 42, p.152. 然必須特別留意者，乃在於法
國憲法委員會對於裁罰性及非裁罰性措施回溯效力之態度有顯著之區別，詳
後述。

[22] 是故在推論上，倘若行政函令非以解釋既存法規爲功能者，尤其以補充法律
漏洞或發揮法律續造功能爲目的者，應即無本號解釋適用之餘地。就此，葛
克昌教授乃指出：「行政機關之解釋函令，根據釋字第二八七號解釋，係闡
明法規之原意，性質上非獨立之行政命令，須結合所解釋之法規，自法規生
效日起有其適用。」葛克昌，解釋函令與財稅行政，「所得稅與憲法」（增
訂版），2003 年，翰蘆出版，頁 213。

稅捐稽徵機關乃依據大法官釋字第 287 號解釋之意旨，主張解釋函令溯及自該款生效時起生效[23]，因而認定營業稅之繳納義務人所為之進項稅額申報，係以不得扣抵進項稅額之費用申報扣抵，構成加值型及非加值型營業稅法第 51 條所稱之「虛報進項稅額」，因而主張對納稅義務人所為之補稅及裁罰決定於法有據[24]。

---

[23] 在此尤應留意者，乃民國 86 年所公佈施行之稅捐稽徵法第 1 之 1 條規定：「財政部依本法或稅法所發布之解釋函令，對於據以申請之案件發生效力。但有利於納稅義務人者，對於尚未核課確定之案件適用之。」，於本件之適用。其一非「據以申請之案件」、二非「有利於納稅義務人」，故稽徵機關乃認本件並無稅捐稽徵法第 1 之 1 條規定適用之餘地。稅捐稽徵法第 1 之 1 條規定與解釋函令之適用，於稅法學說中受學者訾議久矣，參見葛克昌，解釋函令與財稅行政，「所得稅與憲法」，頁 241 以下。惟本文為限縮爭點，就此乃暫且捨而未論，尚祈諒察。

[24] 解釋函令得以回溯自法令生效日起有其適用，使稅捐稽徵機關得以對過去發生之課稅事實做成課稅決定者，事實上並非稅捐稽徵機關單方面之主張，蓋大法官釋字第 536 號理由書末段：「聲請人以其課稅事實發生於七十九年四月及八月間，而主管稽徵機關竟引用財政部同年九月六日前開函釋為計算方法，指摘其有違法令不溯及既往原則乙節，查行政主管機關就行政法規所為之釋示，係闡明法規之原意者，應自法規生效之日起有其適用，業經本院釋字第二八七號解釋釋示在案，自不生牴觸憲法之問題，併此指明」以及大法官解釋大法官釋字第 493 號解釋末段：「又聲請人以其課稅事實發生於七十九年度，而主管稽徵機關竟引用財政部八十三年所為計算方法之函釋，有違法令不溯及既往原則一節，查行政主管機關就行政法規所為之釋示，係闡明法規之原意者，應自法規生效之日起有其適用，業經本院釋字第二八七號解釋釋示在案，不生牴觸憲法問題。」均有類似之見解。然本文在此所強調者，乃大法官此等自 287 號解釋以來之「傳統立場」，並未區分本稅與裁罰案件而異其適用，事實上才是爭執問題層出不窮最主要之關鍵，詳後述。

二、稅法解釋溯及既往之例外：與法國法制之比較

　　稅法領域中法律解釋溯及既往適用之現象，於法國稅法制度中亦存在與我國法制相類似之見解[25]，尤其以行政函令等獨立性容有疑問之法律規範作爲稅法之解釋手段並因而對稅捐稽徵實務有所影響者，亦爲學說及實務所承認[26]。然於其中有所歧異者，乃在於因稅法解釋所發生之溯及適用，存有相當嚴格之控制標準。首先，在溯及既往之法律中，法國稅法學者多數見解認爲因**解釋性法律**（lois interprétatives）所發生之溯及既往效力，通常爲稅法領域中不可避免之現象[27]。因此，稅法學說及實務研究之重點基本上即不在於否認稅法規範發生回溯效力之可能性，而係針對「解釋性法律」或解釋性之行政函令在定義上有所明確之說明。所謂「解釋性法律」，係指「僅限於說明在既存法律中，可能引發爭議

---

[25]　除解釋性法律溯及既往外，法國稅捐稽徵實務中亦存在有類似於我國解釋函令之制度，通稱爲「行政準則（doctrine administrative）」；其中行政準則之變更所涉及之相關問題，亦與我國大法官釋字第 287 號及稅捐稽徵法第 1 條之 1 相近似。參見 L. Vapaille, La doctrine administrative fiscale, L'Harmattan, Paris 1999, p.183 et suivantes. 是故，稅法上溯及效力之問題於法國法上之操作絕非如本文所說明者單純，因所涉爭點複雜，當容另文討論之。另針對德國法制中稅法溯及效力之問題，見 K. Tipke, Steuerrechtsordnung, Bd.I., S. 150ff.

[26]　J.-J. Bienvenu / T. Labert, Droit fiscal, p.60-63.

[27]　蓋以下面此一見解，於法國法上具有通說地位之故：「在本質上，解釋性的法律是具有回溯效力的（Par nature, une loi interprétative est donc rétroactive.）」。J. Buisson, RFDA 2002, p.787. 在此特別提請注意者，乃此一推論與我國大法官釋字第 287 號解釋前段之相似性。

的不完整定義，而並未對之有所增加創新[28]。」；而特定法律規範「試圖在既存之法律之中，透過解釋增加新的課稅要件[29]」時，即非所謂解釋性法律，而構成法律之補充[30]。而針對此一分類以及隨之而來的對於解釋性法律溯及效果之容許，多數見解乃認為解釋性法律之起源既然來自於既存法律規範本身之不完整，因此在學說及實務上多半認為其與法安定性（la sécurité juridique）之要求不但不相抵觸，反而是促進了法律適用上之安定[31]。而稅法規範並非透過解釋性法律發生溯及既往之效力、或稅捐稽徵機關欲以行政函令或其他行政命令補充既存稅法規範之漏洞時，則以法律有明文授權為前提[32]。除此之外，回溯效力之適用範圍存在著相當之

---

[28]　Cass. Soc., 19 juin 1963.

[29]　Cass. Com., 7avr. 1992, n° 89-20.418.

[30]　J.-J. Bienvenu / T. Labert, Droit fiscal, p.40-42.

[31]　J. Buisson, RFDA 2002, p.787.

[32]　是故，倘若行政準則並非以解釋既存法令為目的，而係以補充既存法令之不足為目的者，其溯及效力即無法如解釋性法律般當然發生，而須以法律有所明文規定為必要。在此可參見 J.-J. Bienvenu / T. Labert 之見解：「行政命令僅能對將來生效。是故，用以補充既存命令之行政準則不得使之產生回溯之效力（CE 23 février 1994, Sté Voilet frères.）」。J.-J. Bienvenu / T. Labert, Droit fiscal, p.42. 在此一理解之下，行政函令係「解釋」或「補充」稅法規範，甚至是創設新的課稅或免稅要件、認定事實暨行使裁量之依據等，在法國稅法上即有予以嚴格區別之必要。我國文獻中與此相近見解，可參見葛克昌，解釋函令與財稅行政，「所得稅與憲法」，頁 223-228。另外針對行政命令補充既存稅法規範之不足，同樣亦受租稅之合法性亦即所謂「租稅法律主義」之拘束，略可參見 L. Philip, Le partage de la loi et du reglèment en matière fiscale, DF 1981, p.162 et suivantes. 另就法國稅法規範尤其「租稅法律主義」於法國稅法上適用之概況，則可參見黃源浩，法國稅法規範基本問題，財稅

限制，包括裁罰領域、確定力以及時效等範圍，最後，尚被要求應當具有足夠之公益理由，方得被容許此等效力之存在。

㈠ 裁罰領域

於法國稅法學說實務之中，透過解釋性法律或行政函令而對過去之經濟事實發生效力、進而容許稅捐稽徵機關於稅法領域中回溯適用該等解釋性法律或行政函令，存有一明確且無從質疑之界限：**無論如何溯及效力僅得對本稅部分發生，租稅裁罰案件乃為稅法溯及既往之絕對禁地**[33]。此一要求，不僅進一步確認於租稅裁罰之領域之中所應適用者，應為如刑法一般之嚴格解釋及適用法則[34]，更為法國中央行政

研究，36 卷 3 期，頁 170 以下。

[33] 法國憲法委員會，乃再三強調租稅裁罰措施之特殊性：在租稅裁罰領域，法律不溯既往例外地具有憲法價值（valeur constitutionnelle）。Cons. Const. 30 décembre 1980, Décision n° 80-126 DC, Loi de finances pour 1981. 是故，法國憲法委員會乃明文宣告，在裁罰之領域中不溯既往之要求，在稅法領域中應如同在刑法領域般被尊重。Cons. Const. 30 décembre 1982, Décision n° 82-155 DC, Loi de finances rectificative pour 1982. 就此，德國稅法學者 K. Tipke 亦認為此係法國稅法制度中處理溯及既往問題重要之界限，並因而影響比利時、盧森堡等國之法制。K. Tipke, Die Steuerrechtsordnung, Bd.I., 2 Aufl., Dr. Otto Schmidt Verlag, Köln 2000, S.148.

[34] Cons. Const. 29 décembre 1989, Décision n° 89-268 DC, Loi de finances pour 1990：「39. 鑑於，在另一方面，根據人權宣言第八條之要求，法律不溯既往原則僅在制裁之領域具有憲法價值。是以一九九○年年度財務法第十六條第四項並非裁罰之規定而係廢止既存之免稅優惠（une exonération fiscale），是以由立法者所規定之生效日期發生回溯之效果，與憲法之規定並無抵觸。」。

法院[35] 以及歐洲人權法院所明確接受，成為普遍性之法律價值[36]。然而，於我國法制之中透過稅捐稽徵機關解釋性行政函令之制訂，進而發生作為解釋標的之法律規範針對過去發生之事實狀態有所拘束時，是否同樣亦排除裁罰領域，而成為解釋函令回溯效力之例外？大法官釋字第 287 號解釋僅言及「行政主管機關就行政法規所為之釋示，係闡明法規之原意，**固應自法規生效之日起有其適用。**」、稅捐稽徵法第 1 之 1 條亦僅規定「財政部依本法或稅法所發布之解釋函令，對於據以申請之案件發生效力。但有利於納稅義務人者，對於尚未核課確定之案件適用之。」，均未明白排除裁罰領域，似在解釋上容有適用於裁罰案件之空間[37]。然而，此等規範之解釋實不能僅由文義出發，蓋 1789 年人權宣言第 8 條宣告：「僅有在嚴格且明顯之必要情形下，法律方得規定裁罰措施。僅有在不法行為實施前已有法律制訂施行並合法適用之情形下，方得加以處罰。（La Loi ne doit établir que des

---

是故於法國現行稅制之下，廢止既存之租稅優惠並非憲法所不許，亦在原則上不生信賴保護問題。對照近年來我國法制中所發生軍公教免稅優惠廢止之爭議，法國法上之相關論述實有相當之參考價值，當容另文討論之。

[35] CE 17 février 1992, n° 58-299, Vermeersch.

[36] CEDH 24 février 1994, Aff. Bendenoun c/ France.

[37] 雖我國學者亦有再三陳明，稅法上解釋函令之回溯效力不應及於裁罰部分，然不可否認者，乃於我國稅捐稽徵實務中就此多所誤解，致有與此一法律上之普遍價值相違背之情事。實際上解釋函令僅為稅捐稽徵機關之法律見解，本即未必正確；以之作為補稅之依據尚可視為機關積極主動實現公平課稅之表現。至於單純作為裁罰基礎恐均有合法性之疑義，更遑論作溯及裁罰之依據。參見葛克昌，解釋函令與財稅行政，「所得稅與憲法」，頁 239。

peines strictement et évidemment nécessaires, et nul ne peut être puni qu'en vertu d'une Loi établie et promulguée antérieurement au délit, et légalement appliquée.）」，乃明確宣告裁罰性措施為法律回溯效力完全不得逾越之禁地。在多數稅法學說均認為租稅法上裁罰性措施應與國庫目的或財政目的規定相區別之前提下[38]，於稅法上解釋性法律回溯效力之相關討論中，明確區分稅捐稽徵機關所進行之裁罰性措施與非裁罰性措施並以之作為回溯效力之界限，實屬必要。

(二)影響課稅決定之確定力

　　法律規範在適用上發生溯及既往之效力，於法國法制中所存在之第二種例外領域，乃涉及課稅決定確定力之效果。特定之經濟活動該當於應稅之行為，經有權之稅捐稽徵機關做成課稅決定，而發生確定力者，則在課稅決定所及之客觀範圍內，除非法律另有明文，否則即便有法律規範對之作成具有回溯效果之規制，亦不影響已然確定之案件[39]。就稅捐

---

[38] 應將裁罰性措施與國庫目的規定相區別之說法，不僅存在於法國稅法領域，於德國法上亦採行相類同之看法，如 K. Tipke 即指出：「租稅刑法與租稅秩序罰法不是稅法，不管是像德國租稅通則一樣，在法典中的第八章加以規定，或是如同奧地利的立法體例一般，有部『財政刑法典（Finanzstrafgesetz）』獨立加以規定，或是如西班牙一般，規定刑法典當中，毋寧都是刑法或行政秩序罰法的問題。」。K. Tipke, Die Steuerrechtsordnung, Bd.I., S.32.

[39] Voir J. Buisson, RFDA 2002, p.789. 針對此，大法官釋字第 287 號解釋亦謂：「惟在後之釋示如與在前之釋示不一致時，在前之釋示並非當然錯誤，於後釋示發布前，依前釋示所為之行政處分已確定者，除前釋示確有違法之情形外，為維持法律秩序之安定，應不受後釋示之影響。」，亦以課稅處分發生

稽徵機關所做成之課稅決定而言，形式確定力發生於法定救
濟期間屆滿、納稅義務人無法再行提起租稅救濟之時；實質
確定力則對稅捐稽徵機關生效，乃出於一事不再理之考量不
得針對特定經濟活動再行行使課稅權力[40]。就稅捐稽徵實務
之運作而言，此亦可謂各主要國家稅制均存在之制度，而在
**稅捐稽徵實務上，均以核課期間或核課時效（la prescription
de reprise）**[41]之形式出現。是故，法律規範在適用上發生
溯及既往之效力所不得逾越之例外之二，乃在於特定經濟事
實倘若因租稅核課時效而消滅時，對於稅捐稽徵機關即發生
實質確定之效果，國家機關亦不得以回溯生效之法律對其要
求核課適用；反之，在此一時效範圍之內，稅捐稽徵機關經

所發生之確定力作為解釋函令回溯效力之界限。

[40] 稅法上課稅決定之確定力及其所發生之效果，參見 CE 29 décembre 1986, n°
86-223. 另關於行政處分實質確定力與形式確定力之區分，參見陳敏，行政
法總論，第 3 版，頁 437-442。

[41] Cons. Const. 24 juillet 1991, Décision n° 91-298 DC, Loi portant diverses
dispositions d'ordre économique et financier.; J.-J. Bienvenu / T. Labert, Droit
fiscal, p.48-53. 就此，法國租稅程序法典第 L-168 條乃規定：「納稅義務人
應納稅額之全部或一部，或有所不足、不確定或其他稅額計算之錯誤，除非
租稅總法典有明文之相反規定，否則均得由稅捐稽徵機關、關稅或其他直接
稅之徵收機關，在本法典第 L-169 至 L-189 條所規定之條件下，予以另行核
課。（Les omissions totales ou partielles constatées dans l'assiette de l'impôt, les
insuffisances, les inexactitudes ou les erreurs d'imposition peuvent être réparées
par l'administration des impôts ou par l'administration des douanes et droits
indirects, selon le cas, dans les conditions et dans les délais prévus aux articles
L. 169 à L. 189, sauf dispositions contraires du code général des impôts.）」，即
屬法國法上關於核課期間之一般性規定。

由嗣後之調查對特定之經濟活動發現有漏課情事者，乃得隨時做成補課之決定[42]。

就我國稅捐稽徵法制而言，事實上此一制度亦在解釋函令回溯適用之案型中發生重要之拘束作用。如稅捐稽徵法第21條第1款所規定：「稅捐之核課期間，依左列規定：一、依法應由納稅義務人申報繳納之稅捐，已在規定期間內申報，且無故意以詐欺或其他不正當方法逃漏稅捐者，其**核課期間為五年。**」以及同條第2項：「在前項核課期間內，經另發現應徵之稅捐者，仍應依法補徵或並予處罰，在核課期間內未經發現者，以後不得再補稅處罰。」，所造成之直接效果乃在此一期間內，雖已做成課稅決定，然稽徵機關另發現應徵之稅捐者，仍有權做成補課決定[43]，反之，已發生確定力之課稅案件，亦不因嗣後法律規範解釋之變動而受影響[44]。在此一制度之下，於我國法制上所造成之效果當與法國

---

[42] J.-J. Bienvenu / T. Labert, Droit fiscal, p.48.

[43] 參見行政法院 58 年判字第 31 號判例：「納稅義務人依所得稅法規定辦理結算申報而經該管稅捐稽徵機關調查核定之案件，如經過法定期間而納稅義務人未申請復查或行政爭訟，其查定處分，固具有形式上之確定力，惟稽徵機關如發見原處分確有錯誤短徵，為維持課稅公平之原則，基於公益上之理由，要非不可自行變更原查定處分，而補徵其應繳之稅額」。

[44] 參見最高行政法院 92 年判字第 1003 號判決：「嗣稽徵機關如發見原處分確有錯誤短徵情事，為維持課稅公平原則，並基於公益上之理由，雖非不可自行變更原確定之查定處分，而補徵其應徵稅額（本院五十八年判字第三一號判例參照），然此之所謂發見確有錯誤短徵，應係指原處分確定後發見新事實或新課稅資料，足資證明原處分確有錯誤短徵情形者而言。如其課稅事實資料未變，僅因嗣後法律見解有異，致課稅之標準有異時，按諸中央法規標

法制相同，亦即解釋函令溯及生效之範圍，應受稅捐稽徵法
所規定核課期間之拘束，構成解釋性法律回溯效力之例外。
是故，**本件稅捐稽徵機關回溯課徵應補稅捐之期限為稅捐稽
徵法所規定之 5 年，而非釋字第 287 號解釋所謂之「自法
規生效日起有其適用[45]」**。綜合言之，當特定之應稅活動已
逾越稅捐稽徵機關之核課期限時，即便依解釋性法律發生溯
及效果，亦不能使稽徵機關取得重新核課之權力。

㈢ 足夠之公益理由

　　於法國法制中，解釋性法律發生回溯效力之最後一項限
制，來自於公益之要求：法國憲法委員會乃再三指明，只有
在「**足夠之公益**」（l'intérêt général suffisant）考量以及不
剝奪納稅人所享有之憲法上保障等條件之下，方能容許此等
回溯效力之發生[46]。如此立場，並非法國法制所獨有，釋字

準法第十八條從新從優原則之法理，即不得就業經查定確定之案件，憑藉新
見解重為較原處分不利於當事人之審定處分。」。

[45] 同時本件情形，本文亦認核課期間不得適用稅捐稽徵法第 21 條 3 款之 7 年
期間。蓋法律見解不同，尚難認為構成該條款所稱之「故意以詐欺或其他不
正當方法逃漏稅捐」。

[46] Cons. Const. 28 décembre 1995, Décision n° 95-369 DC, Loi de finances pour 1996.
Cons. Const. 18 décembre 1998, Décision n° 98-404 DC, Loi de financement de
la sécurité sociale pour 1999. 此外，法國憲法委員會亦嘗多次宣告在稅法領域
中納稅人其餘權利之保障（la garantie des droits）之不可侵害，包括循具有
實效性司法救濟途徑（un recours juriditionnel effectif）尋求救濟之權利等等，
亦構成解釋性法律溯及既往所不可凌駕之界限。參見 J. Buisson, RFDA 2002,
p.789. 惟本文為限縮爭點，就此暫且存而不論，仍待另文深入探討之。

第 472 號解釋吳庚大法官協同意見書第 3 段即指出：「第按信賴保護固屬具有憲法位階之公法上基本原則，國家之立法、行政及司法等部門，均應受其拘束，但此一原則之適用，並非毫無條件。主張有信賴保護原則（le principe de confiance légitime）之適用者，除應具有值得保護之信賴利益外，必須審酌符合信賴保護之利益的性質以及衡量公益與私益之保障何者具有較高價值。倘形成信賴利益之事實關係為過去存在之事實，制定法規溯及既往的使相對人遭受不利之結果，原則上不得為之；倘制定法規係針對將來發生之事實關係而適用，且公益因此而獲致益處顯然大於相對人或其他利害關係人之私益者，即非法所不許。」等語，事實上亦承認此一原則。然就實際之溯及關係而言，公益之事由是否存在，當依立法機關之考量，於個案中決之[47]。在此一理解之下，大法官釋字第 287 號解釋僅言及解釋函令得以發生一定程度之回溯效力，而未具體指出此等回溯效力與憲政秩序中所具有之界限，甚且連足夠之公益要求此等內容已嫌空泛之要件均未予以強調，似單純將解釋函令溯及適用問題理解為法律技術性問題，實容有進一步思考斟酌之空間。

三、本文見解：大法官釋字第 287 號解釋應予限縮

　　最高行政法院於 92 年度判字第 32 號判決中，針對發佈

---

[47]　Voir G. Merland, L'intérêt général dans la jurisprudence du Conseil Constitutionnel, LGDJ, Paris 2004, p.144-150.

於民國 87 年度之解釋函令，得否適用於以往年度之課稅案件，並未明確表示其見解。甚或進一步言之，大法官釋字第 287 號解釋前段所謂「闡明法規之原意，**固應自法規生效之日起有其適用**」，亦爲最高行政法院於其他裁判中所接受[48]。釋字第 287 號解釋文文義上雖未清楚區分本稅與裁罰部分應爲不同之處置，然而，此等解釋函令回溯自法規生效日之適用倘若及於租稅裁罰領域，將不可避免與法治國家之普遍性價值有所出入。因此，本文認爲應就大法官釋字第 287 號解釋予以限縮解釋，認爲並不包括裁罰之溯及，同時其效力範圍於稅法案件中亦應以回溯至核課期間屆至而非「溯自法規生效日起」有其適用[49]，方足以使大法官解釋免除其不可避免之合憲性危機。事實上，更屬理想之解決方法當屬由大法官針對釋字第 287 號做成補充解釋，明確指出解釋性行政函

---

[48] 此可參見最高行政法院 92 年度 5 月份庭長法官聯席會議決議前段：「函釋係闡明法規原意，應自法規生效之日起有其適用，故得重爲核定。財政部八十三年二月八日台財稅第八三一五八二四七二號函釋有關免稅所得分攤營業費用及利息支出之計算公式，係本於行爲時所得稅法第四條之一及二十四條規定所作之解釋，自無與同法第四十二條規定牴觸之情事，且該函釋係闡明法規原意，應自法規生效之日起有其適用（司法院釋字第二八七號、第四九三號解釋參照）。而行爲時稅捐稽徵法第二十一條第二項所謂另發現應徵之稅捐，只須其事實不在行政救濟裁量範圍內者均屬之。」，尤應留意者，乃在於本決議亦未明示解釋函令回溯適用，是否包括裁罰措施。

[49] 亦即就本件而言，雖釋字 287 號謂「固自法規生效日起有其適用」，然稅捐稽徵機關要求補稅之範圍亦不得脫逸於稅捐稽徵法所訂之核課期間。又最高行政法院，近期裁判中針對補稅與處罰應適用不同之法理乙節，乃漸有所強調，此參見最高行政法院 90 年判字第 447 號、92 年判字第 1276 號、94 年判字第 91 號等判決可知。經本文匿名審查人指出，特此申謝。

令回溯適用之界限[50]。畢竟解鈴還需繫鈴人，在稅法領域中回溯效力問題足以完整解決之憲法論述提出之前，對大法官釋字第 287 號解釋有所限縮，實屬稅法制度中必要之操作[51]。然而，於此等問題徹底解決之前，當最高行政法院於行政救濟之個案中面對此等問題時所採取之態度，事實上即為本件最高行政法院 92 年度判字第 30 號判決最值得觀察之處。

---

[50] 相對於此，另一在法制上值得後續觀察者，關為行政罰法之立法對於解釋函令回溯效力所可能造成之影響。按本件本件最高行政法院 92 年度判字第 30 號判決作成之際，行政罰法尚未公佈施行。然自行政罰法公佈施行之後，相類問題有無可能依據該法第 5 條之規定：「行為後法律或自治條例有變更者，適用行政機關最初裁處時之法律或自治條例。但裁處前之法律或自治條例有利於受處罰者，適用最有利於受處罰者之規定。」，使課稅案件亦可達到同樣之補稅免罰效果？按雖在文義上，「法律之變更」與本件所涉解釋函令之效果容有若干差距、以行政函令作為裁罰之基礎亦可能面對處罰法定主義之問題，然於推論上確實亦有可能達到與釋字 287 號解釋限縮後相類效果之結論。然行政罰法第 5 條之適用範圍一則有待後續之司法實務加以補充確認，二則釋字 287 號所涉者不僅為裁罰問題，亦涉及解釋性法律回溯效力以及課稅處分確定力範圍之問題，於稅法領域中造成之影響較為全面。幾經思考，本文仍認為目前解決相類爭議仍宜由釋字 287 號著手，然亦不應排除嗣後因行政罰法第 5 條之解釋適用及於解釋函令之溯及效力問題時，對相類問題之妥適解決所可能造成之影響。

[51] 此一限縮，當屬法學方法論上所稱之目的性限縮。就此可參見吳從周，民法上之法律漏洞、類推適用與目的性限縮，東吳法律學報第 18 卷 2 期，頁 127 以下關於目的性限縮之說明。

伍、在推理上迴避溯及效力
問題所之造成盲點

一、概說

　　大體上，最高行政法院於歷來之裁判中，針對大法官釋字第 287 號所容許回溯適用之範圍及其界限，所採取者乃相對較爲迴避之態度。於本件最高行政法院 92 年度判字第 30 號判決中，所涉及之問題爭點雖屬繁多，然最高行政法院之所以做成有利於上訴人之勝訴裁判，其原因並非在於課稅處分對稅法解釋函令回溯適用範圍之逾越，或認下級審法院、稅捐稽徵機關對大法官釋第 287 號解釋有所解釋上之差誤，誤以爲解釋函令之回溯適用，亦包括裁罰之領域。於本件判決中，最高行政法院完全未論及解釋函令回溯效力之問題，反而以**信賴保護**、**誠實信用**與故意過失之有無等公法上經常討論之理由作爲裁判之基礎。此等理由相較於回溯效力之範圍，固在推論上有其便利之處，然於本件爭執是否皆能無困難地適用，事實上存在一推論之前提問題，亦即稅法領域中，稅捐稽徵機關所具有之特殊地位，以及稅法規範在解釋適用上所經常展現之**獨立性**（l'autonomie du droit fiscal）[52] 等思考，常使得公法上具備一般性原理原則地位之法律原則，

---

[52]　L. Trotabas / J.-M. Cotterets, Droit fiscal, 8ᵉ, Dalloz, Paris 1997, p.10 et suivantes.

在解釋及適用上於稅法領域中存有若干與其他公法領域之出入[53]。另一方面，最高行政法院作爲租稅救濟程序之終審機關及法律審法院，其推論之方法及對法律之解釋適用，亦有其與下級審法院不同之關懷。因此，於論述解釋函令回溯效力相關問題之餘，逐一臚列檢視本件判決作成之理由，當更有機會發現最高行政法院裁判上推理之風格，而有其必要性。是故，以下僅就信賴保護原則對於解釋函令回溯效力之拘束、責任條件問題、誠實信用原則與行政慣例之尊重等面向，分別說明探討本件最高行政法院判決之理由構成。

二、信賴保護適用於解釋函令回溯效力問題

本件最高行政法院撤銷原審判決發回更爲審判之主要理由，乃認下級審法院之判決就營業稅繳納義務人針對長年以來均將股東費紀念品費用申報扣抵，而稅捐稽徵機關未曾有異議，是否得以主張公法上信賴保護，乃有值得進一步斟酌

---

[53]　就此可參考 L. Trotabas / J.-M. Cotterets 之推論：「財稅學門，隸屬於公法領域。蓋以其本身之功能而言，所處理者乃國家與公共團體有關之問題，特別是稅捐稽徵機關與納稅義務人之間法律關係之故。因而在某些角度上，稅捐之稽徵卻有其類似私法間當事人法律關係之處。而在稅法適用問題之處理方面，卻又將稅法劃歸公法的領域。但這並非意味著，稅法的相關問題可以單純地視作憲法和行政法的問題而加以解決。『納稅義務人』和『公民』、『行政客體』，根本不是一回事（le contribuable est autre chose que le citoyen ou l'administré）。因此，法國中央行政院對此一問題採取了簡便的解決辦法：其於歷來裁判中乃再三強調，稅法上之某些原理原則無法直接適用在行政法上，反之亦然。此一態度，乃支持了稅法學門本身獨特原則之存在，亦即承認其具有獨立性。」。L. Trotabas / J.-M. Cotterets, Droit fiscal, p.11.

之處[54]。按以信賴保護作為法律回溯適用之例外,係德國公
法學界尤其行政法總論領域中慣用之推論方法[55]。然而於本
件所必須思考者,乃在於信賴保護原則於本件所涉課稅爭執
有無及如何適用之問題。蓋前已言及,本件所涉之爭執主要
來自我國稅捐稽徵機關對於大法官釋字第 287 號解釋之誤
用。此等誤用,雖來自於大法官釋字 287 號解釋之有欠精確、
誤將屬溯及效力絕對禁地之裁罰領域於文義上加以含括,使
稅捐稽徵機關誤以為得以嗣後之行政函示作為補稅及裁罰之
基礎。然亦必須指出者,乃最高行政法院在此所提出之信賴
保護要求,事實上所指出者,乃前述稅法與行政法上原則在
實際案件適用中兩難所在:姑且不論信賴保護原則之要件於
本件中有無合致,倘若適用信賴保護原則,將不可避免使本
件爭執從本稅至裁罰部分均發生課徵合法性之問題、使稅捐
稽徵機關不僅無從裁罰,亦無從開單補稅。此等結果亦與稅
法制度設計中強調公平核課、稅捐稽徵機關就稅捐之核課係
屬羈束而非裁量之法律關係此一本旨不符[56]。故在推論上,

---

[54] 特別應留意者,乃本件爭訟正發生於營業稅改隸國稅之過渡階段。故營業稅
    繳納義務人所信賴者,乃訴外人台北市政府稅捐稽徵處向來之稅法見解。

[55] J. Lang, Rechtsstaatliche Ordnung des Steuerrecht, in Tipke / Lang, Steuerrecht,
    17. Aufl., §4 Rz.173.

[56] 蓋受到量能課稅、平等負擔之憲法誡命要求,稅捐之核課稽徵係羈束之法律
    關係,而非裁量之法律關係。故稅捐稽徵機關乃負有義務,於發現納稅義務
    人漏有未課之稅款時,應於核課期限內作成補稅之處分。M. Bouvier,
    Introduction au droit fiscal général et à la théorie de l'impôt, p.58. 故稅捐債權債
    務,僅有在少數領域,例如構成絞殺性租稅、違反「公私領域各取半數」之
    要求時,方有比例原則介入之問題。參見黃源浩,從「絞殺禁止」到「半數

信賴保護之原則未必能無困難地適用於課稅案件之中。問題主要來自兩方面，其一為稅法領域適用信賴保護原則之可能性，其二為本件情形是否合乎信賴保護所具備之各項要件？

㈠ 稅捐課徵領域有無信賴保護之適用？

在本案最高行政法院 92 年度判字第 30 號判決中，所以作成廢棄原判決發回更為裁判之決定，其主要理由之一乃在於稅捐稽徵機關嗣後依據解釋函令溯及認定營業人涉有虛報進項稅額情事，並認定其有虛報之過失，與公法上信賴保護之原則是否有所抵觸，恐有重新斟酌之必要。按法律規範之回溯效力與法制中**信賴保護**（Vertrauenschutz; confiance legitime）及法安定性之要求恆常位處於二律背反之天生緊張關係[57]，在此一理解下，最高行政法院以此作為裁判之理由當屬可以理解。然而，以信賴保護做為解決具體租稅爭訟案件之法律上推理基礎，事實上不可避免地將面臨另一個更加直接的基本問題：信賴保護原則，在稅捐稽徵之領域中究

原則」—比例原則在稅法領域之適用，財稅研究，第 36 卷 1 期，頁 151 以下。然而租稅裁罰領域，即不生此一問題，而純屬行政機關裁量之範疇，應由稅捐稽徵機關依其行政目的加以決定，同時亦受比例原則之拘束。然而，信賴保護原則於稅法領域適用時，即難以考慮本稅與裁罰之區別，有其適用上難以突破之困境。

[57] Voir P. Lambert, Le principe général de la sécurité juridique et les validations législatives, « Sécurité juridique et fiscalité »: Actes de la journées d'études du 5 novembre 2002 organisée à l'initiative du Commissaire du Gouvernement, adjoint au ministre des Finances et en collaboration avec la Fédération des entreprises de Belgique, Bruylant, Bruxelles 2003, p.6-13.

竟有無適用[58]？此一問題，乃不可避免，必須與稅法之特性
併同思考。由於稅法在規範內容上所展現之高度複雜及不穩
定[59]，因此向來被認為，即便有信賴保護原則之適用，亦不
得不在稅捐稽徵領域中承認較多之例外，尤其對法律規範之
溯及適用，較為寬容。其原因可以 O. Fouquet 之整理加以說
明。氏認為，信賴保護或者法安性之要求在稅法領域之中不
易實現，原因來自於稅法規範所無法避免之高度不穩定性
（instabilité）所使然。其原因首先來自稅法在解釋適用上不
可避免的回溯效果。例如，法國稅法關於營利事業所得稅之
課徵，係以營業年度或會計年度為準，原則上計算一年中 1
月 1 日至 12 月 31 日（或其他營業期間），而於次年結算申
報[60]。以稅法規範變動頻率之高，這事實上使得納稅義務人

---

[58] 信賴保護在稅法上適用諸問題，於法國稅法相關文獻中，近期所討論者多半
集中於此一原則於歐洲法院相關裁判案件之適用情形，參見 M.-C. Bergerès,
Une garantie cardinale pour les contribuables européens: le principe de confiance
légitime (à propos de l'arrêt de la CJCE du 22 juin 2006, aff. C-182 / 03, Belgique /
Commission), DF 2006, p.1744.

[59] O. Fouquet, Complexité et instabilité de la loi fiscale, « Regards critiques et
perspectives sur le droit et la fiscalité »: Liber Amicorum Cyrille David, LGDJ,
Paris 2005, p.3-9.

[60] 此亦為主要國家均實施之制度，可參見我國所得稅法第 71 條第 1 項：「納
稅義務人應於每年五月一日起至五月三十一日止，填具結算申報書，向該管
稽徵機關，申報其上一年度內構成綜合所得總額或營利事業收入總額之項目
及數額，以及有關減免、扣除之事實，並應依其全年應納稅額減除暫繳稅額、
尚未抵繳之扣繳稅額及可扣抵稅額，計算其應納之結算稅額，於申報前自行
繳納。但短期票券利息所得之扣繳稅款及營利事業獲配股利總額或盈餘總額
所含之可扣抵稅額，不得減除。」。至於加值型營業稅，則參見加值型及非

於從事應稅活動時，事實上對於稅捐稽徵機關於課稅決定作成時所適用之法律規範，根本沒有認識可言（dans l'ignorance de la règle fiscale applicable）[61]。因此，在如此的法制現況之中，要說納稅義務人對特定條文有所信賴、進而加以如同其他行政領域一般的保護，毋寧容有進一步思考之空間：縱使不能謂完全排除無法適用，至少亦必須承認適用之範圍相對有限。具體以言，信賴保護原則在稅法領域之適用上，因此展現較其他行政領域寬鬆之結果，此主要可區分爲個別行政決定之撤銷變更以及抽象法規範變動兩方面加以觀察：就具體課稅決定之撤銷變更而言，乃使租稅之核課期間較其他領域行政處分之確定期間爲長[62]，使納稅義務人於核課期

　　加值型營業稅法第 35 條第 1 項規定：「營業人除本法另有規定外，不論有無銷售額，應以每二月爲一期，於次期開始十五日內，填具規定格式之申報書，檢附退抵稅款及其他有關文件，向主管稽徵機關申報銷售額、應納或溢付營業稅額。其有應納營業稅額者，應先向公庫繳納後，檢同繳納收據一併申報」。

[61] O. Fouquet, Complexité et instabilité de la loi fiscale, « Regards critiques et perspectives sur le droit et la fiscalité »: Liber Amicorum Cyrille David, p.8.

[62] 行政處分之確定力或存續力（Rechtskraft），國內學說多半依循德國法之分類區分爲形式確定及實質確定。其中形式確定係指對納稅義務人之確定，乃以當事人之救濟提起期間作爲其確定期間；實質確定力，指對行政機關之確定，乃指行政機關受一事不再理之拘束，對已作成之處分僅有有限制之廢棄可能性。參見陳敏，行政法總論，增訂 3 版，頁 438-442。然而於課稅處分，當事人所得以支配之救濟期間除透過訴願及行政訴訟者外，尚包括稅捐稽徵法第 28 條之申請退還：「納稅義務人對於因適用法令錯誤或計算錯誤溢繳之稅款，得自繳納之日起五年內提出具體證明，申請退還；逾期未申請者，不得再行申請。」，而稅捐稽徵機關亦得以在稅捐稽徵法第 21 條所定期間內，對已作成之課稅處分加以變更或要求納稅義務人補稅，此可參見該條第

限中必須忍受較不安定之法律關係。就抽象法規範而言即為
一定程度之溯及效力在稅法領域之容忍[63]。是故，以信賴保
護作為本件撤銷原判決發回更為審判之理由，首先將面臨適
用範圍限縮之問題。而一定程度溯及效力之容忍既為信賴保
護之限縮結果，最高行政法院之裁判不處理溯及效力範圍問
題而以斟酌信賴保護為由撤銷原判，實際上乃使本件之法律
適用及推論陷入「雞生蛋、蛋生雞」之循環論證困境[64]。

---

2 項之規定：「在前項核課期間內，經另發現應徵之稅捐者，仍應依法補徵
或並予處罰，在核課期間內未經發現者，以後不得再補稅處罰。」。足見課
稅處分之確定力或存續力，與非課稅處分之不同，容許課稅之法律秩序較大之
不安定性也。Voir Cons. Const. 24 juillet 1991, Décision n° 91-298 DC, Loi
portant diverses dispositions d'ordre économique et financier.; J.-J. Bienvenu / T.
Labert, Droit fiscal, p.48-53.

[63] Voir F. Douet, Contribution à l'étude de la sécurité juridique en droit fiscal
interne français, LGDJ, Paris 1997, p. 50.

[64] 就此，國內文獻近期亦有述及信賴保護之原則於稅法領域中應予限縮適用範
疇者。如葛克昌教授即曾指出：「此種信賴保護必要，原則上指以財政收入
為目的之稅法，至於以經濟政策為目的之租稅優惠，是否仍有信賴保護必要，
不無疑義。」，見氏著，所得最低稅負制相關法律爭議，月旦財經法雜誌，
第 4 期，頁 29。足見信賴保護於稅法領域之適用，實有其與其他行政領域
有所區別之特性，而有進一步探討思辯之空間也。就此而言，作者必須承認
者，乃信賴保護於公法之領域中受到普遍之承認，其亦在行政法總論之範圍
中廣被引用。然則歐洲國家租稅制度中，對信賴保護適用於稅法領域之問題，
於近年掀起強烈之質疑呼聲，尤其此一要求與租稅公平之憲法誡命間之關係
容有相當之探究空間，亦不可否認，參見 P. Lambert, Le principe général de la
sécurité juridique et les validations législatives, « Sécurité juridique et fiscalité »:
Actes de la journées d'études du 5 novembre 2002 organisée à l'initiative du
Commissaire du Gouvernement, adjoint au ministre des Finances et en collaboration
avec la Fédération des entreprises de Belgique, Bruylant, Bruxelles 2003, p.6-13.

(二)信賴保護之適用要件

況自行政法總論之角度出發，信賴保護之適用亦有其一定之要件。依國內行政法總論主要文獻之見解，信賴保護之構成首先應有特定之國家行為作為信賴基礎，包括個案性質之行政處分及通案性質之行政法規[65]。大法官釋字第 525 號解釋前段亦指出：「信賴保護原則攸關憲法上人民權利之保障，公權力行使涉及人民信賴利益而有保護之必要者，不限於授益行政處分之撤銷或廢止（行政程序法第 119 條、第 120 條及第 126 條參照），即行政法規之廢止或變更亦有其適用。」。然本件所涉情形嚴格言之並非行政法規之「廢止或變更」，而係對既存法律之解釋不同，導致負擔營業稅繳納義務之營業人所知悉或理解之法律適用狀態有所不同。能否以此作為當事人之信賴基礎，首先即容有討論餘地。即便認為當事人確實存有一定之信賴基礎，然此等不同稅捐稽徵機關之法律適用狀態，明顯與加值型及非加值型營業稅法第 19 條之規定、要求非供本業使用之貨物勞務不得扣抵之基礎制度有所出入。參照大法官釋字第 525 號見解，恐亦無任何保護之價值可言。在此一理解之下，信賴保護問題實非本件相關爭執問題之關鍵，至屬顯然：一則無法解決本稅與裁罰之區別問題，二則容有推論上之困難，三則要件亦不合致。而

此一問題追根究底，實乃行政法與稅法之適用關係問題，難以於本文有限之篇幅深入探究，尚容另文深入探究說明之。

[65] 參見陳敏，行政法總論，增訂 3 版，頁 90-91。

最高行政法院以信賴保護作為裁判之主要理由，實際上方屬
「均有再詳予斟酌之必要」。

三、責任條件問題

　　最高行政法院 92 年度判字第 30 號判決，對於繫爭案件
納稅義務人所受租稅裁罰，是否具備責任條件，亦即有無故
意過失亦有所質疑。所謂故意者，明知並有意使特定之事實
發生；過失者，對特定事實之發生應注意、能注意而不加注
意[66]。以故意過失之具備作為行政裁罰之責任條件，不僅為
大法官釋字第 275 號解釋所明示，同時亦為行政罰法第 7 條
第 1 項所明示。就本件爭執而言，最高行政法院於判決做成
之理由中，針對稅捐稽徵機關嗣後做成之解釋函令，指出：
「至於本件上訴人有無過失，自應以上訴人於八十三年至八
十七年間，以系爭五張發票申報扣抵銷項稅額時，有無應注
意並能注意，而不注意之情形，為其判斷之論據。……能否
事後回溯課予納稅義務人高於主管稽徵機關之法律責任，並
據以認定上訴人有過失，均有再詳予斟酌之必要。」，亦即
認本件就納稅義務人所應負擔之注意義務，能否回溯容有疑
義，上訴人於申報不得扣抵之股東會紀念品費用進項稅額扣
抵應納之銷項稅額之際，恐無故意過失之可言。上訴人倘若
就不法事由之發生無故意過失、無責任條件，固足以在結論
上解免租稅裁罰責任，實亦不失為爭執案件有效之解決之

---

[66]　參見陳敏，行政法總論，增訂 3 版，頁 720-723。

道。然而在整體租稅制度中，亦有推論上之值得深入思考之
處。相較於溯及既往問題，以故意過失之欠缺做為解決本件
爭執之手段僅能發生個案判斷之效果，無法於制度中徹底解
決股東會紀念品支出費用扣抵進項稅額之相關疑問。是故，
故意過失之具備與否雖於本件中不失為探討營業人租稅罰責
任要素之重要問題，然推論上仍應優先思考解釋函令溯及效
力之適用範圍之限制，較屬妥適[67]。況前已述及，乃加值型
及非加值型營業稅法既已有明文規定禁止非用於本業之貨物
勞務費用主張扣抵，則正如本件稅捐稽徵機關防禦論點所指
出者，營業稅繳納義務人係委由會計師申報營業稅，就營業
稅法條文以及稽徵機關之解釋難謂無知悉之義務，討論故意
過失問題不免使法律推論陷入另一泥淖。是故，正本清源之
道，實仍在裁判中正面明確解決溯及效力之範圍問題也。

四、誠實信用原則與行政慣例之尊重

最高行政法院 92 年度判字第 30 號判決，末復以稅捐稽
徵機關溯及課稅之決定，與誠實信用原則是否相符，未經原
審斟酌為理由而做成撤銷原判決之裁判。按誠實信用原則乃

---

[67] 蓋以在推論之基礎上，倘若裁罰性措施已確定為解釋函令回溯效力所不及，
則根本無討論構成要件該當行為有無故意過失之餘地。反之，當最高行政法
院認為本件情形應檢討當事人故意過失之存在與否時，實際上即已默示承認
解釋函令有回溯處罰之可能，僅當事人需具備責任條件耳。因此，關鍵之問
題，實非在當事人之故意過失，而在於對大法官釋字 287 號解釋及適用上之
限縮。

帝王條款、君臨法域，不僅私法領域有所適用，於公法領域尤其稅捐之稽徵亦有所適用。此參見行政程序法第 8 條規定：「行政行爲，應以誠實信用之方法爲之，並應保護人民正當合理之信賴。」以及最高行政法院 88 年度判字第 392 號判例即明。然必須思考者，乃在於本件所涉爭執，與誠實信用原則之關連性恐怕有限。按於稅捐稽徵領域，稅捐稽徵機關與納稅義務人間所存在之稽徵關係與其他之行政領域有所不同：在納稅義務人自行申報、稅捐稽徵機關保留嗣後查核權力之機制下，所隱含之制度原意乃在於稅捐行政作爲大量行政之典型，難以期待稽徵機關依職權調查即足以對於稅捐領域中所發生之所有事實狀態爲完整無遺漏之探知[68]。是故，於稅法制度中一方面課以納稅義務人相當程度之協力義務[69]，另方面賦予其相當長度之核課期間，得以在嗣後發現相關之課稅資料或發現稅捐稽徵機關適用法律有所錯誤時，另行發單補徵或請求退還已（誤）納稅款，用以確保稅捐之公平稽徵[70]。在此一理解之下，稅捐稽徵機關以嗣後之函令

---

[68] 相關論述，參見黃源浩，稅法上的類型化方法：以合憲性爲中心。國立臺灣大學法律學研究所碩士論文，頁 101 以下。

[69] Instr. 23 juill. 1998: BOI 13 L-7-98; M. Taly / P. Schiele, Les dispositions françaises tendant au contrôle des prix de transfert (CGI, art.57 et LPF, art. L. 13B) sont-elles «Euro-compatibles», DF 2003, p.961. 然必須承認者，乃於法國法制之中就納稅義務人所負有協力義務之範圍，遠較德國法制爲限縮；通常僅於法律有所明文規定之情形下，方認爲納稅義務人對稅捐稽徵機關之調查措施有加以配合協力之義務可言。

[70] 也因此，課稅處分之實質確定效果，於稅法領域中乃以稅捐核課時效或重行核課期限（le délai de reprise）之形式存在。參見 P. Dibout, L'extension des

作爲課稅基礎，一則有稅捐稽徵法第 21 條關於核課期間之明文規定，二則涉及職權調查原則在適用上之困難，**與誠實信用原則之適用恐無必然之關連性**。況在推論上，誠實信用原則雖然經常被認爲得以在稅法領域得以適用[71]，然而，正如德國學者 R. Seer 所指出者，倘若稅捐稽徵機關得以證明於長期延續之稽徵實務（nachhaltige Verwaltungsübung）中，均對其他之納稅義務人爲相同之處置時，則原課稅處分是否尚有檢討誠實信用原則之空間，恐即難以論定，亦不足以作爲最高行政法院撤銷原判決發回更審之理由。況本件之情

---

prérogatives de l;administration fiscale dans le contrôle des opérations internationales, DF 1996, p.655-657. 針對此，近期於我國稅捐救濟實務中殊值注意之問題，關爲納稅義務人不服課稅處分提起行政救濟於行政訴訟程序中敗訴確定，復於稅捐稽徵法第 28 條所訂期間內另行請求重新核課，遭機關駁回後提起行政訴訟，行政法院得否以前裁判實質確定力已發生爲理由拒絕審理？最高行政法院 95 年 2 月份庭長法官聯席會議㈠採肯定見解，乃以行政訴訟法第 213 條作爲課稅處分確定力發生之依據。此一論點實有深入探討之必要，然本文限於篇幅，不擬在此深論，尚祈讀者諒察。

[71] 大體上，法國稅法文獻中較少見有誠實信用原則適用於稅法領域之討論，多半於討論及於民法與稅法關係時附帶述及。而德國法上此類討論可以 R. Seer 之整理爲基礎加以說明。氏以爲，信賴保護原則與誠信原則之間存在著高度的相似性。所謂誠實，是對選擇的信賴；信用，是對免除的信賴，乃使得信賴保護成爲誠信原則的延續概念。然而這兩個原則並不是完全相等的。誠信原則和信賴保護比起來，有時較寬，有時較窄。較寬的情形，例如誠信原則不只人民能主張，機關也能主張。在具體的案件中，也可能因誠信原則而對納稅義務人課徵租稅（BFH / NV 2000, 1196）。針對持續性之法律關係，只要行政機關得以證明在實際之行政運作中係如此地對待其他納稅義務人，即有可能以此作爲課稅之基礎（BFH / NV 1996, 733; 2000, 543）。R. Seer, Durchführung der Besteuerung, in Tipke / Lang, Steuerrecht, 17 Aufl., §21 Rz.13.

形，乃因營業稅改隸國稅所導致之稽徵機關對加值型及非加
值型營業稅法條文解釋及適用不一致之情形，恐亦與誠實信
用之基本要求無所牽涉[72]。另一方面，本件上訴人於其上訴
理由中亦指出，於營業稅改隸國稅前，渠等向台北市稅捐稽
徵處申報進項稅額時，均以股東費紀念品費用所支出銷項稅
額申報扣抵進項稅額獲准，似有主張依長年行使之行政慣例
爲其有利之扣抵之意。惟此一論點雖未爲最高行政法院於裁
判中明確指斥，然其理由之難以成立恐亦灼然。蓋行政慣例
原則上無法成爲稅法之法源[73]，或至少在稅法中不宜擴張其

---

[72] 蓋以稅捐之稽徵，係羈束之法律關係，稅捐稽徵機關就其法定職權之行使經
常係負有義務，而非享有裁量之故。M. Bouvier, Introduction au droit fiscal
général et à la théorie de l'impôt, p.58. 倘若有前後兩執掌稅捐稽徵之權責機關對
法條之解釋有所不一致，法院所應爲者亦係探求何者方爲正確之解釋及適用，
而不宜以誠實信用此等大口徑之理由解決個案爭議。另本件有否可能以主張行
政先例而免除繳納義務？本文傾向否定見解，其原因仍在於加值型及非加值
型營業稅法第 19 條 3 款及同法施行細則第 26 條 1 項之規定，在文義解釋上
已足排除股東會紀念品費用進項稅額之扣抵。參見最高行政法院 95 年判字
第 317 號：「按平等原則要求行政機關對於事物本質上相同的事件作相同的
處理，乃形成行政自我拘束原則，故憲法上的平等原則係指合法的平等，並
不包含違法的平等。行政先例必須是合法的，乃行政自我拘束的前提要件，
憲法之平等原則，並非賦予人民有要求行政機關重複錯誤的請求權。」。

[73] 就此可參見柯格鐘，稅法之解釋函令的效力－以稅捐實務上娼妓所得予不予課
稅爲例，成大法學第 12 期，頁 75 以下之說明。然而在推理上必須進一步指
出者，乃在於本件所構成者僅爲行政慣例而非「習慣」或「習慣法」，尤其
並非民法意義上所稱之習慣。蓋民法上某些習慣具有其法源之地位（參見民
法第 1、2 條之規定），而透過此等習慣所規範之經濟活動亦可能成爲課稅
權力之對象，因而使得該等習慣之存在成爲課稅決定之前提。Voir J. Pujol,
L'application du droit privé en matière fiscale, LGDJ, Paris 1987, p.150-152.

使用，即便有所適用，恐亦難以與稅法規範有所明文規定之事項為相反之主張。是故，誠實信用或行政慣例之尊重，於本件裁判中均不足以完全排除法律推論上之難題、至多僅能發揮其個案之邊際性考量功能，實屬顯然。

五、小結

最高行政法院於本件裁判中撤銷原判決、發回下級審法院更為判決之主要理由，在於針對納稅義務人所主張「稅法未明文禁止不得扣抵股東會進念品費用」是否容有信賴保護原則之適用，有待進一步探求。實則信賴保護於其餘公法領域中與稅法領域中之適用不同：**稅法領域中，對信賴保護之適用存在有較多之例外，其原因乃在於租稅公平、量能負擔之憲法誡命**。本件情形是否合於信賴保護之要件，實非無疑。而裁罰部分責任條件之探究雖足以解決租稅制裁合法性之問題，然則於加值型即非加值型營業稅法已明文規定非用於本業之貨物勞務不得扣抵之情形下，探求負擔繳納義務之營業人之故意過失，實益實屬有限。另誠實信用原則與行政慣例之尊重，復不足以解決解釋函令回溯適用相關爭議，則最高行政法院於本件裁判之理由構成上，實有再三思考之必要；對大法官釋字 287 號所引發之解釋函令溯及效力問題採取如此之迴避態度、僅探求個案之解決，就最高行政法院所得以發揮法律審功能未盡其功，殊為法制上值得惋惜之處。

陸、結論

一、在結論上，首先必須承認者乃稅捐稽徵機關有關公司購買股東會紀念品支出不得扣抵銷項應納營業稅之見解，乃在租稅實體法上值得支持[74]。雖於我國稅法制度中，加值型及非加值型營業稅法常因立法體例之特殊、將二種性質迥異之不同稅賦規定於同一法律而引起解釋適用之困難，然在本件爭議中，財政部民國 87 年度之台財稅第 871976465 號函，準確掌握加值型營業稅進項稅額扣抵權之本質，並清楚區分負擔營業稅繳納義務之營業人與貨物勞務之終局消費者間之不同，乃屬對營業稅法規範內容掌握良好之見解。然而，此等見解之正確並不意味著稅捐稽徵機關課稅決定之正確。**稅捐稽徵機關根據稅捐稽徵法之規定，於核課期間內做成補稅決定固值得支持，然據以做成裁罰決定，恐即有誤解大法官釋字第 287 號解釋之虞**，並逾越解釋性法律規範溯及效力之絕對界限。是故，本文認為，本件爭議之課稅處分僅有補稅部分值得支持，稅捐稽徵機關所為之裁罰部分不在其中。

二、最高行政法院 92 年度判字第 30 號判決，所應處理

---

[74] 不僅如此，本文亦認為加值型及非加值型營業稅法第 19 條僅規定非供本業或附屬業務使用之進項稅額不得扣抵，未將具體之行為態樣尤其「股東會紀念品」費用臚列法條之中，於立法技術上亦無可非難。蓋納稅義務人想像力無窮，鉅細靡遺之稅法規範，本即不具期待可能性之故。Voir J.-J. Bienvenu / T. Labert, Droit fiscal, p.61-62. 另見 CE 6 oct. 1982, n° 25080, concl. Schricke.

之真正關鍵問題，乃稅捐稽徵機關所發佈之解釋性行政函令，得否以及如何回溯適用之問題。稅捐稽徵機關針對稅法條文之疑義，做成解釋性之行政函令，在我國法制上所引發之疑義不僅止於解釋函令本身之屬性，更包括其是否得以發生回溯效力之問題。大法官釋字第 287 號解釋前段所謂「闡明法規之原意，固應自法規生效之日起有其適用」，實應予限縮解釋，不包括因解釋函令之適用而作成之裁罰措施。同時，於解釋及適用之際更應嚴格審查該等解釋函令確係「闡明法規之原意」而為解釋性之功能，而非就稅法規範本身之漏洞或不足有所補充或增加[75]。此一解釋，不僅得以免除大法官 287 號解釋所即刻面臨之合憲性危機，同時亦避免法院於審查相類爭執案件時推論之困難。然則最高行政法院並未於裁判中直指相關爭議之核心，反以信賴保護、責任條件等問題，試圖迂迴解決個案之課稅爭議。然則迂迴之途，不免岐路亡羊。作為掌握行政審判權之法律審機關，吾人所殷殷寄望於最高行政法院者，恐非僅及於個別爭議之解決，而在於法律推理之一貫性及法律制度缺漏之填補焉。

---

[75] 當然亦必須承認者，乃此一區分具有一定程度之困難。參見葛克昌，解釋函令與財稅行政，「所得稅與憲法」，頁 230。就此，於法學方法論上所廣被採行之「最大可能文義」（mögliche Wortsinn），似有成為區分解釋性與非解釋性行政函令標準之可能。於我國行政實務上，解釋函令未超過其解釋法規可能文義範圍者，並無信賴保護必要，而以法規固有效力為準；超出可能文義範圍者構成補充性函令，應受法律不溯既往原則之限制，亦為行政實務所採行。此可參見行政院 78 年 4 月 29 日臺(78)規字第 10904 號函之內容。並參見葛克昌，解釋函令與財稅行政，「所得稅與憲法」，頁 233 註 74。

租稅天堂、不合常規交易與行政程序之瑕疵補正

評最高行政法院 96 年判字第 1369 號判決

關鍵詞：稅法、租稅天堂、不合常規交易、程序瑕疵補正、防禦權、程序突襲

壹、緒論：問題之提出

現代社會，隨著「全球化」趨勢之擴張蔓延以及交易技術之更迭汰新，早已於國際社會中形成複雜綿密而又互相高度依存之分工及交易環境。然則，隨著此等交易環境之變化，對人類社會既存之經濟及法律制度難免即造成一定程度之衝擊影響，稅捐稽徵之制度即為其中一例。蓋全球化之交易環境，意味著資本、人力、產品之流動更加便捷迅速[1]，亦使得跨國界之交易關係所發生稅捐稽徵問題特別嚴重：由於國家仍僅在一國固有之領域內行使其有效之租稅高權，面對此等複雜之跨國境交易關係，即經常難以掌握其經濟活動之真實面貌。猶有進者，在世界各國相互間租稅競爭（la concurrence fiscale）日益劇烈之際，乃有若干國家或地區，透過刻意設置之普遍性優惠甚或稅捐義務之免除，吸引其他國家之資本流入，進而形成了所謂「租稅天堂（le paradis fiscal; the tax heaven）」，更為全球化之交易制度中經常可見之現象[2]。

在前述此等理解之下，目前主要國家之稅制之中，稅捐稽徵機關針對作為納稅義務人之跨國企業集團透過於租稅天

---

[1]　參見張文貞，面對全球化：台灣行政法發展的契機與挑戰，收錄於「當代公法新論」，翁岳生教授七秩誕辰祝壽論文集，中冊，2002 年，元照出版，頁 3 以下。

[2]　C. Heckly, Fiscalité et mondialisation, LGDJ, Paris 2006, p.13-14.

堂設立關係企業等各種方式規避甚至逃漏其原本依稅法所應
負擔之納稅義務，無不深受困擾而亟思有所規制防杜[3]。就
此，我國稅捐稽徵實務中雖亦早遇有涉及納稅義務人透過租
稅天堂從事各種避稅活動之評價問題，然多半係稅捐稽徵機
關所從事之認定；司法機關針對租稅天堂在整體稅法制度中
所造成之影響，仍少見予以直接評價者。然近期最高行政法
院作成 96 年度判字第 1369 號判決，針對納稅義務人透過於
租稅天堂設立關係企業之方式，將其企業集團全部或一部之
獲利經由其集團中設於低稅率或免稅之「租稅天堂」之企業
取得，以減輕或免除其租稅義務之稅法上評價問題，罕見地
表達最高行政審判機關對此類交易活動之明確立場。且在推
論上，值得注意者不獨如此，該號判決更針對稅捐稽徵機關
適用所得稅法第 43 條之 1 規定：「營利事業與國內外其他
營利事業具有從屬關係，或直接間接爲另一事業所有或控
制，其相互間有關收益、成本、費用與損益之攤計，如有以
不合營業常規之安排，規避或減少納稅義務者，稽徵機關爲
正確計算該事業之所得額，得**報經財政部核准**按營業常規予
以調整。」[4] 其中「**報經財政部核准**」之程序，得否於納稅
義務人提起訴訟後獲得勝訴判決、原處分撤銷發回原機關另
行處分時再行適用行政程序法第 114 條第 1 項第 5 款之規

---

[3]　而以法國稅制而言，其在比較法上更被認爲係針對此等不當租稅競爭手段規
　　制最爲嚴格之法制之一。P. Bern, La législation française anti-évasion fiscale
　　internationale, Mélanges de Paul Amselek, Bruylant, Bruselle 2005, p.79-81.

[4]　加黑字體爲本文作者所強調，以下同。

定，補正上級機關核准程序乙節明確表示其見解。此不僅涉及稅捐稽徵法以及行政程序法之適用關係及相類問題在稅法上之徹底解決，同時亦涉及我國所得稅法第 43 條之 1 所規定之「不合常規營業」或「不合常規交易」規定適用範圍以及脫法避稅行為否認之相關程序問題，於學理及實務上實值重視[5]。值此稅捐稽徵相關爭訟案件於新行政訴訟制度中日漸佔有其獨特地位、行政法上當事人程序保障意識及憲法上正當程序要求普遍內化於各種法規範領域之際，深入探討此一具有指標性意義之重要判決，乃有探知我國最高行政審判機關面對全球化所造成稅捐稽徵制度衝擊時因應傾向之意義，並深入探究正當程序之保障在租稅領域中之實現，饒富學說及實務上之參考價值，而為本文問題意識之所在焉[6]。

---

[5] 尤其就法國法而言，針對稅捐稽徵、調查程序中納稅義務人權利保障之重視，始自 1950 年代。迄今已使稅捐稽徵之行政程序成為強調高度形式（formalist）上或程序上保障之法制。P. Philip, Les droits de la défense face au contrôle fiscal, 2e, Economica, Paris 2005, p.1; J. Bruron, Le juge de l'impôt et les garanties du contribuable, RFFP, 1992, n° 40, p.175-190.

[6] 然在此必須特別指出者，乃該號判決所涉爭執事項繁多複雜。於稅法上特別具有討論價值者包括：核課期間之計算是否因案件判決原處分撤銷、發回機關另作處分而更始計算、特定交易究竟係財產交易抑或信託財產之返還之認定、有無重複課稅、本件情形得否適用財務會計準則公報第五號作為處理標準，採取權益法估價等等，均在學理及實務上容有進一步探究之價值。然為限縮討論爭點，本文僅就其中所涉租稅天堂之評價以及程序瑕疵補正問題進行討論。其餘議題，當容另文探討，尚請讀者諒察。

貳、案件事實摘要及判決要旨

一、案件事實經過及主要攻擊防禦方法

本件行政訴訟之上訴人亦即原審之原告 A 公司乃設籍於我國境內之股份有限公司。於民國 85 年度營利事業所得稅結算申報，A 公司原列報出售資產增益新臺幣 69 萬 2,413 元，全年所得額 1 億 2,026 萬 0,256 元。然則稅捐稽徵機關經稽查發現，於民國 85 年 3 月 5 日，A 公司將原本**投資於香港 B 有限公司、C 有限公司及 D 有限公司等三家公司之股權**（持股比例分別為 99.97%、85.05% 及 99.96%），**轉讓予英屬維京群島 E 有限公司**。**其轉讓之價格該轉讓股權利益核屬財產交易所得**，且上述三家公司另行持有投資廈門 F 股份有限公司（持股比例分別為 29.2%、29.2% 及 14.6%）之間接控股股權，亦一併隨之移轉予英屬維京群島 E 公司，該等股權轉讓所申報之價格顯有低估情事。稅捐稽徵機關乃依簽證會計師說明之股權移轉日各該公司之股權淨值（B 公司股權淨值為港幣 2,973 萬 0,795 元、C 公司股權淨值為港幣 2,964 萬 9,572 元、D 公司股權淨值為港幣 1,481 萬 6,341 元，廈門 F 公司股權淨值為人民幣 4 億 1,967 萬 0,842 元），作為股權移轉價格，減除 A 公司原有投資成本，核定 A 公司尚有財產交易所得 8 億 0,940 萬 2,230 元，出售資產增益 8 億 1,009 萬 4,643 元，全年所得額 9 億 2,966 萬 2,486 元。

A 公司不服稅捐稽徵機關前述核定，申經復查結果，出售資產增益追減 1 億 9,300 萬 0,489 元，其餘未獲變更。A 公司仍不服，循序提起行政訴訟，經台北高等行政法院 90 年度訴字第 492 號判決（第一次高等法院判決）將訴願決定及原處分（包括復查決定以及原核定稅額之行政處分）均撤銷；稅捐稽徵機關不服提起上訴，經最高行政法院 92 年度判字第 1099 號判決，將原判決廢棄，發回台北高等行政法院更為審理；經原審台北高等行政法院 92 年度訴更字第 59 號判決（第二次高等法院判決），將訴願決定及原處分（復查決定）均撤銷。案件乃發回至稅捐稽徵機關另為適法處分。在此一發回後之另為處分程序中，稅捐稽徵機關認為納稅義務人所為前揭將股權轉讓與英屬維京群島 E 有限公司之行為係所得稅法第 43 條之 1 所規定之租稅規避行為，乃適用該法所規定「報經財政部核准」程序，於 94 年 2 月 4 日報經財政部核准，並於 94 年 3 月 17 日作成重核復查決定，仍維持原復查決定出售資產增益 6 億 1,709 萬 4,154 元。上訴人不服，循序提起行政訴訟，遭原審判決駁回，遂提起本件上訴，而由最高行政法院作成 96 年度判字第 1369 號判決。

就納稅義務人與稅捐稽徵機關訴訟上之攻擊防禦方法而言，上訴人亦即納稅義務人一方之主張主要如下：

1. 行政程序法第 114 條第 2 項所謂「訴願程序終結前」應係指「原核定處分第一次踐行訴願程序終結前」，而不包括經法院判決撤銷訴願決定或復查決定後再為之第二次訴願程序。蓋若無此限制，則稅捐機關因自

己作成違法錯誤之處分，雖獲得撤銷訴願決定與復查決定之不利益，卻因此獲得補正瑕疵無限期延長之反射利益，有違雙方武器平等原則。經查，本件原核定處分前經上訴人提起復查、訴願（即89年12月12日財政部台財訴字第0891358350號訴願決定，下稱「第一次訴願決定」）及行政訴訟。其後另經原審法院92年度訴更字第59號判決，撤銷前開訴願決定及原處分（復查決定）後之94年2月4日始報經財政部核准被上訴人依所得稅法第43條之1規定，按營業常規調整所得額，被上訴人乃為重核復查決定，故此瑕疵並未於第一次訴願決定前，是原核課處分即為違法之行政處分。至被上訴人於第二次訴願決定前補正，因已逾法律所容許之期間，是原核定處分之瑕疵仍因未補正，而應予撤銷。故原審法院未適用行政程序法第114條第2項，有判決不適用法規之違背法令。

2. 所得稅法第43條之1係為「脫法避稅防杜條款」，故營利事業之行為自須符合脫法避稅之要件，始得適用上開條文。然本件系爭股權之移轉具備合理之經濟上理由，並不構成脫法避稅，是原審法院未審酌上訴人之行為是否有脫法避稅意圖，即率行認定上訴人之交易不合營業常規，被上訴人得依所得稅法第43條之1調整上訴人所得額，有判決適用法規不當之違法[7]。

---

[7] 而必須特別指出者，乃稅捐稽徵機關雖就其他爭執亦提出相當之防禦論述，

二、最高行政法院 96 年度判字第 1369 號判決要旨

1.按「營利事業與國內外其他營利事業具有從屬關係，或直接間接爲另一事業所有或控制，其相互間有關收益、成本、費用與損益之攤計，如有以不合營業常規之安排，規避或減少納稅義務者，稽徵機關爲正確計算該事業之所得額，得報經財政部核准按營業常規予以調整。」所得稅法第 43 條之 1 定有明文。查本條乃經由法律明文賦予稅捐稽徵機關調整之方式，以防杜藉由不合營業常規之安排爲租稅之規避者；故其中關於「報經財政部核准」之程序規定，目的乃在透過上級機關之程序介入，促使行政機關能作成內容正確之決定；亦即「報經財政部核准」本身因非本條規定之目的，且因復查程序仍屬稅捐稽徵機關自我省查之程序，並參諸行政程序法第 114 條第 1 項第 5 款及第 2 項關於應參與行政處分作成之其他機關程序未參與欠缺之補正，得於訴願程序終結前爲之之規定，足認本條關於「報經財政部核准」程序之欠缺，若於復查

然針對此二主張於判決書中並未見得稅捐稽徵機關之說明答辯。而僅由最高行政法院針對此等攻擊方法予以回應。事實上「合理經濟上理由」此一主張與法國中央行政法院向來針對企業交易活動在稅法上之評價標準相當一致，然未見最高行政法院就此出見解，在稅法之比較研究上殊屬可惜。有關法國中央行政法院見解之說明，參見黃源浩，論經營管理不干涉原則：中國大陸企業所得稅法第 47 條規範意旨之再思考，月旦財經法雜誌，第 13 期，2008 年 6 月，頁 66-69。

程序中已獲得補正，因於本條規定之目的無礙，且可避免程序之浪費，其補正應屬適法。

2. 又按上述所得稅法第 43 條之 1，固亦屬防杜租稅規避之規範；然其立法目的係重在防堵關係企業利用移轉訂價或操控交易訂價之方式，逃漏應納稅額，規避國家租稅權之行使，破壞租稅之公平正義；故就此已經法律明文為不合營業常規交易之規範，為是否屬本條規定範圍之認定，自應依本條明文規定之要件判定之。況依本條關於「規避或減少納稅義務」要件之規範，可知於為是否符合本條要件之涵攝時，即當然包含是否有為規避租稅之認定。

3. 又○○○○公司（作者按：即英屬維京群島 E 有限公司）雖為上訴人百分之百持股之公司，惟其與被上訴人於法律上仍屬不同之權利義務主體，故上訴人將系爭股權移轉予○○○○公司後，系爭股權因所有權人之變更，不僅於法律上業已發生財產所有權變動之效果，且因此股權移轉結果，使上訴人僅是享有間接之投資人權益；尤其多國籍企業透過價格移轉，將其企業集團全部或一部之獲利經由其集團中設於低稅率或免稅之「租稅天堂」之企業取得，以減輕或免除其租稅義務，觀諸上述所得稅法第 43 條之 1 之立法目的，本即屬本條所欲規範範圍[8]。

---

[8]　除內文夾註外，上述理由均直接摘錄自司法院網站，僅順序有所調整。

最後，最高行政法院乃基於此等推論作成裁判駁回行政
訴訟上訴人 A 公司之上訴，案件就此確定。

參、租稅天堂與不合常規交易之規制

一、概說：租稅天堂之意義

在國際課稅之領域中，各享有稅捐管轄權力之主權國家
或地區，出於吸引外國投資、產業結構性因素以及其他社會
或經濟政策之考量，本即難免存在一定程度之稅捐管轄權力
相互競爭之現象[9]。而在此等租稅競爭措施之中，「租稅天
堂」毫無疑問乃稅捐稽徵實務中最經常被提出、使用甚或引
發諸多遐想之名詞[10]。然則所謂「租稅天堂」或「避稅天堂」、
「免稅天堂」等語，事實上就稅法規範形成之角度而言，其
並非一確實存在之法律概念，至今在主要國家之涉外課稅相
關法律之中，也沒有辦法提出一個絕對被遵守的判斷標準出
來[11]。而在大體上，所謂「租稅天堂」乃指特定之國家或地

---

[9] 也因此，如何不使得此等競爭關係過度惡化、導致妨礙稅制之中立性，即成
為國際稅法領域中重要之議題。Voir B. Castagnède, Précis de fiscalité
internationale, 1[re.] PUF, Paris 2002, p.18 et suivantes.

[10] B. Castagnède, Précis de fiscalité internationale, p.82 et suivantes.

[11] T. Afschrift, Peut-on définir les paradis fiscaux? « Les paradis fiscaux et l'évasion
fscale »: Actes des journées d'études des 20-21 janvier 2000, Bruylant, Bruxelles
2001, p.7. 是故，完全不徵收任何稅捐之租稅天堂與稅捐負擔不正常輕微之
租稅天堂，亦被認為並無在法律上進一步區別之必要性。亦因此，法國稅制

區就其所得以行使之稅捐管轄權有目的地不加行使，致使作
為納稅義務人之企業，稅捐負擔極輕微甚至免稅，有利於跨
國企業集團進行財務調度甚或應稅利益之移轉。而前來此等
地區登記設立之公司，主要亦以從事控股、信託、金融、保
險等方面業務[12]。此外，該等國家或地區也多對個人投資的
資本利得、利息或股利收入通常均無稅捐負擔，或僅課予象
徵性或極輕微之納稅義務。然必須特別指出者，乃此一概念
在稅法制度中從未有明確之定義；直言之，一個稅收制度「正
常」的國家，可能會因為吸引外國投資或者其他社會經濟之
特殊之因素，而採取了與其他國家相對而言較屬例外的稅收
制度[13]。因此，正如法國會計審計人員公會第四十六屆年會
研討會中所提出之研討報告指出：「（在法律上）並不存在
著對『租稅天堂』的普遍性、絕對性的定義。租稅天堂之所
以構成天堂，乃相對而言。也只有在特定的前提下、以特定
稅目作為基礎才比較得出來（...il n'y a pas de définition
générale et absolue d'un paradi fiscal. Un paradi fiscal n'est un
paradi que d'une manière relative, dans une situation donnée,
pour un impôt donné[14]）」。進一步言之，在法律上租稅天堂

中基本上亦不對所謂「租稅天堂」為定義，而另行規範外國稅制中存在有租
稅特權之規定之情形，詳後述。

[12] Voir P. Tulcinsky, Mode d'utilisation des paradis fiscaux par les entreprises
belges, « Les paradis fiscaux et l'évasion fscale », p.21 et suivantes.

[13] J.-N. Thomas, Le contrôle fiscal des opérations internationales, L'Harmattan,
Paris 2004, p.71.

[14] Les paradis fiscaux, 46e Congrè de l'Ordre des experts-comptables, RFC 1992, no

非但不屬於一確定之稅法上概念,甚且就實際之運用而言,其尚可能存在著不同稅目、針對不同國家所發生之不同考量[15]。在前述說明之中,吾人所得以知悉者不僅為租稅天堂此一概念在稅法領域中雖經常在文獻上可見,然而其內容與概念並非清晰。而亦因乎於此,若干國際組織如 OECD 出於協調各國之間稅收管轄權力之行使並避免有害之稅收競爭,亦試圖對此提出一相對應之定義或判斷標準。在此等理解之下,租稅天堂之意涵,乃不可避免需由此等定義或判斷標準加以思考。

二、「租稅天堂」在法律上定義之嘗試

㈠ OECD 稅法委員會所定義之租稅天堂

在歷來 OECD 稅法委員會(comité fiscal)所進行之相關稅法與稅制之基本問題研究中,有害之租稅競爭相當程度為長年以來廣受矚目之議題。而「租稅天堂」此一概念之存在及在稅捐稽徵領域中之使用,毫無疑問又係基於此等不正當之競爭手段所導致之結果。尤其隨著電子化交易技術之演進

230, p.22.

[15] 進一步言之,以我國現制而言,證券交易免徵所得稅。此等對股息、儲蓄利息、證券交易所得等資本利得無正當理由之過度優惠,亦足以在比較稅制中構成相對異常之稅目。關於資本利得課稅之一般性討論,尤其在歐洲稅制之中所涉及之問題,參見 E. Assimacopoulou, L'harmonisation de la fiscalité de l'épargne dans les pays de la communauté, LGDJ, Paris 2000, p. 24 et suivantes.

[16] 以及跨國界之資本流通趨於頻繁，更使得此等不正當之租稅競爭措施對各國財政稅收權力加重其威脅，乃有加以進一步防杜之必要[17]。是故，OCDE 乃於 1998 年提出名爲「有害之租稅競爭：世界性問題（La concurrence fiscale dommageable: un problème mondial）」之研究報告，指出在一般性之基礎上，國際社會中稅捐稽徵權力之行使足以構成「租稅天堂」之國家或地區，在租稅或商業制度中所具備者，通常包括下列四項足以辨識之主要特徵或要素：

1. 免稅或至爲輕微而可忽略之企業稅捐負擔

租稅天堂之所以稱爲「天堂」，主要係由針對納稅義務人營業收入行使之結果立論。亦即針對相同之交易活動，此等國家或地區之稅制之中，僅針對此等可稅收入徵收非常有限之稅捐，或者甚至免稅。是以根據此等認識，OECD 所提出用以判斷特定國家或地區是否堪稱租稅天堂之特徵之一，即在於該國家或地區針對正常之企業營收僅課徵有限或至爲輕微而可忽略之企業稅捐。亦即在比較之基礎上，納稅義務人設置企業於租稅天堂國家或地區，針對相同之營業活動所

---

[16] J.-P. Le Gall, Internet: Cyber-fiscalité ou cyber-paradis fiscal: JCP E, n° 5, 29 janv. 1998, p. 164 et suivantes.

[17] B. Castagnède, Précis de fiscalité internationale, p.36-37. 不獨如此，OECD 並且進一步在 2000 年出版了「邁向全球的租稅合作（Vers une coopération fiscale globale）」報告，提出了採取偏頗的租稅措施（régimes fiscaux préférentiels）的國家或地區名單，並呼籲其會員國採取相應之措施，以對抗此等可能對國際間資本及勞務流通產生有害影響之現象。

獲取之利益，與設置於非租稅天堂國家之企業利益係在稅捐
稽徵之結果上受到明顯差異之對待[18]；而此等差異之對待或
特別之優惠，又無稅收上正當之理由（un but normal de l'impôt）
可言[19]。故在結果上，對於設籍該國家或地區企業租稅利益
普遍性地賦予，尤其租稅負擔之直接減免，可謂判斷特定地
區是否構成租稅天堂之主要特徵之一[20]；而納稅義務人利用
此等國家或地區之稅制，其目的主要在於將應稅利益「由地
獄搬到天堂（des enfers fiscaux vers les paradis fiscaux）[21]」，
當屬無疑。

2. 稅務稽徵行政資訊無法與其他國家有效地交換

在 OECD 所提出之判斷租稅天堂之相關特徵之中，該
等「天堂」之稅制與其他國家間欠缺有效之資訊交換管道，
為重要之判斷特徵之二。按租稅管轄權之劃分意味著稅捐稽

---

[18]　Voir B. Castagnède, Précis de fiscalité internationale, p.82 et suivantes.

[19]　例如，享有稅收管轄權之國家或地區，為促進外國投資籍以活絡境內資本流
通、鼓勵更新生產或環保設施等各種目的，而賦予外國投資者在一定條件之
下所得以享有之投資抵減（l'avoir fiscal）待遇，即予租稅天堂國家或地區
所賦予納稅義務人普遍性之租稅優惠減免措施有所區別。

[20]　原則上基於租稅中立性之要求，國家權力尤其稅捐稽徵機關對於負擔納稅義
務之企業所從事之經營管理措施以不加介入干涉為原則。然此等經營管理措
施倘僅具有租稅利益之考量而非出於商業上之正當理由時，稅捐稽徵機關得
以否認此等行為，乃為法國中央行政法院近期若干裁判所強調。近期發展，
則可參見 CE 29 déc. 2006, n° 283314, min.c/Sté. Bank of Scotland 一案中法國
中央行政法院之見解。

[21]　N. Gharbi, Le contrôle fiscal des prix de transfert, L'Harmattan, Paris 2005, p.20.

徵機關所得行使之租稅行政調查權力係受到國界之限制，亦
即在跨國界之交易關係之中，納稅義務人所申報之國境外交
易活動之相關結果及性質不易調查，本即爲國際租稅領域中
難以解決之基本問題[22]。而被稱做租稅天堂之此等國家或地
區，通常又更進一步地與其他主要國家之稅捐稽徵機關之間
就納稅義務人相關之課稅資訊無法有效地交換流通[23]。而另
方面，主要國家之稅捐稽徵機關又復難以實際至此等國家或
地區實施租稅調查。是以納稅義務人於此等租稅天堂所從事
之營利活動，其結果難以爲各國稅捐稽徵機關所掌握，亦促
成了別有用心之納稅義務人將其企業或營利組織設置於租稅
天堂之誘因。是故，在某種意義上，租稅天堂之所以堪稱爲
「天堂」，不僅在於其針對企業之應稅所得課與甚輕微之租
稅負擔甚或免稅，更在於此等國家或地區因其行政資訊之相
對封閉難以調查，所導致之有權課稅國家難以正確查得其境
內納稅義務人於該等「天堂」領域中所得以獲致之整體收益
之正確數額[24]，進而便利於納稅義務人規避其原本在內國稅

---

[22] J.-N. Thomas, Le contrôle fiscal des opérations internationales, p. 201 et suivantes.

[23] 此等稅捐稽徵資訊之無法有效地交換流通，經常源於此等國家或地區甚少或從未與國際社會間主要進行交易活動之其他國家簽訂租稅協定。按國際租稅協定或條約之主要功能，除避免國際間雙重課稅（la double imposition）之外，不同國家間稅捐稽徵行政資訊之交換亦爲重要之功能之一。B. Castagnède, Précis de fiscalité internationale, p.7-12.

[24] 相對於此，租稅調查能力之侷限以及收入來國家或地區所存在之特有行政或法律制度導致有權徵稅國無法正確查得事實，近期於歐洲法制中特別受討論

法上所可能負擔之稅捐債務。

3. 所適用之稅捐相關規範缺乏透明性

在 OECD 所提出關於判斷租稅天堂之標準之中，尚包括該等國家或地區，其行爲在整體上具備難以預測之要素。亦即國家行爲欠缺一定程度之透明性、可預見性，尤其與主要國家所採行之稅捐措施有明顯而難以預期之差異。按前已言及，於現今之稅法制度中，享有課稅權力之國家機關出於特定之行政目的，以租稅手段推促或誘導納稅義務人爲一定之經濟上行爲本即爲各國稅制中之正常現象。然則租稅天堂之國家或地區使用此等稅捐手段乃已超出各國稅制中所慣常見得之措施，而使整體國家行爲均呈現難以預測之特徵。另方面，透明性之欠缺意味著其他國家之稅捐稽徵機關無法使用正常管道得知在此一地區所適用之稅收相關規定之效果，亦難以判斷納稅義務人所申報在租稅天堂所應納或已納稅額是否真實。就此以觀，租稅天堂之存在，於某種意義上實意

者，乃儲蓄稅（l'impôt de l'épargne）之徵收問題。按儲蓄稅係針對納稅義務人儲蓄利息性質之資本利得所課徵之所得稅，其在跨國界交易中所經常面臨之問題，即爲所得來源國（如瑞士、盧森堡等國）銀行制度中所特別強調之保密制度，致使內國之稅捐稽徵機關針對納稅義務人此等海外投資之資本利得難以行使租稅調查權力。Voir E. Assimacopoulou, L'harmonisation de la fiscalité de l'épargne dans les pays de la communauté, p.94. 或見 A. Schmitt, Pratique du secret bancaire au Luxembourg face à l'attitude judiciaire étrangère, « Les paradis fiscaux et l'évasion fscale », p.285 et suivantes.

味著此等國家或地區之行爲高度不可預測[25]。

4. 商業法制上便利在該地設立無實質營業活動而受外國企業控制之企業

　　租稅天堂或避稅天堂之存在，不僅爲稅捐稽徵法制上之問題，同時亦爲商業制度中企業設置及管理之問題。因此，OECD 所指出租稅天堂所具有之特徵之四，乃在於該一國家或地區之企業或商業法律制度中，某種程度容許在該地設立之企業無實質之營業活動，或直接言之，容許與該地區並無實質關連性之「紙上公司（la société en papier）」或名目公司之存在[26]。按於一般法治國家通例，企業因採行法人組織型態者居多，於法律上獨立成爲一享受權利、負擔義務之主體。然此等權利義務關係之主體地位，係法律制度基於特定目的所爲之假設，未必與實際之經濟活動關係相互一致[27]。爲避免公司法人格於交易關係中遭到濫用甚或從事有礙交易

---

[25]　而針對國家行爲之可預測性以及在財稅法制領域中功能之一般討論，法國憲法委員會曾於 2001 年一項針對財務組織法（LOLF）所進行之合憲性審查決定中表示其意見，參見 Cons. Const. 25 juill. 2001, Décision nº 2001-448 DC, Loi organique relative aux lois de finances; G. Orsoni, Science et législation financières: Budgets publics et lois de finances, p.234.; L. Saïdj, Finances publques, p.155.

[26]　即便不是這種情形，在法律上亦無法否認，隨著全球化的趨勢，乃使企業的「國籍（nationalité）」變得具有高度流動性，而便利於企業選擇商業管制上較爲寬鬆的國家設立其營業體。Voir F. Vincke, S'internationaliser ou disparaître?, in J.-Y. Trochon / F. Vincke (Dir.), « L'entreprise face à la mondialisation: opportunités et risques », Bruylant, Bruxelles 2006, p.82-85.

[27]　Voir N. Gharbi, Le contrôle fiscal des prix de transfert, p.39-41.

安全、債權人利益之相關不法活動,各主要國家之商業相關
法制中,針對未有實際交易關係或經營活動,僅具有單純商
業註冊登記資格之企業多所管制禁止。然則租稅天堂國家或
地區與此不然,通常在一定基礎上針對僅具有註冊登記而未
在該地區有實際營業活動之企業在商業登記管制措施上採取
較為寬容之態度,其結果乃便利境外之企業設立或維持在租
稅天堂領域中註冊登記之子公司或關係企業[28]。

　　雖就基礎之目的而言,OECD 所提出之前揭報告主要在
於針對租稅天堂此一現象提出若干共通性之特徵俾圖供各會
員國留意此等現象。然亦不可否認者,乃在於此等指標之提
出僅意味著租稅天堂國家或地區大體上存在之法制特徵,**特
定國家或地區是否確實構成租稅天堂,仍應由個別稅目、特
定交易條件加以判斷**[29]。故在學說上,此等判斷標準之提出
雖足以對租稅天堂為相當程度之描述,然此一概念在稅法領
域中仍屬未確定概念,亦為各國稅制中之實情。

㈡ 法國稅法與「租稅天堂」

　　與前述 OECD 稅法稅制委員會之態度有所不同,在租

---

[28] B. Castagnède, Précis de fiscalité internationale, p.36-37.

[29] 甚或準確言之,OECD 前揭報告之目的,與其說是試圖對租稅天堂提出一客
觀之判斷標準,毋寧謂旨在呼籲各會員國針對有害的偏頗租稅措施(régime
fiscal préférentiel dommageable)有所遏止。E. Robert, Le droit des états de
s'ériger en paradis fiscal: la souveraineté des états et ses limites, « Les paradis
fiscaux et l'évasion fscale », p.150.

稅天堂此一概念無法於法律上獲得一普遍性完整定義、僅能指出若干特徵之情形下，針對作為納稅義務人之跨國企業集團利用設籍於租稅天堂國家或地區之公司從事交易、進而將其應稅利益間接移轉於境外之情形，**法國稅法制度中針對此類稅捐規避行為，乃設有特別之防杜規定。**直言之，法國稅制雖未對租稅天堂設有立法上之定義，然則對此等跨國界之應稅利益移轉之規制實際上採取更加嚴格之態度[30]：即便尚未及於「天堂」之程度，只要納稅義務人從事交易之企業係涉及於不正常之優惠稅制國家或地區時，即有可能受法國稅捐稽徵機關不同之對待[31]。在此所特別指涉者，乃法國租稅總法典 CGI 第 238 條 A 前兩項之規定：「（第一項）由居住於法國境內或設籍於法國境內之自然人或法人所支出之利息、未償付之定期給付款或其他義務性之給付、債權、存款或保證金、授權許可費、專利許可費、商標使用費或其他相類債務、勞務酬金，係支付予居住於法國境外之自然人或設

---

[30] Voir B. Castagnède, Précis de fiscalité internationale, p. 82 et suivantes. 而在此應特別指出者，乃比利時稅制亦與法國法採行相近之態度。亦即在一般之基礎上，比利時稅法亦不存在著對租稅天堂此一概念之定義，亦未試圖在實定法中將之直接納為法律規範之內容。而以類似法國租稅特權規定之「企業適用之稅制，較相同交易行為之收入於比利時稅法所應納稅額，明顯較為有利（entreprises soumises à un régime notablement plus avantageux que celui auquel les mêmes revenus auraient été soumis en Belgique）」以看待構成租稅天堂之國家或地區稅制。T. Afschrift, Peut-on définir les paradis fiscaux? « Les paradis fiscaux et l'évasion fscale », p.19.

[31] B. Castagnède, Précis de fiscalité internationale, p.83.

籍於法國境外之法人，而該外國自然人或法人得以適用該國家或地區特有之租稅特權規定時，此等費用之支出不得作為營業費用扣除。但租稅債務人得以舉證證明此等費用之支出，係合乎交易實況，且其並未違背交易常規或明顯高估者，不在此限。（第二項）本條第一項所稱之租稅特權國家或地區，係指針對相同條件之下，居住或設籍於該地區之納稅義務人所應納稅額完全被免除，或應納稅額低於居住或設籍於法國之納稅義務人根據正常之法國法令所應納稅額之半數[32]。」。而該條第 1 項所規定，納稅義務人針對設有租稅特權（régime fiscal privilégié）規定之國家或地區之企業或交易對象「費用之支出不得作為營業費用扣除」（ne sont admis comme charges déductibles pour l'établissement de l'impôt），

---

[32] 進一步言之，租稅特權之存在於法國稅法所造成之效果，尚有法國租稅總法典第 57 條第 1、2 項所規定之交易資訊揭露義務：「（第一項）針對法國企業受境外之外國企業控制或從屬於該外國企業存在，而由法國企業經由買賣價格之高估或低估或其他方法將利益間接移轉於該外國企業者，該等利益應於該法國企業所提出之會計報表中加以揭露，並作為該法國企業應納營利事業所得稅額核定之基礎。法國企業對存在於法國境外之企業有控制權者，亦同。（第二項）當利益之移轉，係實現於法國企業與外國企業之間，而該外國企業係設籍於本法典第 238A 第二項所稱之訂有租稅特權規定之國家或地區者，前項所稱之從屬或控制關係，即非必要條件。」；租稅總法典 209B 條第 1 項所規定之關係企業所得成本一體化：「設籍於法國之應納公司稅法人，於法國領域外另有經營企業，或對於設立或註冊於法國領域外之法律實體（包括法人、各種組織、信用組合、或其他相類組織）直接或間接持有超過百分之五十之股權、出資、或享有財務或投票之權利，而此等企業或法律實體得以適用租稅總法典第 238A 條所稱之租稅特權時，此等企業法律實體之收益或所得，亦應納公司稅。」等效果。

乃意味著稅捐稽徵機關在受理納稅義務人所提出之租稅申報
之際，得以因為此等營業成本費用之流向係設有租稅特權之
國家或地區為由，剔除重核納稅義務人所為之租稅申報[33]。
其結果，乃足以使得在租稅天堂國家或地區設有關係企業、
並以此等企業為對象之應稅利益間接移轉，於法國稅制中被
否認。而在立法上，所以未在法律條文中設有「租稅天堂」
之直接規定者，實來自於此等概念之有欠明確與易生爭執之
故。而「租稅特權」之規定，相較於租稅天堂此一概念之使
用，其較具有清晰易辨之特徵亦在於此。蓋所謂租稅特權於
法國租稅總法典第 238 條 A 第 2 項之規定中，係指**完全免
稅或應納稅額低於相同交易於法國稅捐所應納負擔之半數**
（le montant **est inférieur de plus de la moitié** à celui de l'impôt
sur les bénéfices ou sur les revenus dont elles auraient été
redevables dans les conditions de droit commun en France），
亦足在判斷上限縮稅捐稽徵機關對構成要件事實之解釋空
間，相對而言較不易生有爭執。

　　因此，「租稅天堂」不僅為不確定之概念，甚至連法律
上之不確定概念亦不構成：以法國稅制為例，其基本上即避
免直接使用此一內容有欠穩定之名詞，俾免使稅法規範在不
必要之情形下違反租稅構成要件明確之要求。而在前述此等
理解之下，吾人乃得以知悉最高行政法院 96 年度 1396 號判

---

[33] M. Taly / P. Schiele, Les dispositions françaises tendant au contrôle des prix de transfert (CGI, art.57 et LPF, art. L. 13B) sont-elles «Euro-compatibles»?, DF 2003, p.961.

決理由所指出：「尤其多國籍企業透過價格移轉，將其企業集團全部或一部之獲利經由其集團中設於低稅率或免稅之『租稅天堂』之企業取得，以減輕或免除其租稅義務，觀諸上述所得稅法第 43 條之 1 之立法目的，本即屬本條所欲規範範圍」，在某種意義上實爲最高行政法院在稅法方法論上重要之突破與推論基礎之重要變革。進一步言之，當本件納稅義務人 A 股份有限公司透過將 BCD 三家公司之持股轉讓予英屬維京群島商 E 公司之際，最高行政法院已透過「租稅天堂」此一不確定概念之適用，相當程度地承認本件稅捐稽徵機關之主張，亦即納稅義務人此等股權之移轉，**隱藏著表面上不易察覺之應稅利益間接移動**，直言之，構成我國所得稅法第 43 條之 1 所稱之「不合常規交易」[34]。然則吾人在此必須進一步追問者，乃「租稅天堂」此一不確定之概念在稅法領域中之引入及使用，除有前述說明足以理解其爲內含有欠清晰之概念之外，當特定企業設置子公司或關係企業於租稅天堂，是否即足以在稅法上引起特定之效果？此一提問，並無法在租稅天堂之定義終獲得解決，必待進一步論述租稅天堂與「不合常規交易」之間之關係，方足以探究其實際。

---

[34] 然而就本件而言，納稅義務人乃存有一重要之抗辯：其主張該等股權之移轉係信託財產之返還而非財產之交易。倘若此一論述成立，則本件之交易關係是否仍構成應稅利益之間接移轉於境外之租稅規避，則恐有進一步追究之空間。惟此一則爲事實審法院認定事實問題，二則於最高行政法院之審判程序中未有深入探究。本文爲限縮爭點便利論述，就此暫捨而未論，尚祈諒察。

三、稅法上針對在租稅天堂設立關係企業之評價

㈠ 租稅天堂與「不合常規交易」

在稅法制度上，當跨國交易關係中之納稅義務人係透過將關係企業或子公司設置於租稅天堂之際，其在租稅法制上所發生之衝擊爲多面向之複雜反應。首先，在租稅天堂設置之企業，大體上揭示者乃稅捐稽徵機關對於相關交易事實或經濟活動之真實現況，普遍存有調查上之困難[35]。其次，跨國企業集團在租稅天堂設置企業、復將內國稅法上之應稅所得，透過移轉訂價或其他間接利益之移轉手段移至該等租稅天堂所設置之關係企業，其所導致之效果乃足以使該等利益規避其原本所應負擔之稅捐。在此等理解之下，最高行政法院 96 年度判字第 1369 號判決所面臨之問題即至爲清楚：納稅義務人 A 公司透過特定安排之交易關係將應稅利益移轉與設置於租稅天堂之 E 公司，此等交易關係得否以不合交

---

[35] 按稅捐稽徵之程序，本與一般之行政程序有所區別。相關之課稅前提事實，原則上不採行稅捐稽徵機關職權調查之手段以探知。乃以納稅義務人主動申報、稅捐稽徵機關保留嗣後查核更正之權力作爲制度有效運行之基礎。因此，在稅法上乃普遍承認稅捐稽徵之過程中，納稅義務人負有一定程度之協力義務（Mitwirkungspflichten; l'obligation de coopération）。而就法國法而言，雖在一般性之基礎上所承認協力義務之範圍不若德國法廣泛，然亦相當程度承認相對人在稅捐稽徵程序中所負擔之申報義務。參見 A. Bichon, Du débat oral et contradictoire au coeurs des contrôles fiscaux externes à l'obligation de coopération du contribuable, DF 1999, p.1325 et suivantes.

易常規爲理由，將之剔除否認？或者更進一步言之，**與設置**
於租稅天堂之企業從事交易，是否即當然地構成不合常規之
交易？此一問題之解答，毫無疑問當由不合常規交易之概念
形成及其適用範圍出發，思考在稅法制度中合理之推論基礎。

在稅法領域中經常被稅捐稽徵機關主張適用之「不合常
規交易」（l'acte anormal de gestion）此一概念，乃指從事
營業活動之納稅義務人就其申報之應納租稅尤其所得稅被發
現其交易活動有異於市場「正常」交易之情形，其於稅法上
所直接發生之效果，乃使得稅捐稽徵機關得以根據交易常
規，剔除重核納稅義務人所申報稅額[36]。然在法律上，所謂
之「常規交易」基本上並不存在著清楚之定義，僅能以納稅
義務人特定之交易行爲是否與市場上無特定關係之交易相對
人之間所進行之交易條件進行比較，以及納稅義務人從事此
等行爲有無商業上正當合理之理由爲考量[37]。然必須特別指

---

[36] CE 7 juill. 1958, n° 35977, DF 1958, comm. 938; M. Cozian, Les grunds principes
de la fiscalité des entreprises, p.91 et suivantes. 就我國法制言，參見行政法院 80
年判字第 328 號判例之見解。而就此應特別留意者，乃法國稅捐稽徵實務中
針對納稅義務人營業活動之「不合常規」，曾由法國中央行政法院提出一廣
受引用之判斷標準：「應由企業承擔或足以減損其收入之費用或損失中，無
法被證明係基於企業營業之商業上正當利益者（les intérêt de l'exploitation
commerciale）」。此一標準雖係於 1965 年提出，然迄今仍爲法國稅捐稽徵
實務上重要之判斷標準。Concl. Poussière sur CE 5 janv. 1965, n° 62099, DF
1970, p.23; cité par P. Serlooten, Liberté de gestion et droit fiscal: la réalité et le
renouvellement de l'encadrement de la liberté, DF 2007, p.10.

[37] 此一要求，於法國稅捐稽徵實務中長年以來尤其爲法國中央行政法院所強
調。蓋納稅義務人在法律上並無盡其最大努力獲取企業利益之義務（CE 8ᵉ

出者，乃「常規交易」本身不僅為高度不確定之法律概念，
於稅法領域之中本即有其適用上之界限[38]。雖就稅捐稽徵機關
而言，不合常規營業此一概念之存在有其防杜租稅規避、維
護租稅公平之積極功能。然在適用上實具有進一步具體化之
必要，恐亦無從否認。而以法國中央行政法院近期裁判加以
觀察，所更加強調者乃納稅義務人從事迂迴之刻意安排，僅
為了稅捐之目的（le contribuable poursuit un but exclusivement
fiscal）而不具其他經濟上功能之際，方可能構成此等濫用
行為[39]。

sous-sect., 7 juillet 1958, req. n° 35977, Dupont），縱令為納稅義務人不合市
場交易行情地將其資產以低價銷售予其關係企業，除非其被證明不具備商業
上正當利益之理由，否則稅捐稽徵機關亦無法動用常規交易之原則，就此等
納稅義務人所申報之交易關係予以剔除更正，此乃租稅中立及納稅義務人營
業自由之要求所使然。而交易不合常規，原則上亦應由稅捐稽徵機關負擔舉
證責任，證明「常規」交易之應然內容。M. Cozian, La théorie de l'acte anormal
de gestion, «Les grands principes de la fiscalité des entreprise», 4°, Litec, Paris
1999, p.92-93.

38　蓋在推論上，租稅課徵之法律關係為羈束之關係而非裁量之關係；M. Bouvier,
Introduction au droit fiscal général et à la théorie de l'impôt, 5°, LGDJ, Paris 2003,
p.48. 所謂「租稅法律主義」或租稅合法性之要求，實際上乃要求立法者在
租稅構成要件之主要事項（包括稅目、稅基、稅率、納稅期間及方法）儘可
能地加以清楚說明。在如此之意義下，「不合常規」此一概念在稅法上之使
用，若非意味著立法者有意透過文義上較為開放、射程範圍較廣之構成要件
課與司法機關某種程度之司法補充或進一步加以類型化之義務；至少亦要求
司法機關介入審查此等領域中稅捐稽徵機關所作成之決定是否與經驗法則有
所抵觸。

39　CE 5 mars 2007, n° 284457, Pharmacie de Chalonges; CE 29 déc. 2006, n°
283314, min. c/ Sté Bank of Scotland. 不僅在法國稅法上有此一要件，歐洲法

㈡「租稅天堂」僅具有推定之功能

在法國稅制之中，當特定企業與設籍於租稅天堂之企業交易，原則上即構成前述法國稅法上所稱「租稅特權」之情形。此時，於稅法上所發生之效果可以有幾個面向：首先在具體之效果上，對設籍於租稅天堂國家或地區企業所支付之費用、債權，原則上在法國稅制中被當作**租稅規避案件之特殊類型**，得由稅捐稽徵機關根據前述法國租稅總法典第 238 條 A 前兩項之規定予以剔除重核。其次，此等租稅規避之存在，於法律上僅具有推定之效果，稅捐債務人亦即納稅義務人得以舉證證明「**此等費用之支出，係合乎交易實況，且其並未違背交易常規或明顯高估**（le débiteur apporte la preuve que les dépenses correspondent à des opérations réelles et qu'elles ne présentent pas un caractère anormal ou exagéré）[40]」，易言之，乃納稅義務人與設籍於租稅天堂之企業間有所交易，僅具有推定之效果，未必即構成應稅利益之間接移轉或者租稅規避。蓋在稅法制度中，作為納稅義務人之關係企業欲與何人以何等條件交易，乃當事人契約自由及財產權行使之範疇

院近期亦在裁判中清楚指明，納稅義務人從事迂迴安排、不合常規之交易活動，僅有在納稅義務人「只具有獲取租稅利益之唯一意圖（dans la seule intention d'obtenir un avantage fiscal）」之情形下，稅捐稽徵機關方取得重核調整之權力。CJCE, 21 févr. 2006, aff. C-255/02, Halifax.

[40] 參前引法國租稅總法典 CGI 第 238 條 A 第 1 項後段規定。

[41]。稅捐稽徵機關雖得以租稅總法典第 238 條 A 之規定剔除納稅義務人之租稅申報，然則在此等推定制度之下，亦不能謂此等交易必然構成不合常規之交易。

四、小結：租稅天堂為稅法上高度之不確定概念

在前述理解之下，當吾人將論述之重點重新拉回至「把公司開在租稅天堂是否即當然構成不合常規交易之租稅規避行為」之際，答案已屬顯然：即便交易之對象係設籍於租稅天堂國家或地區之企業，推理上亦未必即構成不合常規之交易，仍應視此等交易關係之發生，有無商業上正當合理之理由，抑或僅為單純獲取租稅上利益之純然刻意之人為安排[42]。是故，最高行政法院 96 年度判字第 1369 號判決所指出：「尤其多國籍企業透過價格移轉，將其企業集團全部或一部之獲利經由其集團中設於低稅率或免稅之「租稅天堂」之企業取得，以減輕或免除其租稅義務，觀諸上述所得稅法第 43 條

---

[41] 就此，M. Cozian 特別指出，企業尤其以公司形式存在者，係為追求利益之分配（le patage de bénéfices）此一目的而存在。而為達此一目的，其行為原則上均被推定為係出於本身利益之考慮。而不合常規，乃表示與企業利益相違背之交易。然而納稅義務人得以證明此等交易「雖然在法律上看來怪異，但在經濟上確實合乎其利益（juridiquement étrangère correspond à son intérêt écomonoque）」。M. Cozian, La théorie de l'acte anormal de gestion, in: «Les grandes principes de la fiscalité des entreprises», Litec, Paris 1999, p.99-101. 而法國中央行政法院亦在一連串之裁判中採取此等立場。CE 3 déc. 1975, n° 92009; DF 1975, n° 29-30, comm. 1002, concl. Schmeltz.

[42] Voir M. Cozian, La théorie de l'acte anormal de gestion, in: «Les grandes principes de la fiscalité des entreprises», p.91-118.

之 1 之立法目的，本即屬本條所欲規範範圍」，雖在稅法上
不合常規營業之相關適用問題上，可謂提出一重要之類型而
對所得稅法第 43 條之 1 之規定具體化有所助益。然在另一
方面，針對「租稅天堂」此一不確定概念之適用，恐即有再
進一步思考之空間。蓋就最高行政法院所稱「『租稅天
堂』……，本即屬本條所欲規範範圍」一語以觀，其乃將與
設籍於租稅天堂之企業從事交易直接認定為為所得稅法第 43
條之 1 所稱之非常規交易。如此之推論實在存有法律上兩大
風險：其一乃在於「租稅天堂」既屬法律上高度不確定之概
念，司法機關之立場應為積極介入其中，審查該等交易是否
確實出於規避稅捐負擔之意圖抑或另有其交易上正當理由之
存在。本件最高行政法院就此未置一詞，逕言與租稅天堂之
企業交易即等同於非常規交易而放棄了對不確定法律概念之
審查權限，作為終審之行政訴訟有權管轄機關，如此之態度
恐有進一步斟酌之必要[43]。其二乃在於司法權力行使之合憲

---

[43] 尤其就行政法總論之角度加以觀察，法律規範存在解釋適用上之相對性之情
況，大別有行政裁量與不確定法律概念兩種主要之可能性。司法機關對行政
權力行使裁量權之審查，固以不介入審查為原則、介入審查為例外。V. Götz,
Allgemeines Verwaltungsrecht, 4 Aufl., C. H. Beck Verlag, München 1997, S.89-
100. 然則稅法領域中行政機關所享有之裁量權限相對有限，稅捐稽徵之關
係多屬羈束。本件最高行政法院以租稅天堂為理由未介入審查行政決定之合
法性，於行政法總論角度言之亦非妥適。稅法學者或有指出，行政法院之法
官經常因為對租稅案件之爭點經常因具備高度技術性而難以介入審查，如
P.-M. Gaudemet, Réflexions sur les rapports du juge et du fisc, Mélanges offerts à
Marcel Waline, Paris 1974, p.131-136. 然如本案最高行政法院之判決，亦未免
過於輕易放棄司法權力之審查可能性，殊屬可惜。

性危機。蓋正如前述，不合常規交易行為於稅法上之規制，乃納稅義務人營業自由以及財產權利與稅捐制度所具有之國庫或財政收入目的相互協調後之結果。納稅義務人特定行為被評價為「不合常規」，乃屬交易關係中之例外情形，而**應由稅捐稽徵機關舉證說明「常規」之內容為何、當事人所主張具有商業上正當利益為何不採**[44]。否則在推理上任意由稅捐稽徵機關以空泛之說理即認定納稅義務人所從事之交易有違常規，恐與憲法保障營業自由之本旨有嚴重出入，實在推理上不可不慎[45]。

　　而在比較法上，法國之制度，透過舉證責任之轉換，僅係在租稅天堂案件中免除稅捐稽徵機關部分之舉證責任而已。然我國現行稅制之中，針對納稅義務人向租稅天堂為支付之費用支出，並未如法國稅法設有對租稅特權國家、地區支付一般性之否認規定，因此對於納稅義務人利用設籍於租稅天堂之關係企業間接移轉應稅利益於我國境外，在防堵上即存有其法律上不便之處。在此一意義之下，以所得稅法第43條之1關於不合常規營業之規定剔除或否認此等利益移轉行為，乃不可否認有其現實上之必要性[46]。惟此等必要性

---

[44] M. Cozian, La théorie de l'acte anormal de gestion, in: « Les grandes principes de la fiscalité des entreprises», p.93-94. 蓋正如 M.Cozian 所指出的，在納稅義務人享有營業自由之前提下，「生意做到要倒店，也是我高興（Et s'il me plaît, à moi, d'être battue!）」。

[45] Voir P. Serlooten, DF 2007, p.6 et suivantes.

[46] Voir J. Grosclaude / P. Marchessou, Procédures fiscales, 2e, Dalloz, Paris 2001, p.176-177.

之存在，並無法爲本件稅捐稽徵機關以及最高行政法院略嫌粗率之推論開脫：正因爲租稅天堂有防堵之必要，方使得在司法實務中要求法院具體說明其判斷標準、指出其概念適用上之界限在實務操作上變得不可或缺[47]。做爲被告之稅徵稽徵機關，就此等法條之適用未善盡證明之責尙屬邏輯上可以理解；作爲最高行政審判機關之法院，在本件中以一不確定**概念（租稅天堂）說明另一不確定概念（不合常規交易）**，無論如何均不能謂已善盡推論之責，其判決之適法性恐容有進一步思考空間，實難以否認。

肆、所得稅法第 43 條之 1 與行政程序之瑕疵補正

一、概說

最高行政法院 96 年度判字第 1369 號判決所涉及之重大稅制爭議，除前述有關租稅天堂之相關問題外，主要尙涉及稅捐稽徵法與行政程序法二者間之適用關係。按我國自民國 90 年 1 月 1 日正式施行行政程序法以來，行政機關（包括

---

[47] 如以法國稅制而言，此類內容有欠清晰之概念，幾乎均係由法國中央行政法院或最高法院之判例具體化描述其內涵，如 CE 10 juin 1981, nº 19079, DF 1981, nº 48-49, comm. 2187, concl. Lobry; Cass. Com., 19 avr. 1988, DF 1988, nº 32-38, comm. 1733; CE 7 et 8 sous-sect., 9 déc. 1987, nº 51-709, DF 1988, nº 20-21, comm. 1034 等案是。

稅捐稽徵機關）於行政程序中所得適用之主要程序法律規範，即可大體上區分為一般性之程序規定與特別性之程序規定二類。就稅捐稽徵核課之程序而言，即為稽徵程序中適用一般性之行政程序法以及特別性之稅捐稽徵法二者；其構成問題者，乃於稅捐稽徵程序中有無適用行政程序法相關規定以填補稅捐稽徵法規範不足之可能性。就本件而言，具體所處理者乃前述所得稅法第 43 條之 1 所規定「**報經財政部核准按營業常規予以調整**」程序，在納稅義務人針對課稅處分提起行政救濟獲得勝訴判決並發回原處分機關另為處分之際，得否援引行政程序法第 114 條第 1 項第 5 款及第 2 項關於應參與行政處分作成之其他機關程序未參與欠缺之補正，得於訴願程序終結前為之之規定，容許稅捐稽徵機關在課稅處分作成之後**另行請求上級機關財政部之核准**，以補正被請求撤銷之原課稅處分所未踐行之程序、俾治癒該一程序瑕疵[48]？此一疑問，不僅涉及行政程序法之相關規定得否適用於稅捐稽徵程序，同時亦直指程序瑕疵之補正程序之要件問題。而於德、法等國稅法制度之中均存有若干制度與其有關，值得進一步深入探究：本文就此首先討論者，乃稅捐稽徵程序有無行政程序法之適用問題；其次處理者，乃程序瑕疵補正之要件問題。

---

[48]　尤其就本件相關爭點應特別留意者，乃程序瑕疵補正之規定於我國僅行政程序法有之，稅捐稽徵法及其他稅法並無相類規範。

二、程序法律問題：行政程序法適用於稅捐稽徵程 序之可能性

　　行政程序法之規定得否適用於稅捐稽徵程序，此一問題 之深入討論首先應先檢視者，乃在比較法上不同國家間程序 立法之現況問題。就法國稅捐稽徵程序而言，法國稅法制度 中原則上並不存在著一般性之行政程序法[49]。然而就稅捐稽 徵程序而論，其乃設有相當完整之租稅程序法典（Livre des procédure fiscales, LPF）[50]，就稅捐稽徵、核課程序而言， 直接適用租稅程序法典之規定為已足，原則上不存在一般性 行政程序與租稅稽徵程序規定互相間之適用、補充或選擇之 問題[51]。而就德國稅捐稽徵程序法制而言，情況即與法國法 制有明顯差異。大體上，德國現行稅捐稽徵相關行政制度之 中，存在有兩部程序性之法典，其一為普通法性質之德國聯 邦行政程序（Verwaltungsverfahrensgesetz），其二為適用於 稅捐稽徵程序之德國租稅通則（Abgabenordnung; AO）[52]。

---

[49] 僅在行政法總論之層面上，存在著若干相關之程序性法令規範。P.-L. Frier, Précis de droit administratif, 2ᵉ, Montchrestien, Paris 2003, p.290 et suivantes.

[50] 針對法國租稅程序法典之相關說明，參見 M.Bouvier, Introduction au droit fiscal général et à la théorie de l'impôt, p. 181.

[51] 法國租稅程序法典中國會立法部分包括第一章總論、第二章租稅調查、第三 章租稅爭訟、第四章徵收程序、以第五章共通之附則等。J. Grosclaude / P. Marchessou, Procédures fiscales , p.7-8.

[52] J. Lang, Überblick über die Gebiete und Gesetze der Steuerrechtsordnung, in Tipke / Lang, Steuerrecht, 17 Aufl., Dr. Otto Schmidt Verlag, Köln 2002, §2 Rz. 10-13.

前者適用於普通之行政程序、後者適用於稅捐稽徵程序，在
適用上可謂涇渭分明，相關文獻中亦少有述及二者互相間有
否補充關係者[53]。且在法律之規範上，德國聯邦行政程序法
第 2 條第 2 句第 1 款已將稅捐稽徵程序直接予以排除在行政
程序法之適用範圍之外[54]，乃使相關問題在解釋及適用上之
空間相對受到壓縮。是以在比較法上既無法直接推引出足以
參考之立法例，則相關問題之探討，仍應由我國實務及學說
之相關見解加以處理。按於我國法制之中，行政程序法第 3
條第 1 項規定：「行政機關為行政行為時，除法律另有規定

---

[53] 尤其必須強調，與我國之稅捐稽徵法（相對於我國行政程序法）僅具簡略程
序規定不同。德國租稅通則之前身為制訂於 1919 年之帝國租稅通則
（ Reichsabgabenordnung; RAO ） ， 其 後 改 為 租 稅 調 整 法
（Steueranpassungsgesetz），至 1977 年修改成現狀。大體上，其對稅捐稽
徵有關事項之規定已呈一完整獨立體系，包括稅捐法律關係、稅捐債之關係
（Steuerschuldverhältnis）以及稅捐程序（Steuerverfahren）等主要部分均有
所規範。德國聯邦行政程序法所規定之程序事項亦已為其所納入（例如，關
於課稅處分之定義，以及本文後述之程序瑕疵治癒之規定等），大體上需要
動用聯邦行政程序法之規定加以補充之機會甚為有限。Vgl. O. Fehrenbacher,
Steuerrecht, 1 Aufl., Nomos Verlag, Baden-Baden 2005, S.239. 而在此一理解之
下，J. Lang 亦強調稅捐稽徵之行政程序之獨立性，或至少在若干相類概念
上，應與作為一般性程序規範之行政程序法有所區辨。例如租稅申報之義務
人與一般行政程序中之申請人（Antragsteller）申請取得授益處分即有所不
同。租稅申報之目的並非希望獲得租稅裁決（Steuerbescheid），毋寧為申
報人履行稅法上之協力義務所使然。J. Lang, Überblick über die Gebiete und
Gesetze der Steuerrechtsordnung, in Tipke / Lang, Steuerrecht, §2 Rz. 12.

[54] 該條款之規定為：「本法典不適用於下列程序：聯邦或各邦稅捐稽徵機關根
據租稅通則所進行之程序（Dieses Gesetz gilt ferner nicht für: 1.Verfahren der
Bundes- oder Landesfinanzbehörden nach der Abgabenordnung）」。

外，應依本法規定爲之。」，此所謂「**法律另有規定**」，是否意味著稅捐稽徵法所規定之稅捐稽徵程序事項得以排除行政程序法之規定？反面言之，此等疑義所涉及者，乃稅捐稽徵程序之程序規定有所不足時，得否以行政程序法之相關規定加以補充，學理上向有兩說之對峙：

㈠ 完整除外規定說

所謂完整除外規定說，乃認爲相對於行政程序法之其他程序性規定，需爲完全或完整之除外規定，方足以排除行政程序法之適用[55]。反之，倘若該一法律僅就程序性事項爲部分之規定，或由其程序規定及立法目的加以觀察，得認爲並不排除行政程序法之適用者，行政程序法之相關規定仍有其補充適用之餘地。是以在推論上，此說乃認爲行政程序法與稅捐稽徵法之間所存在者爲普通法與特別法之關係，在稅捐稽徵法有所缺漏之際得以適用行政程序法之規定加以填補。

㈡ 程序保障說

在稅捐稽徵程序適用行政程序法相關問題上，學說尚有「程序保障說」之提出[56]。所謂程序保障說認爲，基於行政程序法之立法目的在於保障當事人之程序基本權，因此行政程序法第 3 條 1 項之規定，應予以限縮之解釋。亦即，僅限

---

[55] 葛克昌，納稅人之程序基本權：行政程序法在稽徵程序之漏洞，月旦法學，第 72 期，頁 35。

[56] 湯德宗，論行政程序法之適用，收錄於氏著「行政程序法論」，頁 146 以下。

於較行政程序法所提供與當事人之程序保障更加優厚者，方得適用。是故在稅捐稽徵之領域，因稅捐稽徵法施行之時間較久、相干規範對納稅義務人所提供之程序上保護相對不若行政程序法之規定完備。因而行政程序法之規定，倘提供與納稅義務人較為完備之程序上保障者，則得適用於稅捐稽徵案件[57]。

　　按前述兩說所爭議之行政程序法適用問題，倘若以保障納稅人程序權利之角度觀察，程序保障說實屬較合乎行政程序法之立法意旨以及憲法層面之程序正義要求[58]。然法院見解與此不同，本件最高行政法院 96 年度判字第 1369 號判決中，針對行政程序法之相關規定得否以及如何適用於稅捐稽徵程序，所採取者顯然較為傾向於完整除外規定說，並認為無論行政程序法之相關規定有無提供與當事人更加優厚之程序保障，均無礙其作為普通法之地位，得在稅捐稽徵法未有規定之情形下援引行政程序法之規定加以適用[59]。然而，法

---

[57]　惟論者亦有就此補充，認為本說就程序保障觀點，較符合憲法之程序正義。稅捐稽徵法仍有許多具稅法特性之規範，仍應優先於行政程序法而適用，例如租稅秘密（稅捐稽徵法第 33 條）、核課期間（稅捐稽徵法第 21 條）。葛克昌，納稅人之程序基本權：行政程序法在稽徵程序之漏洞，月旦法學，第 72 期，頁 36。

[58]　葛克昌，納稅人之程序基本權：行政程序法在稽徵程序之漏洞，月旦法學，第 72 期，頁 36。

[59]　蓋由判決要旨中「本條規定之目的無礙，且可避免程序之浪費，其補正應屬適法」等語，可知最高行政法院容許本件之補正，主要出於程序經濟之考量。然必須特別指出者，乃稅法原則上作為一大量程序，有其特別著重程序經濟及效能之面向。然程序經濟僅法律制度所希望達到之價值之一，如何與其他

條適用之問題雖爲法律推理活動重要之一環，卻非全部。最高行政法院 96 年度判字第 1369 號判決雖在爭議問題之取捨上選擇了容許行政機關適用行政程序法以補充稅捐稽徵法所未規定之程序。然則如此之推論尙不能謂爲完整，關鍵仍在於行政程序法第 114 條第 1 項第 5 款之補正規定，是否確然得於本件情形有所適用？此一問題，當探究並參酌德國與法國制度之下對程序瑕疵所抱持之態度，方有進一步論述可能。

三、稅捐稽徵與行政程序之瑕疵補正

當稅捐稽徵機關在稅捐核課之程序中被要求遵守一定之程序規範之際，於法律制度中相對應而發生之問題，毫無疑問即此等稅捐稽徵行政程序之瑕疵（vice de procédure administrative; Fehler im Verwaltungsverfahren）所可能發生法律效果，經常在法律制度中與實體性質之瑕疵被分別處理[60]。按於法國與德國稅捐稽徵程序中，雖所適用之程序法律

價值尤其當事人之程序權利加以協調，實有賴進一步深入思考。參見葛克昌，納稅人之程序基本權：行政程序法在稽徵程序之漏洞，月旦法學，第 72 期，頁 36。

[60] G. Tournié, Apropos des vices de procédure en droit fiscal, RFFP, n°, p.193 et suivantes. 又於法國法上，學者進一步認爲程序瑕疵與實體性之瑕疵被分別處理、甚或容許一定程度之程序瑕疵補正，其法理基礎係來自法國新民事程序法典第 114 條第 1 項規定：「除非係違反重要之程式規定或違背公共秩序，無法律之明文規定，任何程序行爲均不得因其形式上瑕疵而被宣告無效（Aucun acte de procédure ne peut être déclaré nul pour vice de forme si la

規範並非完全一致，然就稅捐稽徵程序中所發生之程序瑕疵，均累積有相當之制度規範及司法案例。而在德法兩國之稅捐稽徵制度之中，大體上均容許稅捐稽徵機關於稽徵程序中所發生之程序或形式瑕疵，在一定條件之下得予以補正或承認其得與實體性之瑕疵為相異之處理[61]。例如德國租稅通則第 126 條即容許在一定條件之下將程序上之瑕疵忽視不予留意（unbeachtlich）[62]。而法國租稅程序法典第 L-80CA 條

---

nullité n'en est pas expressément prévue par la loi, sauf en cas d'inobservation d'une formalité substantielle ou d'ordre public.）」。P. Philip, Les droits de la défense face au contrôle fiscal, p.2. ; 而在稅捐稽徵程序中區分重大程序瑕疵與非重大程序瑕疵，而賦予其不同之效果，並未違反國家對納稅義務人公平處遇之義務，亦為法國憲法委員會所承認。Cons. Const. 29 Décembre 1989, Décision 89-268 DC, Loi de finances pour 1990. 在當然某些形式瑕疵可能會造成較為嚴重之直接效果，但在稅法領域中係屬例外，大體上除非後述法國租稅程序法典 L-80CA 條所規定之「重大程序瑕疵」，於法國稅捐稽徵法制上均被較為寬容地對待。必須特別指出者，乃此等態度與行政法總論所處理之程序瑕疵有相當大之出入，然本文為限縮爭點，尚請容在此捨而未論。至本文匿名審查人建議深入處理乙節，當容另文為之。又關於行政法總論所討論之程序瑕疵諸問題，可參見 R. Goy, La notion de détournement de procédure, Mélanges Charles Eisenmann, Cujas, Paris 1975, p.321-338.

61　故雖然程序和形式瑕疵亦為違法（rechtswidrig），然而其效果卻未如其餘實體性之瑕疵，而存有不同之可能性。R. Seer, Durchführung der Besteuerung, in Tipke / Lang, Steuerrecht, §21 Rz. 112.

62　特別指的是此等瑕疵已因嗣後之補正而得到治癒（Heilung）。與本文有關者為德國租稅通則 126 條第 1 句第 5 款之規定：「違反程序或形式規定之行為，而不構成本法第一二五條所稱無效之情形者，其瑕疵得因下列原因而被忽視：4.應參與之其他行政機關已嗣後參與者（Eine Verletzung von Verfahrens- oder Formvorschriften, die nicht den Verwaltungsakt nach §125

則規定：「（第一項）當納稅義務人提起行政爭訟，僅以稽徵程序中非重大之程序瑕疵（une erreur non substantielle）作爲其主張之唯一理由時，受理訴訟之法院得據以宣告免除滯納金及罰鍰（majorations et amendes），但排除本稅及遲延利息之適用（principal et des intérêts de retard）。（第二項）受理訴訟之法院，僅得在此等程序性瑕疵之內容侵害納稅義務人之防禦權（porter atteinte aux droits de la défense）、或法律或由法國締結之國際協定條文明文規定（expressément prévue）此等瑕疵發生無效之效果（la nullité）時，方有權宣告整體稅捐債務之免除[63]。」，均爲在稅捐稽徵程序法上

---

nichtig macht, ist unbeachtlich, wenn: 5. die erforderliche Mitwirkung einer anderen Behörde nachgeholt wird）」。

[63] 詳細說明，參見 P. Philip, Les droits de la défense face au contrôle fiscal, p.15 et suivantes. 又就本條規定之效果而言，其等於在實際之稽徵程序上容許稅捐稽徵機關針對非屬嚴重之程序瑕疵予以嗣後之補正（la régularisation）。不過，J. Grosclaude / P. Marchessou 認爲此一規定絕不能從單純的文義上觀察其效果，應該由法國中央行政法院歷來適用之情形觀察：此一補正之規定於實務上很少爲中央行政法院加以接受，一來是單純僅存在不嚴重之程序瑕疵之情形尚屬少見，二來則因法國中央行政法院有意識地透過判例補充「嚴重程序瑕疵」之內容，而擴張了納稅義務人在稅捐稽徵程序上受到保障之範疇（CE 8 févr. 1991, n° 61093, Cie William Gilet, Geillet, Rennepont; CE 8 févr. 1991, n° 69712, Lemonnier; CE 8 févr. 1991, n° 61025Association Capitale nationale de l'âge de l'illumination）。J. Grosclaude / P. Marchessou, Procédures fiscales, p.175. 更進一步之討論，則可參見 L. Ayrault, Le contrôle juridictionnel de la régularité de la procédure d'imposition, L'Harmattan, Paris 2004, 225 et suivantes. 另在訴訟上應特別注意者，乃該一條文係即刻可適用之法律（immédiatement applicable），法官在訴訟上被要求應依職權適用之，無待

容許瑕疵補正或為特殊處理之適例。然則此等稅捐稽徵程序瑕疵之補正，均存在有特定之前提要件。除德國法特別求強調應在事實審裁判作成（Abschluß der finanzgerichtlichen Tatsacheninstanz）前提出之外[64]，程序或形式瑕疵之補正尚存在有一德、法稅法學說上均承認之要件，**乃該等程序或形式瑕疵事項所涉及者並非重大之程序瑕疵**[65]。而以法國法之規定加以觀察，納稅義務人所提出主張之程序瑕疵倘若足以侵害納稅義務人之防禦權時，更足以被當作宣告稅捐稽徵機關所進行之課稅決定無效、整體租稅債務均被免除之事由[66]。

當事人之請求。CE 4 mars 1991, nᵒ 65834, Combecave, concl. N. Chahid-Nouraï, LPA 5 juin 1991, nᵒ 67, p.10 et suivantes.

[64]　§126 II AO; R. Seer, Durchführung der Besteuerung, in Tipke/Lang, Steuerrecht, §21 Rz. 112.

[65]　Hampel / Benkendorff 就此乃謂：「若干程序或形式上之瑕疵，得以根據德國租稅通則第 126 條之規定予以嗣後之治癒。這些瑕疵大部分均為不甚嚴重（nicht so schwerwiegendn）之瑕疵，納稅義務人雖亦就此等瑕疵提出主張請求撤銷或變更課稅處分，然則其所值得保護之利益（Rechtsschutzinteresse）甚為有限。」。Hampel / Benkendorff, Abgabenordnung, 4 Aufl., C. F. Müller Verlag, Heidelberg 2001, S.158. 就法國稅捐稽徵程序而言，程序瑕疵之「不嚴重（non substantielle）」相關論述則可參見 O. Fouquet, L'erreur non substantielle commise dans la procédure d'imposition: Conclusion d'affaire CE 10 mai 1991, nᵒ 68483, Ministre de l'Economie, des Finances et du Budget c/ M. Lespy Labaylette, LPA 10 juillet 1991, nᵒ 82, p.4-6.

[66]　故以反面推論之，僅有不嚴重之瑕疵方於法國稅捐稽徵程序中容許稅捐稽徵機關嗣後之補正。CAA Paris 7 oct. 1999, nᵒ 96803, Arnhold. 而所謂不嚴重，例如稅捐稽徵機關重核納稅義務人之申報，其納稅通知書漏未記載確實之作成日期等。CAA Bordeaux 25 juin 1991, nᵒ 13.

是以在如此之情形下,回歸基本之問題亦即所得稅法第 43
條之 1 所定「上級機關核准」程序得否補正,無法單純由法
條之規定適用問題解決,而必待進一步思考此等程序是否構
成重要之程序,方足以得知得否容許補正。

四、小結:所得稅法第 43 條之 1 所定程序,應不容許嗣後之補正

(一) 納稅義務人防禦權之尊重

判斷特定程序瑕疵與稅捐稽徵程序中得否被補正之標準
之一,既來自於瑕疵重要程度之判斷,則毫無疑問問題之關
鍵,集中於所得稅法第 43 條之 1 所定「**財政部核准**」程序
是否為重要之程序事項。而以法國稅制為例,此等事項重要
性判斷,首應檢視該一補正是否足以妨礙納稅義務人程序上
之防禦權[67]。蓋前述租稅程序法典 L-80 CA 條之規定,於稅
法上造成之最重大影響,乃將納稅義務人在程序上(此等程
序,包括稅捐稽徵稽徵之行政程序及租稅爭訟程序)[68] 所被
普遍承認之防禦權(les droits de la défense)成文化。所謂
「防禦權」於法國法制中係由判例長年累積之概念[69],並曾

---

[67] Voir L. Ayrault, Le contrôle juridictionnel de la régularité de la procédure d'imposition, p.373-390.

[68] L. Favoreu / P. Gaïa / R. Ghevontian / F. Mélin-Soucramanien / O. Pfersmann / J. Pini / A. Roux / G. Scoffoni / J. Tremeau, Droit des libertés fondamentales, 3e, Dalloz, Paris 2005, p.284.

[69] L. Favoreu / P. Gaïa / R. Ghevontian / F. Mélin-Soucramanien / O. Pfersmann / J.

由法國憲法委員會明確宣告其爲「共和國法律所承認之基本
原則[70]」，就具體之制度言之，此一權利之主要意旨在於確
保納稅義務人與稅捐稽徵機關二方在稽徵及調查程序中武器
之平等（l'égalité des armes）[71]，而在具體之制度上主要展
現於二方面要求，其一爲乃爲調查程序中對審原則（principe
de contradictoire）以及言詞辯論之適用[72]。亦即承認納稅義
務人爲租稅稽徵調查程序之主體、享有適時受稅捐稽徵機關
通知、在稅捐稽徵尤其調查程序中陳述意見、不受稅捐稽徵
機關突襲性調查之權利[73]。而在武器平等之程序要求下，納

Pini / A. Roux / G. Scoffoni / J. Tremeau, Droit des libertés fondamentales, p.125.
又應特別留意者，乃防禦權並非稅法領域所獨有，於法國行政法總論之範疇
中，自 CE 20 juin 1913, Téry 一案以來，法國中央行政法院即以歷次裁判形成
及補充此一概念之內涵，包括對辯式程序之普遍採行(CE Ass.12 octobre 1979,
Rassemblement des nouveaux avocats de France）、公開之言詞辯論（CE Ass. 4
octobre 1974, Dame David）、審判機關之構成應合法（CE Ass. 23 janvier 1948,
Bech）以及決定應附理由等項目 （CE Ass. 23 décembre 1959, Gliksmann），
均被納入防禦權之範疇之中。見 M. Long / P. Weil / G. Braibant / P. Delvolvé /
B. Genevois, Les grands arrêts de la jurisprudence administrative, 15ᵉ, Dalloz, Paris
2005, p.164-167.

[70] Cons. Const. 2 déc. 1976, Décision n° 76-70 DC, Loi relative au développement
de la prévention des accidents du travail.

[71] M. de Barbarin, De l'égalité des armes à l'équilibre des droits des parties en
matière fiscale, RRJ, n° XXX-109, p.1459 et suivantes.

[72] A. Bichon, Du débat oral et contradictoire au cours des contrôles fiscaux externes
à l'obligation de coopération de contribuable, DF 1999, p.1325. 尚應特別留意
者，乃此等言詞辯論之程序就營業人與一般非營業人之納稅義務人尚有所區
別。

[73] 突襲性調查（contrôle inopinées）之禁止，來自於法國租稅程序法典第 L-47

稅義務人得享有於稽徵調查程序中選任稅務顧問或代理人以便適時主張權利之權限、提出防禦方法及相關證據資料等等[74]。此在法國稅捐稽徵領域之中所引伸出之具體制度，經常成為法國中央行政法院審理相關訴訟案件主要之爭點所在。則在此一理解之下，本件倘若容許稅捐稽徵機關以補正程序補正所得稅法第 43 條之 1 所規定之財政部核准程序，不僅涉及納稅義務人重要程序利益之剝奪，亦無法於行政程序中適時主張其權利，其在課稅決定已作成之後方陳報上級機關之財政部，更足以在課稅程序中對納稅義務人造成**程序上無從預期之突襲**[75]。故在防禦權作為程序基本權之重要要素之前提下，本件最高行政法院判決容許稅捐稽徵機關補正財政部核准之程序瑕疵，毫無疑問完全剝奪納稅義務人在行政程序中所受之程序保障、置納稅人於重大之程序上不利益地

條規定：「（第一項）於書面通知未事先送達或提示之情形下，對個人所得稅有關之個人事項之調查或對會計帳簿之稽核，不得進行之。（第二項）該書面通知應詳載受調查之年度，並載明受調查之納稅人有權利選任稅務顧問加以協助，否則程序無效。」，實務上對此見解參見法國中央行政法院 CE 7 mai 1982, n°18-920, Ministre du Budget c/ Rollet 一案，以及 J.-P. Mattei, L'effet relatif des vices de procédure lors de la mise en œuvre des garanties du contribuable vérifié, PUAM, Aix-en-Provence 2002, p.25.

[74] L. Philip, Le procès équitable dans la jurisprudence du Conseil constitutionnel, RFFP, n°83, Septembre 2003, p.11-12.

[75] 此等突襲於法國稅法上所造成之效果為程序無效（nullité de la procédure）。 J.-P. Mattei, L'effet relatif des vices de procédure lors de la mise en œuvre des garanties du contribuable vérifié, p.25. 就我國稅制而言，解釋上應解為無法治癒之瑕疵，方足體現憲法保障納稅人程序權利之本旨。

位，當已構成**重大之程序瑕疵**，而不存在補正之可能性。

㈡ 所得稅法第條 43 之 1 規範意旨之再思考

　　猶如本文前段所述，在稅法領域之中，納稅義務人從事不合常規之營業活動藉以規避可能之稅捐債務，為各國稅制均難以避免之現象。雖在法制上，若干國家針對租稅規避之脫法避稅行為設置有一般性或個別性之租稅防堵措施[76]，然而必須承認者，乃在於此等防堵措施之存在並**無解於稅捐稽徵實務中納稅義務人與稅捐稽徵機關之間針對特定行為是否構成稅捐債務之規避所發生之諸多爭議**，亦無礙於稅捐稽徵救濟案件中，因「不合常規」或其他規避稅捐之事由遭稅捐稽徵機關否認之後所發生之爭訟案件[77]。為解決此一爭執之可能性，或降低徵納雙方因「不合常規」之認定所導致之爭訟可能性，乃有若干國家法制採取特殊之處理程序，法國稅制即為一例。按於法國稅制之中，納稅義務人從事不合常規之營業，屬稅法上權利濫用（abus de droit）之一種[78]，亦即與德國法所稱之「濫用法律上形成可能性（Missbrauch von Gestaltungsmöglichkeiten des Rechts）」在內容上相當，意

---

[76] 當中最有名之防堵措施，當為德國租稅通則第 42 條第 1 句之規定：「稅法不因濫用法律之形成可能性而得規避其適用。於有濫用之情事時，依據與經濟事件相當之法律形式，成立稅捐請求權」。譯文參見黃俊杰，稅捐基本權，元照出版，2006 年，頁 145。

[77] P. Serlooten, DF 2007, n° 12, p.6.

[78] 關於法國稅法上所稱之權利濫用，參見 M. Bouvier, Introduction au droit fiscal général et à la théorie de l'impôt, 5ᵉ, LGDJ, Paris 2003, p.51.

味著納稅義務人透過刻意安排之交易關係，迂迴規避稅捐構
成要件之合致。然納稅義務人想像力無窮，而稅法領域所強
調之合法性原則[79]意味著重要之構成稅捐構成要件應以形式
意義之法律加以規範，事實上反而提供了蓄意規避此等要件
之納稅義務人相當之想像空間。在稅捐稽徵程序上，**為避免
或至少某種程度地消弭納稅義務人與稅捐稽徵機關間針對權
利濫用是否成立之爭執**，特別在法國租稅程序法典 L-64 條
設有特殊之處理程序：「（第一項）納稅義務人不得藉由下
列各款行為隱藏契約之真實內容而用以對抗稅捐稽徵機關：
a. 其行為足以導致應納之契稅（droits d'enregistrement）以
及土地登記稅（taxe de publicité foncière）之短徵。b. 或其
行為足以導致交易實際內容被隱藏、或所得或利益被移轉。
c. 或其行為足以因契約之履行，導致針對營業額所徵稅捐
（taxes sur le chiffre d'affaires）可能因之全部或一部被逃漏
者[80]。（第二項）針對前項行為，稅捐稽徵機關有權根據交

---

[79] 租稅合法性之要求在我國法制上經常被稱做「租稅法律主義」或者「稅捐法
定主義」。在稅捐課徵所應具備之法安定性考量之下，主要要求者乃課人民
以義務之法律規定，其構成要件應由國會以具備一定程度明確性之法律加以
規範。參見黃茂榮，稅捐法定主義，收錄於「法律的分析與解釋：楊日然教
授紀念論文集」，元照出版，2006 年，頁 313 以下。

[80] 本款所稱「對營業額課徵之稅」於法國稅制中所指涉者主要為加值稅
（TVA）。而應特別留意者，乃於法國稅制中不合常規交易基本上被當作
稅法上權利濫用之特殊類型；本條規定固可能適用於加值稅領域，然不合常
規交易則否。參見黃源浩，論進項稅額扣抵權之成立及行使，月旦法學第 140
期，頁 101 註 54 之說明。

易之真實情況加以否認。於納稅義務人與稅捐稽徵機關對於此一認定見解不一致之際，納稅義務人得請求將其案件提交與『權利濫用案件諮詢委員會』（à l'avis du comité consultatif pour la répression des abus de droit）加以決定。稅捐稽徵機關亦有權針對被列入年度報告書（un rapport annuel）之決定提起爭訟。（第三項）倘若稅捐稽徵機關對前述委員會之決定不服者，其應對繫爭案件之剔除重核具正當理由負舉證之責（Si l'administration ne s'est pas conformée à l'avis du comité, elle doit apporter la preuve du bien-fondé de la rectification.）」，其中以「權利濫用案件諮詢委員會」[81] 作為判斷特定案件中稅捐稽徵機關所為之權利濫用認定之主體，其意旨即在於透過公正之第三人判斷稅捐稽徵機關之決定是否妥適，並進而確保納稅義務人得於法庭程序之前享有充分之行政程序保障，並有效行使其防禦權：而其根本之原因，實來自於權利濫用之防杜規定，於稅捐稽徵實務上容易引起重大爭執之故[82]。

　　在此一理解之下，本文認為我國所得稅法第 43 條之 1 有關「報經財政部核准按營業常規予以調整」之規定，與前述法國租稅程序法典 L-64 條之程序規定，實有殊途同歸之

---

[81] 該委員會之成員係由國家稅務顧問、最高法院（la Cour de cassation）及大學法律系或會計系教授所組成，性質上相當近似於仲裁解決。M. Bouvier, Introduction au droit fiscal général et à la théorie de l'impôt, p.51.

[82] Voir M. Bouvier, Introduction au droit fiscal général et à la théorie de l'impôt, p.51.

效果。按特定交易是否構成不合常規營業，既在實務上判斷困難且容易引其爭執，又復為稅法領域中經常可見之重大爭執。因此，所得稅法 43 條之 1 所定之報經財政部核准程序，乃係為使財政部以公正機關之地位，認定下級之稅捐稽徵機關有無濫行認定之情事，推理上應認為此時財政部之地位已非單純之行政上上級機關，而足以構成構成大法官釋字第 491 號解釋所稱之「**機關內部組成立場公正之委員會決議**」[83]，其目的在於降低因稅捐稽徵機關適用所得稅法第 43 條之 1 所稱「不合常規營業」於稽徵實務上所可能造成之重大爭議，並緩和在租稅法律主義之下，稅法規範未能謹守構成要件嚴格法律保留之要求所可能發生之合憲性爭議[84]。是故，其制度目的**功能上當與大法官釋字第 491 號解釋所揭示之「立場公正之委員會」相符**。在此一理解之下，所得稅法第 43 條之 1 有關報經財政部核准之程序，即非行政程序法第 114 條第 1 項第 5 款所規定之「他機關之參與」可比擬，涉及重要之當事人程序利益保障，根本不具補正之可能性[85]。

---

[83] 參見大法官釋字第 491 號解釋所揭示之正當程序之基本要求：「……作成處分應經機關內部組成立場公正之委員會決議，處分前並應給予受處分人陳述及申辯之機會，處分書應附記理由，並表明救濟方法、期間及受理機關等，設立相關制度予以保障。……」。

[84] 在此可參見黃茂榮教授之見解：「法律明確性之要求在稅捐法上所涉及者，主要為是否容許適用過度不確定之概念及概括條款的問題」。黃茂榮，稅捐法定主義，收錄於「法律的分析與解釋：楊日然教授紀念論文集」，元照出版，2006 年，頁 320。

[85] 就本件而言，實隱藏著一個推理上的前提問題必須在此加以說明。在納稅義務人不服第一次課稅決定提起救濟獲得勝訴之撤銷判決後，案件發回原處分

機關另爲處分，則理論上原處分已因終局確定判決之形成效力而遭撤銷，稅捐稽徵機關此時所爲之「另爲處分」，推理上應爲另一課稅新處分，則此時報請財政部核准怎會是「補正」之程序？此一問題所涉及之事項實爲近年來最高行政法院相關案件之另一重大爭議，亦即納稅義務人提起撤銷訴訟勝訴後，遭撤銷之「原處分」究竟爲「原課稅處分」抑或「復查決定」之問題。就此，稅捐稽徵機關主張係復查決定被撤銷（則邏輯上，原課稅處分仍然存在），此可參見財政部 82.7.21 台財稅第 821491819 號函謂：「行政救濟撤銷重核，其所撤銷者，係指撤銷復查決定之處分，故原處分仍然存在。」。此一問題經司法院舉辦「各級行政法院 91 年度行政訴訟法律座談會法律問題」第十六則被提出，然並未獲致解決，其研討結果僅謂「參照高等行政法院裁判例稿格式爲記載」。本件最高行政法院 96 年度判字第 1369 號判決理由㈠指出：「本件原審法院 92 年度訴更字第 59 號判決僅是撤銷被上訴人之復查決定，至原核定處分則未經撤銷」，即採財政部前述見解，將裁判撤銷之客體限定於復查決定，原處分不與焉，方在邏輯上發生前述之「補正」問題。然則必須強調者，乃前述財政部 82.7.21 台財稅第 821491819 號函不僅結論詭異、亦在比較法上對撤銷訴訟之理解容有殊誤。首參德國行政法院法 113 條第 1 句前段規定：「在行政處分違法並侵害原告權利之範圍內，法院應撤銷原行政處分及相關訴願決定」，即已明白指出當事人提起撤銷訴訟獲得勝訴判決時，原處分及相關救濟之行政決定均在撤銷之列，焉有「原處分仍然存在」之理？法國行政訴訟法制爲行政訴訟中撤銷訴訟之鼻祖，試看 C. Debbasch / J.-C. Ricci 對越權訴訟（撤銷訴訟）勝訴判決效力之說明：「（當事人一旦獲得勝訴判決）撤銷之內容具有溯及之效力，也就是說，被撤銷的行政行爲原則上會被當作從來沒有發生過（L'annulation a une portée rétroactive, c'est-à-dire que l'acte annulé est réputé n'avoir jamais existé）」。C. Debbasch / J.-C. Ricci, Contentieux administratif, 8ᵉ, Dalloz, Paris 2001, p.824. 無論如何，在比較法制上似不存在撤銷訴訟勝訴後「原處分仍存在」之怪例，以法國法而論，其亦僅承認溯及效力可能在某些例外情形中有所限制（參 C. Debbasch / J.-C. Ricci, Contentieux administratif, p.826-827.）。本文旨在闡釋所得稅法第 43 條之 1 所定程序不得補正，然亦必須特別指出此等裁判「原核定處分則未經撤銷」見解之值得商榷，尚祈讀者留意。又本文匿名審查人建議針對此節移至內文處理，然慮及行文流暢及此等問題之屬性較傾向行政救濟程序問題，作者仍傾向維持本註解，並待來日另文探討之。

伍、結論

一、最高行政法院 96 年度判字第 1369 號判決，所涉及之爭點雖屬繁多，然其中於我國稅法制度發展具有重要意義者，來自於「租稅天堂」此一概念在裁判推論上之使用，以及涉及所得稅法第 43 條之 1 之「報經財政部核准」程序規定，得否嗣後補正此二主要問題。其中「租稅天堂」此一概念之使用，為近年來我國最高行政審判機關在相關判決推論中少見之現象。所意味者不僅為最高行政法院在稅法方法論上之突破，更隱示著面對全球化之租稅競爭新秩序，最高行政法院對於新興之交易關係及交易技術之更迭，持有與時俱進之關心態度，誠值肯定。然則此等態度所不能解決者，乃此等有欠明確之法律概念在稅法案件中使用所可能帶來之高度風險。「租稅天堂」係一高度不確定之概念，所得稅法第 43 條之 1 所規定之「不合常規交易」亦然。以此一不確定概念去解釋、補充另一不確定概念，可謂最高行政法院在本案判決中首先值得深思之處。蓋納稅義務人運用租稅天堂等規避稅捐負擔之脫法行為固應予以相當之規制抗衡以維持課稅公平之憲法誡命，然此等規制抗衡措施於法律上恐宜採行更進一步之細緻推論，方為正辦。尤其最高行政法院不僅為終審之最高審判機關，更為引領行政法制發展重要之推力。於法律上更加細緻具說服力之推論，實為整體財稅法制中所殷殷寄望於最高行政法院者。

　　二、稅捐稽徵法與行政程序法之適用關係，自行政程序法施行以來向爲我國實務與學說上爭訟不止之處。尤其針對程序上不利益於納稅義務人之事項，得否在稅捐稽徵程序未有明文規定之情形下，援用行政程序法之規定而對納稅義務人作成不利益之程序決定？最高行政法院於 96 年度判字第1369 號判決之中雖採行肯定見解，然此一見解實容有進一步探求其妥當性之空間。尤其就行政行爲之程序瑕疵而言，容許稅捐稽徵之行政機關對程序瑕疵加以補正，固在行政程序上有其程序經濟及便利機關因應大量行政需求之功能。然則**此等瑕疵之補正，應以不影響及於納稅義務人受到保障之重要程序權利爲其前提**。因此，本文認爲所得稅法第 43 條之 1 所規定之「上級機關核准」程序，既係屬不合常規交易關係認定過程中之重要程序，在推理上當不容稅捐稽徵機關以嗣後補正之方式治療此等程序瑕疵，而非如本件上訴人及納稅義務人方所主張之「**已逾法律所容許之期間**」。尤其所涉之事項，解釋上既爲我國大法官釋字第 491 號解釋所稱正當程序之基礎要求，此時在法律制度中所應考量者，恐爲更具有憲法上優位價値之納稅義務人程序利益，而非行政機關之作業便利或程序經濟。在此一理解之下，於我國法制之中儘速**透過司法造法，建立程序瑕疵得補正與不得補正之判斷標準**，恐爲最高行政法院作爲有權之最高行政審判機關，在法制上所不可迴避之任務焉！

論經營管理不干涉原則：

中國企業所得稅法第 47 條規範意旨之再思考

關鍵詞：企業課稅、租稅規避、租稅中立、一般反避稅條款、不干
涉原則、常規交易義務

壹、緒論：問題之提出

中華人民共和國企業所得稅法（以下稱「中國企業所得稅法」）第 47 條規定：「企業實施其他不具有合理商業目的的安排而減少其應納稅收入或者所得額的，稅務機關有權按照合理方法調整[1]。」以及同一立法程序中所提出之相關反避稅條款規定，乃中國企業所得稅法立法過程之中，最引發矚目及討論之多數條文之一[2]。按納稅義務人想像力無窮[3]，作為納稅義務人之企業亦然。如何透過各種直接或間接之安排，使其在稅法上所負擔之稅捐債務極小化、獲致最有利之租稅利益，乃現代稅法制度中不可避免之常見現象。此等手段，倘若合乎稅法規範之意旨，固無可厚非。然則倘若納稅義務人所使用之手段，經常可能為違法之漏稅或曲意之規避，乃在各國稅制之中，造成相當之困難。在此一理解之下，針對企業於交易關係中透過故意安排而不合交易常規之經營活動加以規制、俾免其脫漏應納稅額進而影響及於租稅公平

---

[1]　內文標楷體部分乃作者為特別提請讀者留意所加，以下同。

[2]　http://finance.people.com.cn/BIG5/6646356.html最後查閱日：2008 年 4 月 2 日。此等反避稅規範，包括同法第 41 條轉讓訂價交易之避稅防杜、第 45 條之受控外國公司交易避稅防杜以及第 46 條之資本弱化避稅防杜規定等個別類型化之防杜規定，在規範體系上形成了類似總綱／分則式的規範關係，殊具特色。

[3]　J.-J. Bienvenu / T. Lambert, Droit fiscal, p.61-62. 另見 CE 6 oct. 1982, n° 25080, concl. Schricke.

之實現，乃成爲各國企業稅法與稅制之中，均一體面臨之議題。在此一理解之下，納稅義務人利用迂迴之經濟上刻意安排以獲取稅捐利益之租稅規避現象，即成爲眾多國家企業稅制之中均所存在之規定。就此意義而言，中國企業所得稅法第 47 條之規定，被學者當作「**一般反避稅條款**」（General Anti-Avoidance Rule; la clause générale pour la lutte contre l'abus de droit en droit fiscal）之規定，其來有自[4]。就此而言，一般反避稅規定之存在經常意味著納稅義務人在此等規定之

---

[4]　瞿繼光，中華人民共和國企業所得稅法第 47 條立法主旨說明，收錄於劉劍文主編，「中華人民共和國企業所得稅法」條文精解與適用法律出版社，北京，2007，頁 290。然在此存在一推理上之前提問題，蓋瞿著解說基本上將此一規定與德國租稅通則第 42 條規定：「稅法不因濫用法律之形成可能性而得規避其適用。於有濫用之情事時，依據與經濟事件相當之法律形式，成立租稅請求權。」等同而視。實則德國租稅通則適用之範圍不僅限於企業所得稅，亦包括依據德國聯邦法（Bundesrecht）歐體法（Recht der Europäischen Gemeinschaften）以及德國基本法第 108 條所謂之「得由聯邦或各邦稅捐稽徵機關所管理（durch Bundes oder Landesbehörden verwaltet werden）」之其他各種稅目，射程範圍顯然遠大於中國企業所得稅法第 47 條規定。參見 Hampel / Benkendorff, Abgabenordunug, 4 Aufl., C. F. Müller, Heidelberg 2001. S.8-9。又中國企業所得稅法第 47 條規定既規定於企業所得稅法之中，其性質當與本文後述法國租稅程序法典 L 64 條第 1 項及第 2 項前段之規定較爲相近：「（第一項）納稅義務人不得藉由下列各種行爲隱藏契約之眞實內容而用以對抗稅捐稽徵機關：a. 其行爲足以導致應納之契稅（droits d'enregistrement）以及土地登記稅（taxe de publicité foncière）之短徵。b. 或其行爲足以導致交易實際內容被隱藏、或所得或利益被移轉。c. 或其行爲足以因契約之履行，導致針對營業額所徵稅捐（taxes sur le chiffre d'affaires）可能因之全部或一部被逃漏者。（第二項前段）針對前項行爲，稅捐稽徵機關有權根據交易之眞實情況加以否認。」得否亦當作一稅法上一般性之避稅防堵規定，容有思考空間。

下具有一定程度之常規**交易義務**，應在合乎一般經營原則之
情形下從事交易活動，否則其行爲即可能爲稅捐稽徵機關解
爲意圖規避稅捐之行爲，而遭稅捐稽徵機關動用此等反規避
條款規定加以調整或否認納稅義務人租稅申報之內容。然
而，稅法制度牽一髮動全身。常規交易義務之存在固有其稅
制上現實之必要性，然行使稅捐稽徵權力之國家機關，其地
位究竟與私法上之債權人不同[5]，在法律上所受到之拘束亦
有所不同[6]。在此等理解之下，常規義務之存在，得否視作
單純之法規範之適用問題而將之以稅法直接規定即欲獲得推
理上之基礎，首即不無疑問。而進一步言之，納稅義務人於
憲法上不僅有負擔公共財政支出之義務[7]，更享有受憲法保
障之各項基本權利，尤其財產權與營業自由。從事不合商業
常規之交易活動，在此一層面上亦不失爲此等自由權利之展
現[8]。然而，納稅義務人所享有之基本權並非不得加以限制，

---

[5] 此等問題所涉及者，乃國家做爲租稅債務之受償主體，與私法上債權人之差
異等問題。相關問題在法國稅法上之討論說明，略可參見拙著，法國租稅債
務清償之基本問題，財稅研究，第 39 卷第 5 期，頁 201 以下。

[6] 此等拘束舉其大者，就憲法層面而言受其基本權保護義務之拘束；就法律層
面而言目前述保護義務之存在，乃使稅捐稽徵之法律關係經常不若私法債權
得以聽由當事人自由處分，而以羈束而非裁量之法律關係爲主。Voir L. Philip,
La limitation du pouvoir de l'administration fiscale, « Droit fiscal constitutionnel »,
Economica, Paris 1990, p.75 et suivantes.

[7] P. Delvolvé, Le principe d'égalité devant les charges publiques, LGDJ, Paris 1969,
p.3-29.

[8] 就所有權而言，其積極權能包括對財產之使用、收益及處分；消極權能包括
排除他人（包括國家權力）對所有者地位之侵害。而營業自由乃以契約自由

僅需在合乎一定程度之公益因素、以合乎比例原則之方式以法律或經授權之命令爲之。此等基本權利之限制及租稅公平之實現，實構成現代稅法制度中難以迴避之基本問題。而在此一意義之下，法國稅法稅制透過中央行政法院之裁判，以「經營管理之不干涉」以及「脫法避稅行爲之否認／常規交易義務之承認」兩大思考主軸，完整地形成了在企業所得稅法領域中各種價值之基本理論體系，乃有其獨樹一格之論理上特徵[9]。值此中國企業所得稅法完成立法程序、引入企業稅制中抗制不合常規交易之相關反規避規定以及將常規交易義務明文化之際，介紹並說明法國法制中關於常規交易義務之相關法制論述以及「經營管理不干涉」原則，有其瞭解企業稅法稅制之基本原則、預爲中國企業稅制所可能面臨問題預作準備、並重新思考中國企業所得稅法有關抗制非常規交易之租稅規避法制之意義，而爲本文問題意識之所在焉。

爲基礎，容許交易關係之當事人自由決定締約對象、交易條件及交易內容。在此一意義之下，即便交易條件不合於市場「常規」，亦難否認納稅義務人透過此等交易所展現之基本權利之行使。V. M. Cozian, La théorie de l'acte anormal de gestion, Les grunds principes de la fiscalité des entreprises, p.91 et suivantes.

[9] Juris Classeur Fiscal Impôts directs Traité > Fasc. 226-20: BÉNÉFICES INDUSTRIELS ET COMMERCIAUX. - Définition du bénéfice imposable. Principes généraux. - Acte de gestion anormal > I. - Notion d'acte de gestion anormal.

貳、法國稅法上常規交易義務之確立

一、概說：常規交易義務之來源

　　按企業所得稅雖亦為所得稅（l'imposition des revenus）之一種，然在基礎法制及規範主體上，與個人所得稅有別：其不採取以個人或家戶（le foyer fiscal）為規範對象之立法，而係以從事營利活動之企業或盈利主體為對象，針對其盈利活動之結果行使課稅權力[10]。負擔納稅義務之企業既以盈利為目的，則盈利愈多者，所負擔之稅捐債務即愈多，即便企業所得稅制大體上少有採取累進稅率者亦然。在此一基礎之下，負擔納稅義務之企業透過刻意之迂迴安排，以特定交易規避其應納稅額、降低其應稅所得，乃成為各國稅制之中均難以避免之現象。此等規避手段，在稅法領域之中經常被稱作「不合常規交易」（l'acte anormal de gestion），乃指從事營業活動之納稅義務人就其申報之應納租稅尤其所得稅被發現其交易活動有異於市場「正常」交易之情形：例如以

---

[10] 是故，其亦不存在如個人所得稅之維持基本生活之最低收入不課稅原則。V. P. Devolvé, Le principe d'égalité devant les charges publiques, p.83. 當然，其應納稅額之淨利計算，乃以減除營業活動所必要之相關成本費用為其前提，如法國租稅總法典（CGI）第 39 條即訂有「淨利之計算應扣除一切費用（le bénéfice net est établi sous déduction de toutes les charges）」之規定。J.-J. Bienvenu / T. Lambert, Droit fiscal, p.262-275.

顯然不相當或偏離市場行情之價格故意貴買賤賣、提供不正常之無息貸款（les avances sans intérêts）[11] 或其他利益，以達到將應稅利益移轉於其他納稅主體或降低應納稅額之目的[12]。或者如 J.-L. Médus 所指出者，乃「**使得公司企業增加經營上負擔或者剝奪其營收而未有相當之對價。或如近期所展現者，包括若干使企業承擔過度風險者，均可謂不合常規**（celui qui expose la société à une charge ou la prive d'une recette sans contrepartie, quelques décisions récentes semblant même considérer que l'acte excessivement risqué serait anormal[13]）。」。出於租稅公平、實現國家財政高權之考量，稅捐稽徵機關亦得依據市場正常交易之狀況以剔除重核該申報稅額[14]。就此而論，台灣所得稅法第 43 條之 1：「營利事業與國內外其他營利事業具有從屬關係，或直接間接為另一事業所有或控制，其相互間有關收益、成本、費用與損益之

---

[11] M. Cozian, Les avances sans intérêts, JCP E/A, n° 48, 1995, 508.

[12] M. Cozian, La théorie de l'acte anormal de gestion, « Les grands principes de la fiscalité des entreprise », p.91 et suivantes.

[13] 其亦特別強調，不合常規交易之概念於法國法上係由判例首於稅法領域內形成，嗣後亦廣為商法領域所採用。J.-L. Médus, Bons de souscription autonomes, options sur titres: considérations fiscales, JCP E/A, n° 11, 1996, Docunent 60-65.

[14] CE 7 juill. 1958, n° 35977, DF 1958, comm. 938. 就我國法制言，此亦可參見行政法院 80 年判字第 328 號判例：「原告以低於其他銷售對象甚鉅之價格，將產品回銷某商會，貴買賤賣，且經被告機關查明原告自七十一年至七十五年之情形均屬相同，故其非短期利用閒置資產所為之權宜措施，係以長期低於成本之價格回銷某商會，致發生鉅額虧損，自與營業常規不合。原處分依所得稅法第四十三條之一規定，按營業常規予以調整，並無違誤。」。

攤計,如有以不合營業常規之安排,規避或減少納稅義務者,稽徵機關為正確計算該事業之所得額,得報經財政部核准按營業常規予以調整。」、前引(參本文註解四)法國租稅程序法典 L 64 條第 1 項、以及中國企業所得稅法第 47 條所規定:「企業實施其他不具有合理商業目的的安排而減少其應納稅收入或者所得額的,稅務機關有權按照合理方法調整」。雖在文字上有所出入、程序上繁簡有別[15],大體上均為針對納稅義務人以刻意迂迴安排之不合常規交易以圖規避應納稅捐所採取之抗制措施。在此一意義之下,從事營業活動之納稅義務人在企業稅制之中,乃普遍受有一納稅義務以外之義務之拘束,即所謂「常規交易之義務」。

二、常規交易義務與法院對企業申報減除項目之審查

常規交易義務作為稅法上之義務,首先必須指出者,乃其效果並非構成民法上所稱之強行禁止規定。納稅義務人違反常規交易義務而締結契約從事特定交易,其私法上效果原則上並不因違反稅法上之義務而有所影響[16]。進一步言之,此等義務之存在主要僅得由國家機關基於其公法上債權人之

---

[15] 台灣所得稅法訂有「報經財政部核准」程序、法國租稅程序法典 L 64 條則訂有類似仲裁程序之特殊救濟程序,均足以說明行使此類手段在程序上之慎重。其中有關法國救濟程序,參見拙著,法國租稅救濟法制基本問題,財稅研究第 37 卷第 4 期,頁 160 以下之說明。

[16] Voir J. Pujol, L'application du droit privé en matière fiscale, LGDJ, Paris 1987, p.75-76.

地位加以主張，而得以由稅捐稽徵機關在公法債權可能因納稅人之異常行為受損之際加以主張[17]。不獨如此，「**常規交易義務**」之存在並非意味著所有交易上罕見之「**異常**」條件均在稅法禁絕之列[18]。於過去數十年之法制發展中，法國中央行政法院透過裁判指出常規交易義務之存在並非意味著「異常」交易條件之禁絕，而主要在於對抗故意貶損納稅義務人應稅利益、除租稅利益外別無其他正當商業考量之交易活動。就此，法國中央行政法院乃指出：「鑑於，為適用法國租稅總法典第 38 條之規定……，僅有在將納稅義務人從事之行為或交易『**非出於滿足企業所需，或一般而言非為企業利益所用**』這類交易排除在外時，方得為之。在前述該等條件之下，此類交易不得視為企業之正常交易活動（Considérant que, pour l'application des dispositions de l'article 38 du CGI... seuls peuvent ne pas être pris en compte les actes ou opérations qui ont été réalisés à des fins autres que celles de satisfaire les besoins ou, de manière générale, servir les intérêts de l'entreprise et qui, dans ces conditions, ne peuvent pas être regardés comme relevant d'une gestion normale de celle-ci...) [19]。」而就此應特別留意

---

[17] 主要係稅捐稽徵機關得以剔除或調整此等交易所造成之租稅申報上效果。J.-J. Bienvenu / T. Lambert, Droit fiscal, p.207.

[18] Voir M. Van Beirs, Spéculer est-il anormal?, Mélanges John Kirkpatrick, Bruylant, Bruxelle 2004, p.915 et suivantes.

[19] CE, sect., 1er juill. 1983, req. n° 28315: Dr. fisc. 1984, n° 5, comm. 148, concl. P. Rivière.

者，乃法國稅捐稽徵實務中針對納稅義務人營業活動之不合常規，法國中央行政法院更在 1960 年代即提出一廣受引用之說明:「應由企業承擔或足以減損其收入之費用或損失中，**無法被證明該等損失或費用之發生係基於企業營業之商業上正當利益者**（les intérêt de l'exploitation commerciale）[20]」。甚至在法國租稅總法典的某些規定之中，吾人亦得以見得針對若干特別類型的不合常規交易設有特別規定。例如，在法國租稅總法典第 39 條第 1 項第 4、7 款中，即要求納稅義務人所申報之交易成本費用以及所使用之勞務「乃以與經營活動有直接利益關連者爲限（exposées dans l'intérêt direct de l'exploitation）」。同時，爲避免法國企業向外國政府或公權力機構行使賄賂（la lutte contre la corruption d'agents publics étrangers），此等非屬交易上常規之必要支出，亦不在得以減除之營業成本費用之內（參見法國租稅總法典第 39 條 bis2）。在此一理解之下，常規交易義務於法國企業課稅領域，主要係透過對納稅義務人所從事租稅申報項目，包括成本、費用、利潤等事項之調整而有效展現[21]。

---

[20]　Concl. Poussière sur CE 5 janv. 1965, n° 62099, DF 1970, p.23; cité par P. Serlooten, Liberté de gestion et droit fiscal: la réalité et le renouvellement de l'encadrement de la liberté, DF 2007, p.10.

[21]　J.-J. Bienvenu / T. Lambert, Droit fiscal, p.207. 另見 CE 9 nov. 1990, n° 35185, concl. Chahid-Nouraï.

參、法國稅法與企業經營 管理之不干涉原則

一、概說：常規交易原則在憲政國家所面臨之推論上 困難

納稅義務人在交易關係中透過刻意之安排，以不合於營業常規之交易條件從事交易活動，俾規避可能發生之租稅債務，所引起之不合常規交易規制問題已如前述。然則，在稅法制度之中，權利義務關係之相關規範並非單純透過國會立法即得以完全有所規制。納稅義務人作爲基本權之主體，享有營業自由（liberté d'établissement）[22]；其所從事之交易活

---

[22] CJCE 28 janv. 1986, aff. 270/83, Commission c/ France; CJCE 28 avr. 1977, aff. 71/76, Thieffry. 另需特別留意者，乃於法國法制中營業自由與「從事工商業之自由」（la liberté du commerce et de l'industrie）容有若干細微之差異，後者更強調者，乃企業自由競爭之市場地位；而契約自由則被當作係營業自由之具體展現。針對此等概念之比較及深入說明，參見 L. Favoreu / P. Gaïa / R. Ghevontian / F. Mélin-Soucramanien / O. Pfersmann / J. Pini / A. Roux / G. Scoffoni / J. Tremeau, Droit des libertés fondamentales, 3e, Dalloz, Paris 2005, p.216 et suivantes. 就此，本文原則上採用內容較爲寬泛之「營業自由」說明規制移轉訂價交易之困境，然該等前提概念之深入討論及說明，仍待另文爲之。又應特別留意者，乃 P. Serlooten 教授之見解。氏以爲此等問題均係由民法上所承認之契約自由所衍生，營業自由其實可謂契約自由在稅法或商業法制中之表現；倘若以納稅義務人選擇以不同之交易活動以達成節稅或其他效果而論，則以「經營管理之自由」（liberté de gestion）較爲適合。Voir P. Serlooten, Liberté de gestion et droit fiscal: la réalité et le renouvellement de

動享有契約自由（liberté contractuelle）[23]，在此等自由權利
為憲法所明文承認之前提下，吾人必須追問：何以納稅義務
人所從事之不利益交易或「不合常規交易」，有加以禁止之
理由？雖說人民在憲法上所享有之基本權並非不得在合乎一
定條件之前提下加以限制，然此等限制除合乎比例原則（le
principe de la proportionnalité）之外，更經常牽涉者為憲法
領域中各種價值（valeur constitutionnelle）之取捨協調[24]。
片面強調納稅義務人負有常規交易義務而忽略此等價值協調
之法制，實際上只是將稅法規定當作剝奪財產權利之藉口而
已，不僅忽略了納稅義務人在整體稅制中所享有之主體地位
[25]，更與現代法治國家之基本要求容有出入。在此理解之下，

---

l'encadrement de la liberté, DF 2007, p.6.

[23] N. Gharbi, Le contrôle fiscal des prix de transfert, p.37-63. 必須特別指出者，乃
法國中央行政法院近期關於營業自由之限制相關裁判，常有受學者質疑，認
與歐洲法院強調營業自由之維護態度有所出入者。參見 F. Dieu, Les disposition
de l'article 164 C du CGI sont-elles contraires aux principes communautaires de
liberté d'établissement et de liberté de circulation des capitaux? DF 2006, p. 839
et suivantes. 由此可知，歐洲法院之態度，恐為法國法制中對此等國際間資
本流通所造成之相關問題之解決，具有決定性之重要變數。

[24] V. P. de Montalivet, Les objectifs de valeur constitutionnelle, Dalloz, Paris 2006,
p.14 et suivantes. 另關於比例原則作為課稅權力之界限，參見拙著，從絞殺
禁止到半數原則：比例原則在稅法領域之適用，財稅研究第 36 卷第 1 期，
頁 161 以下。而在法文法學文獻中，E. Willemart 亦指出：「在徵收稅捐之
際，立法者應尋求其所欲保護之法律利益與其他利益間之均衡。尤其其他利
益經常亦為立法者在稅法以外之其他法律依其權限加以保護。」E. Willemart,
Les limites constitutionnelles du pouvoir fiscal, Bruylant, Bruxelle 1999, p.32.

[25] 直言之，乃納稅義務人於稅制中所展現之公民圖像（figure de la citoyenneté），
非僅忍受國家統治權力之被統治客體（administré），更為稅制中為理性維

如何在推論上將常規交易義務自違憲之困境中解放而出，乃
成為企業稅法領域中不得不解決之問題。而就法國稅法而
言，此即為「經營管理不干涉原則」（le principe de non-
immixtion dans la gestion des entreprise）所適用之範圍[26]，亦
即稅捐稽徵機關原則上被要求應尊重納稅義務人在私法領域
所享有之權利，所謂「不合常規」之交易活動，僅有在有限
之前提之下方得以加以否認[27]。蓋正如 M. Cozian 所指出者，

持整體共同生活而行使其權利之主體。Voir T. Lambert, Citoyen fiscal: citoyen du monde, in: E. Desmons (Dir.) « Figures de la citoyenneté », L'Harmatten, Paris 2006, p.177 et suivantes.

[26] CE 10 janv. 1973, n° 79312; DF 1974, n° 8, p.223, concl. Delmas-Marsalet; J.-J. Bienvenu / T. Lambert, Droit fiscal, 3ᵉ, PUF, Paris 2003, p.197; M.Cozian, La théorie de l'acte anormal de gestion, «Les grands principes de la fiscalité des entreprise», p.91; P. Serlooten, Liberté de gestion et droit fiscal: la réalité et le renouvellement de l'encadrement de la liberté, DF 2007, n° 12, p.6. 因此在制度設計上，國家所享有之課稅權力不僅針對企業經營者所為之商業管理及判斷以不加以干涉為原則，在實體之租稅負擔效果中，租稅之課徵亦被要求不得對於市場中行為人造成決策之影響，而應由其依據經濟之理性決策，換言之，租稅之負擔不應變更納稅義務人在公平、公開市場中之地位，是為所謂「租稅中立性」（la neutralité de l'impôt）之基本要求。J. Grosclaude / P. Marchessou, Droit fiscal général, 3ᵉ édition, Dalloz, Paris 2001, p.5.; N. Gharbi, Le contrôle fiscal des prix de transfert, p.25. 就此，我國亦有學者指出：「在脫法避稅的情形，……在民法上是完全符合契約自由原則的，因此民法上的法律關係，國家不能干預、調整，而要承認。只有在稅法上可以調整，但不能處罰」，實亦寓有針對納稅義務人經營管理行為，國家權力尤其稅捐稽徵機關原則上不得任意介入干涉之意。參見葛克昌教授之發言，〈查核準則新增『移轉訂價』規範草案之問題研討會〉紀錄，刊載於《台灣本土法學雜誌》第 68 期，2005 年，頁 63。

[27] 整體言之，在此支配法國稅法解釋適用之推論基礎，不僅在於憲法領域之所

在納稅義務人享有營業自由之前提下，「生意做到要倒店，也是我高興（Et s'il me plaît, à moi, d'être battue!）[28]」；因此，國家權力出於保障公法上債權之考量、以「不合常規」為理由而介入限制拘束納稅義務人之交易活動，**應當作法律上例外之情形加以觀察**[29]。

二、企業經營管理之不干涉

在前述納稅義務人所享有之基本權以及常規交易義務所欲保障之課稅公平價值之相互作用之下，企業經營管理之不干涉，乃成為相對於納稅義務人所負擔常規交易義務之國家義務。蓋就法律而言，企業之存在乃以從事營利活動作為基本目的，因此當企業從事於足以營利殖息之活動，固然符合「常規」之要求。然而在商業交易關係之中，基於前述之企業經營管理不干涉之原則，所意味者乃在一定程度內，承認企業之經營決策於稅法上被容許有犯錯之可能性，而**單純之運氣欠佳或是投機冒進所造成之失敗，雖不符合「常規」，**

承認之基本權保障，亦包括由民法領域所推導而出之權利濫用（abus de droit）禁止原則。關於權利濫用，參見台灣民法第 148 條第 1 項規定：「權利之行使，不得違反公共利益，或以損害他人為主要目的。」。

[28] M. Cozian, La théorie de l'acte anormal de gestion, in: « Les grandes principes de la fiscalité des entreprises », p.94.

[29] 直言之，常規交易義務非僅無法作為稅法上普遍性、一般性之原則，其在解釋及適用上亦應特別留意其高度之目的考量。Voir M. Cozian, La théorie de l'acte anormal de gestion, in: « Les grandes principes de la fiscalité des entreprises », p.93-94.

然亦不應任意地被稅捐稽徵機關評價為不合常規之營業。因此，雖然在學說上企業尤其以公司形式存在者均被認為係出於追求利益分配此一目的而存在[30]，然而這並非意味著無法營利之交易行為必然為稅法所排斥[31]。法國中央行政法院早於 1958 年即已明確宣告：「納稅義務人從來就未曾被要求，就其所從事之商業經營應依其情形，盡力獲取最大之利益（le contribuable n'est jamais tenu de tirer des affaires qu'il traite le maximum de profits que les circonstances lui auraient permis de réaliser）[32]」，不良或無效率之經營、財務上不利益之決定處置甚至單純之運氣不佳，並非必然為不合常規之營業活動：雖然企業之設置乃以營利為目的，然而即便企業真要從事賠本生意，這也是企業營業自由範圍內、對其享

---

[30] CE 7e, 8e, 9e, sous-sect., 27 juillet 1984, Concl. De M. Racine, publiées dans RJF 1984, no 10, p.563.

[31] M. Cozian 在此特別引述 Nancy 行政上訴法院 CAA Nnacy 6 juillet 1995, SA Jaboulet-Vercherre 一案以說明。Jaboulet-Vercherre 係一家從事釀酒及銷售酒類業務之公司。1974 年至 1979 年，轉投資 Malterre et Tolpram 公司，從事鋼鐵生產。詎料投資失利，短短數年內賠掉四個資本額。在嗣後之租稅申報中，法國稅捐稽徵機關認為慘賠不合交易常情，法國之鋼鐵業該等年度中平均尚有 3% 左右之利潤，就其申報之損失不同意全部扣抵。案件爭訟進入 Nancy 行政上訴法院。該院乃於判決中明白指出：「稅捐稽徵機關不得任意介入企業之經營管理，指責其在一九七四年所為之投資不適當。」，稅捐稽徵機關除非能證明此等異常損失僅係基於單純之規避稅捐目的，否則亦不容許稅捐稽徵機關任意以異常為理由調整納稅義務人所申報損失。

[32] CE 8e sous-sect., 7 juillet 1958, req. n° 35977, Dupont; cité par M.Cozian, La théorie de l'acte anormal de gestion, « Les grands principes de la fiscalité des entreprise », 4e, Litec, Paris 1999, p.92-93.

有之財產為自由處分、收益的問題[33]。進一步言之，稅捐稽徵機關不應以課稅權力過度介入企業之經營管理，挑剔企業的決策太過保守或太過冒險：此不僅為對納稅義務人所享有契約自由及財產處分權利之尊重[34]，更為整體企業稅制中立性之原則所要求之必然結果[35]。在此一理解之下，稅捐稽徵機關針對納稅義務人疑似有透過不合營業常規之安排進行利益移轉之情形，即無法僅以利益之喪失作為單一之判斷標準：企業所為之決策是否為單純之商業上厄運或投機失利之結果、或存有利益移轉之規避稅捐意圖應予區別[36]。因此，企業營業之能力甚或運氣欠佳，與納稅義務人別有所圖之迂迴安排，不應在稅法上獲得相同之評價；在推論上，稅捐稽徵機關亦不應單純以利益之喪失為理由認定特定交易活動不

---

[33] J.-J. Bienvenu / T. Lambert, Droit fiscal, p.194.

[34] J.-J. Bienvenu / T. Lambert, Droit fiscal, p.194. 針對稅捐稽徵機關及法院對納稅義務人之交易活動加以審查，J.-J. Bienvenu / T. Lambert 更進一步指出，僅有在此等私法上權利之行使相對於一般經濟活動之實況明顯達到濫用之地步時，方才存在介入審查之空間。而此時，於行政法總論中所發展出、用於說明司法機關介入審查行政裁量合法性之「明顯評價錯誤（l'erreur manifeste d'appréciation）」理論，則可以作為法院及稅捐稽徵機關決定介入納稅義務人經營之標準。J.-J. Bienvenu / T. Lambert, Droit fiscal, p.198. 關於「明顯評價錯誤」理論，則可參見 D. Lagasse, L'erreur manifeste d'appréciation en droit administratif: Essai sur les limites du pouvoir discrétionnaire de l'administration, Bruylant, Bruxelles 1986, p.19 以下之說明。

[35] Voir J. Grosclaude / P. Marchessou, Droit Fiscal Général, p.5.

[36] Voir M. Van Beirs, Spéculer est-il anormal?, Mélanges John Kirkpatrick, Bruylant, Bruxelle 2004, p.915 et suivantes.

合於經濟活動之一般常規[37]，當證明納稅義務人係特意藉由
不合常規之安排獲取租稅上之利益，方足以說明納稅義務人
之常規交易義務，**僅限於濫用其營業上所享有之自由權利而
僅具備租稅上不正意圖之考量時，方足以發生**[38]。

三、企業經營管理之不干涉與常規交易義務之間之關連性

在法國稅法制度之相關論述以及法院之裁判之中，企業
經營管理之不干涉與常規交易義務之間所具有之關係在近年
之若干案例中，有重新被提出討論之趨勢。此等趨勢之發生
原因，一方面來自於交易上新技術之出現，使得商業上流通
之速度加快，連帶地使得利用各種非常規手段規避應納稅捐
之案例，日漸增加。二方面亦來自於商業活動全球化（la
mondialisation）之現象，乃使得對商業經濟領域過度之干涉
管制，經常遭受相對之質疑[39]。是故，在論述上如何透過此

---

[37] J.-J. Bienvenu / T. Lambert, Droit fiscal, p.197.

[38] 進一步言之，納稅義務人所從事之交易活動雖異於市場常規，然具有其商業
上正當考量時，於法國稅法領域中未必即構成足以遭稅捐稽徵機關調整申報
內容之不合常規營業，特請參酌本文後述第肆、四、㈡段之說明。然與法國
實務見解不同，國內文獻有指出無論納稅義務人行為之動機為何均應加以調
整者，參見陳清秀，〈論移轉訂價稅制〉，《法令月刊》，第59卷第1期，
頁82。

[39] 而亦必須承認者，乃相對於其他西方國家，法國可謂具有長期之管制傳統者，
尤其在自1960年代始，乃透過行政機關裁量權力之擴增而在經濟領域建立
諸多管制措施。Voir A. Bockel, Contribution à l'étude du pouvoir discrétionnaire
de l'administration, AJDA 1978, p.355.

二原則之協調、在尊重市場經濟活動之前提下有效規制防杜
脫法避稅，即成為稅法上必須面臨之思考。就此，法國中央
行政法院乃於近期特別強調下列二者，以有效解釋說明此二
原則間之對抗關係。首先，在不合常規交易被當作例外之情
形下，非常規交易在稅法上之規制實際上成為舉證分配之問
題：稅捐稽徵機關以不合常規為由認定納稅義務人所進行之
特定交易之際，有義務說明其「常規」之依據或來源[40]。而
另方面，納稅義務人亦被容許，於訴訟程序中提出相當之證
據證明其所從事之行為「**雖在法律上看來怪異，但確實符合
其經濟上之利益**（juridiquement étrangère correspond à son
intérêt économique）[41]」。其次，乃放棄複雜之解釋原則，
回歸租稅規避所發生之基本原因：僅有在納稅義務人係透過
「純然刻意之人為安排（le montage purement artificial）」，
而其行為之效果僅有租稅之利益、並無其他正當商業利益可
言時，方可能動用「常規交易義務」加以調整[42]。是故，在
憲政秩序之中吾人除可確認常規交易義務在解釋適用上之拘
限性之外，更可確認者，乃國家權力亦負有對商業領域不得
過度干涉之義務。畢竟稅捐之課徵經常被當作係自由之對
價，過多足以扼殺交易生機、商業誘因之額外義務，根本與

---

[40]　CE 18 mars 1994, n° 68799, SA « Sovemarco-Europe ».

[41]　CE 7ᵉ, 9ᵉ, sous-sect., 3 déc. 1975, n° 89412.; M.Cozian, La théorie de l'acte anormal
de gestion, in: « Les grandes principes de la fiscalité des entreprises », p.101.

[42]　Voir M. Cozian, La théorie de l'acte anormal de gestion, in: « Les grandes principes
de la fiscalité des entreprises », p.91-118.

租稅制度之本旨背道而馳。

肆、中國企業所得稅法與經營管理不干涉原則

一、概說：企業所得稅之憲法基礎

　　中華人民共和國企業所得稅法的立法施行，意味著針對企業所得不區別資金來源差異給予相同對待在稅法上之實現，毫無疑問就中國稅法制度中所希望達成之公平課稅要求向前邁進一大步，有其法制上不可否認之意義。在此之前，中國並非不存在著企業所得稅制[43]，然則一部在適用上普及化其對象之統一法典，取代其他以特定對象為規範客體之企業所得稅法典，無論如何均為法制史上具有里程碑意義之盛事。在此等立法規範之中，毫無疑問展現了中國立法者依法治稅的決心，諸多進步之處，不及一一細表[44]。然必須指出

---

[43] 自改革開放之初、引入企業所得稅制以來，中國即一向實施按企業資金來源以及企業性質分別立法，施行不同之企業所得稅制度。參見劉劍文，中華人民共和國企業所得稅法總體評價，收錄於劉劍文主編，「中華人民共和國企業所得稅法」條文精解與適用法律出版社，北京，2007，頁 3。另就企業所得稅其他改革諸問題，參見馮濤，中國企業所得稅法的改革趨向，財稅法論叢第 8 卷，法律出版社，北京 2006，頁 139 以下。

[44] 舉例言之，關於本文所涉及之常規交易義務乙節，乃以國會立法之方式加以規範。就此，台灣企業所得稅制之中所涉及之常規交易義務，卻未必均來自國會立法。台灣營利事業所得稅不合常規轉訂價查核準則第 2 條第 1、2 項規定：「營利事業與國內外其他營利事業具有從屬關係，或直接間接為另一事

者，乃自中國企業所得稅法公布以來，有關防杜租稅規避之
相關規定尤其第 47 條規定所以引起諸多矚目，其原因恐亦
來自於對依法治稅「望治心切」，以致於在企業所得稅法中
所存在之規範過度現象。針對此等現象之存在，中華人民共
和國憲法第 56 條首先規定：「中華人民共和國公民有依照
法律納稅的義務。」，固在憲法層面確立了納稅義務。而中
華人民共和國憲法第 11 條規定：「在法律規定範圍內的個
體經濟、私營經濟等非公有制經濟，是社會主義市場經濟的
重要組成部分。國家保護個體經濟、私營經濟等非公有制經
濟的合法的權利和利益。**國家鼓勵、支援和引導非公有制經
濟的發展**，並對非公有制經濟依法實行監督和管理。」。第
13 條又復規定：「**公民的合法的私有財產不受侵犯。**國家
依照法律規定保護公民的私有財產權和繼承權。國家為了公
共利益的需要，可以依照法律規定對公民的私有財產實行徵
收或者徵用並給予補償。」。第 14 條第 3 項：「國家合理
安排積累和消費，兼顧國家、集體和個人的利益，在發展生
產的基礎上，逐步改善人民的物質生活和文化生活。」。第

業所有或控制，其相互間有關收益、成本、費用或損益攤計之交易，應符合
營業常規，以正確計算相關營利事業在中華民國境內之納稅義務。前項營利
事業從事交易時，有以不合營業常規之安排，規避或減少其在中華民國境內
之納稅義務者，稽徵機關為正確計算相關營利事業之所得額及應納稅額，得
依法進行調查，並依本法第四十三條之一規定，報經財政部核准按營業常規
予以調整。」相對於中國企業所得稅法第 41、47 條之立法條文規定，台灣
現行移轉訂價稅制以行政命令規範相關義務，除凸顯主事者憲法意識之薄弱
以外，更顯中國企業所得稅法立法者依法治稅決心可貴之處。

15 條：「國家實行社會主義市場經濟。國家加強經濟立法，完善宏觀調控。國家依法禁止任何組織或者個人擾亂社會經濟秩序。」，在此制度之中，諸多憲法條文事實上指出者，乃企業所得稅之憲法基礎：**一方面，人民有納稅之義務，然另方面，人民之營業自由、契約自由亦受憲法保障**[45]。是故，法治國家之企業所得稅制，不會僅強調維護國家稅權之「常規交易義務」，更須在此一義務之外，承認國家權力對商業經營管理負有不得任意干涉之義務，以免國家權力干涉過度，不僅侵害人民所享有之自由權利，同時亦扼殺市場經濟之蓬勃生機[46]。

二、中國企業所得稅法反避稅規定所可能引發之問題

在前述理解之下，中國企業所得稅法中有關常規交易義務以及防杜租稅規避之相關規定，所面臨之可能問題實已臻明顯。按中國企業所得稅法針對租稅規避防範甚密，首先針

---

[45] 在此存在一前提問題，亦即中國憲法條文所規定之基本權主體為公民（le citoyen），對於企業或營利性組織主張此等權利是否造成困難？答案顯屬否定。蓋企業所有人亦為公民，即便是法人組織，亦無礙其享有憲法所賦予之基本權。參見 V. Allegaert, Le droit des sociétés et les libertés et droits fondamentaux, PUAM, Aix-en-Provence 2005, p.65 et suivantes.

[46] 是故，企業稅制之基本精神之一，乃在於認識「水至清則無魚」。容許相當程度之「非常規」經濟活動，勿使國家之管制權力過度使用，實為稅制設計中不易言喻卻具有決定性之原則。相近觀點，參見 Y. Moulier Boutang, Transformation de la valeur économique, de son appropriation et de l'impôt, in T. Berns / J.-C. K. Dupont / M. Xifrars (Dir.), Philosophie de l'impôt, Bruylant, Bruxelle 2006, p.199 et suivantes.

對較常出現之規避類型設有個別之類型化防杜規定,主要包
括第 41 條所規定之轉讓訂價規則、第 45 條所規定之受控外
國公司規則、第 46 條所規定之反資本弱化規則等[47]。針對主
要之類型加以規範,立法者仍恐有所不足,乃於第 47 條規
定:「企業實施其他**不具有合理商業目的的安排**而減少其應
納稅收入或者所得額的,稅務機關有權按照合理方法調整。」
之總則性[48]、一般性規定,防杜不可謂不嚴密。然則,嚴密
之立法通常意味著更高的稽徵成本、更繁瑣的行政管制甚至
更多的民怨[49]。此等少見之嚴密立法,除展現立法者依法治
稅之決心或焦慮以外,必須指出其於法治國家稅制中甚屬少
見,恐其來有自[50]。進一步言之,中國企業所得稅法第 47 條

---

[47] 翟繼光,中華人民共和國企業所得稅法第 47 條立法主旨說明,收錄於劉劍
文主編,「中華人民共和國企業所得稅法」條文精解與適用法律出版社,北
京,2007,頁 293。

[48] 或借用某位中國會計師的說法:「兜底」的規定。參考:http://finance.people.
com.cn/BIG5/6646356.html 最後查閱日:2008 年 4 月 2 日。

[49] 就此可參考劉劍文教授的見解。其指出稅收效率亦為企業所得稅法之基本原
則:「稅收效率包括稅收行政效率和稅收經濟效率。稅收行政效率要求稅收
的開徵及其制度設計必須有利於以最小的徵稅成本徵收到最多的稅收。這一
原則要求統一企業所得稅立法必須具有可操作性,並且應當盡可能地降低徵
管成本和納稅義務人的稅法遵從成本。因此,統一企業所得稅立法儘量簡化
稅制,明確稅務機關與企業在企業所得稅的徵納過程中各自的權利和義務,
並提供合理的渠道,保證其各自權利的實現,從而增強企業對其稅收負擔的
可預測性,提高其稅法遵從度,降低稅務機關的徵稅成本。」參見劉劍文,
中華人民共和國企業所得稅法總體評價,收錄於劉劍文主編,「中華人民共
和國企業所得稅法」條文精解與適用法律出版社,北京,2007,頁 6。

[50] 以法國法為例,前述法國租稅程序法典 L 64 條之規定,考其性質並不在規
範非常規營業之內容,而在於提供納稅義務人面臨稅捐稽徵機關如此主張

之規定，在規範適用上甚可能造成實務運作中稅捐稽徵機關之誤解，誤以為「常規交易義務」為企業稅法上之一般性、普遍性義務，而在執法之際忘卻了從事營利活動之納稅義務人係受有憲法上營業自由之保障；而所謂「常規交易義務」僅係例外存在之義務，反而係稅捐稽徵機關被要求不得任意介入干涉納稅義務人之經營管理及商業決策。事實上，在憲政國家之稅捐課徵法律關係中，作為納稅義務人之營利事業固受有一定程度常規交易義務之限制，以致在其經營活動中無法完全如同私法上享有全部權利能力之當事人一般，完全不受限制地行使其權利、決定其交易之條件。然而相對於此，此一義務之對價乃要求**國家更負擔有對納稅義務人之營業活動經營管理不干涉之義務**，除非納稅義務人係透過故意之安排迂迴規避其應納稅捐，且其行為除純獲租稅利益之外、無其他商業上正當理由可言之際，方得動用稅法上抗制稅捐規避之相關規定相繩。此二義務表面上觀之互為犄角、此消彼長，然而其所欲維護之核心價值則彼此並不衝突：公平課稅、稅制中立。進一步言之，中國企業所得稅法第 47 條之規定，在實務適用上所應特別留意者，當為著重特定交易活動是否為「**具有合理商業目的的安排**[51]」。亦即，此一要件之存在，實可謂企業經營管理不干涉原則在中國企業所得稅法上之基

時，所得以享有程序上之防禦權及相對之保障。

[51] CE 7e, 9e, sous-sect., 3 déc. 1975, no 89412.; M. Cozian, La théorie de l'acte anormal de gestion, in: « Les grandes principes de la fiscalité des entreprises », p.101.

礎。亦唯有如此解釋適用，方得以解免中國企業所得稅法先
天存在之合憲性危機。

三、小結：立法者的焦慮，需要司法機關加以節制

在前述說明之中，吾人所得以知悉者，乃中國企業所得
稅法制中有關租稅規避之防杜規定，所面臨者實為規範過度
之問題。在此等理解之下，條文中所訂「**具有合理商業目的
的安排**」亦將成為此等過度規範現象得否有效緩解之關鍵，
亦為嗣後企業所得稅施行過程中無從避免之核心問題所在。
蓋正如前述法國稅制經驗顯示，稅捐稽徵機關動用違反常規
交易義務之規定調整、剔除納稅義務人所為之租稅申報內
容，倘有過度逾越行政管制之分際進而影響干涉於納稅義務
人之經營活動，除司法機關以外，恐難再有其他國家權力得
以有效防制[52]。司法權力作為人民權利之保障者，在此一稅
制中所顯現者，乃立法者的焦慮，需要司法機關加以節制此
一結論。如何透過司法裁判具體化所謂「**具有合理商業目的
的安排**」實為中國稅制當務之急，否則企業所得稅法立法施
行所欲維護之稅收效率及公平，恐將因過多之行政恣意介入
其中而淪為空談。

---

[52] 蓋在法制上，有關企業經營管理不干涉之義務於法國法中並非來自於法律條
文之直接規範，而係由法國中央行政法院漸次透過判例形成。M. Cozian, La
théorie de l'acte anormal de gestion, in: « Les grandes principes de la fiscalité des
entreprises », p.91-94.

伍、結論

　　雖在課稅基礎上均以一定之財產收益作為課稅之客體，然企業所得稅制與個人所得稅制不同，在解釋上與推論上特別著重企業做為市場經濟活動之主要參與者此一功能。在此一理解之下毫無疑問，中國企業所得稅法之立法及施行，係中國稅制史及法制史上重要之里程碑，意味著企業在市場上之地位及經營之權利，受到法律進一步之保障及承認。透過此等中國企業所得稅法條文之規範，將可預期者乃稅捐稽徵制度之重大變革、財政收入制度之重大變革[53] 以及對稅法學說理論之衝擊。無論如何，企業作為納稅義務人，其納稅義務固在憲政秩序之中被要求有法律之依據[54]；然納稅義務以外之其他憲法上所享有之基本權利，並不因稅法之施行而遭到剝奪。是故，企業所得稅法領域中存在二對立原則：常規交易原則以及企業經營管理不干涉原則。中國企業所得稅法

---

[53] 按中國為世界上少數財政收入結構與法國雷同、均以間接稅（尤其加值稅；TVA）作為首要之財政收入分擔稅種國家。參見劉劍文，中華人民共和國企業所得稅法總體評價，收錄於劉劍文主編，「中華人民共和國企業所得稅法」條文精解與適用法律出版社，北京，2007，頁 5。在企業所得稅法施行之後，一般咸認此一現象恐將難再行維持。

[54] 特別針對租稅課徵之合法性問題所應指出，乃法律制度之中經常遭到誤解者，以為「法律依據」即為租稅合法性問題之本身。實則依法課稅非僅要求租稅徵收有法律依據，更要求者，乃稅法規範本身不得抵觸上位之憲法規範。Voir E. Willemart, Les limites constitutionnelles du pouvoir fiscal, Bruylant, Bruxelle 1999, p.91-131.

雖僅將常規交易義務納入規範，然則企業經營管理不干涉原則既係基於憲法保障之營業自由而來，則本已無待立法明文規定，稅捐稽徵機關有其尊重之義務。本文透過法國企業所得稅法制之相關學說案例，說明介紹法國稅法上「企業經營管理不干涉」原則之內容，同時亦期待如此之說明，得以在若干程度上補正中國企業所得稅法立法過程中，過度片面強調納稅義務人所負擔常規交易義務所可能造成之誤解。尤其稅制之施行所涉之考慮面向複雜，稅法條文之正確解釋適用，更有賴解釋適用者尤其司法機關通盤考量整體法制而為。畢竟「明確稅務機關與企業在企業所得稅的徵納過程中各自的權利和義務，並提供合理的渠道，保證其各自權利的實現，從而增強企業對其稅收負擔的可預測性[55]」雖不容易，然卻為任何國家企業所得稅制在基本原則上所不能偏離之方向。

---

[55] 劉劍文，中華人民共和國企業所得稅法總體評價，收錄於劉劍文主編，「中華人民共和國企業所得稅法」條文精解與適用法律出版社，北京，2007，頁6。

稅捐規避行為與處罰：
法國稅法的觀點

關鍵詞：節稅、逃漏稅、租稅規避、法國稅法、稅捐裁罰

壹、緒論：問題之提出

　　在稅捐稽徵之領域中，納稅義務人出於降低應納稅額之
考量，恆常以各種經濟上或法律上之方法，試圖造成特定交
易活動不至於合致租稅構成要件。無論是任何國家之稅制，
因此所面臨有關納稅義務人各形各色之降低稅捐負擔行爲，
亦層出不窮。其中合乎稅法立法之本旨者，稱節稅（habileté
fiscale），乃納稅人在稅法上被賦予選擇權（l'option fiscale）
展現之結果[1]，爲稅法秩序所容許之合法行爲。但在光譜的
另一極端，當納稅義務人出於惡意（mauvais fois）而以積
極之行爲、特別是僞造變造稅捐申報內容或各種憑證及其他
詐術之實施而使稅捐稽徵機關陷於錯誤者，被稱爲租稅詐欺
（la fraude fiscale）或逃稅，則會因此使納稅義務人承擔該
當之刑事責任[2]。然則，在節稅與逃稅兩種極端之間，事實
上存在著更加複雜的兩大類稅法上因納稅義務人試圖降低稅
捐負擔所採取之有意措施，被稱做「漏稅」或「避稅」者，
在稅法領域中所引起之困難更形顯著。在此一理解之下，各
國稅法學界針對租稅規避與漏稅之論述，幾乎成爲各國稅制

---

[1]　C. Robbez-Masson, La notion d'évasion fiscale en droit interne français, LGDJ, Paris 1990, p.63.

[2]　J. Grosclaude / P. Marchessou, Procédures fiscales, 2ᵉ, Dalloz, Paris 2001, p.237 et suivantes.

之中所不可避免之重要議題[3]。因此，稅法上關於交易關係之認定，在某種意義上乃被要求清楚區別交易關係之表象與實際，並在二者不一致之際取向以實質之意義認定特定行為之稅法上結果，是為所謂稅法上的「實質主義（Réalisme du droit fiscal）[4]」或為我國稅捐稽徵實務中所廣泛使用之所謂「實質課稅原則」。就此而論，我國新修正稅捐稽徵法第 12 條之 1 第 2 項規定：「稅捐稽徵機關認定課徵租稅之構成要件事實時，應以實質經濟事實關係及其所生實質經濟利益之歸屬與享有為依據。」，以及新修正所得稅法第 66 條之 8 規定：「個人或營利事業與國內外其他個人或營利事業、教育、文化、公益、慈善機關或團體相互間，如有藉股權之移轉或其他虛偽之安排，不當為他人或自己規避或減少納稅義務者，稽徵機關為正確計算相關納稅義務人之應納稅額，得報經財政部核准，依查得資料，按實際應分配或應獲配之股利、盈餘或可扣抵稅額予以調整。」即可為係在我國稅制中，出於實質課稅之基本原則而賦予稅捐稽徵機關一定程度否認納稅義務人租稅規避措施之權利。

　　法國稅法與稅制，長年以來即直接面臨納稅義務人意圖

---

[3]　參見柯格鐘，稅捐規避極其相關聯概念之辯正，收錄於葛克昌／劉劍文／吳德豐（主編），「兩岸避稅防杜法制之研析」，元照出版，2010，頁 91 以下。

[4]　當然，相形之下稅法並非僅以實質課稅原則即足以解決所有課稅領域所發生之交易關係解釋認定問題。在某些領域之中，所重視者經常不是交易關係之實質，反而是形式或外觀之展現，此即可被稱做稅法上之形式原則。黃源浩，股東會紀念品費用禁止扣抵之溯及效力：評最高行政法院 92 年度判字第 30 號判決，月旦法學第 160 期，頁 95。

降低租稅負擔所進行各種規避逃漏的防杜問題。其中針對「租
稅規避」此一類型之行爲，亦即納稅義務人濫用其私法上之
形成自由，迂迴婉轉地使特定交易關係不合致於稅捐構成要
件，屢屢構成稅捐稽徵實務上之重大難題[5]。歷經長期之發
展，乃使得法國稅法制度中針對避稅行爲，形成其縝密而富
有體系之規範組群。然則法國稅法制度並不以此爲滿，直至
2008 年，其仍大規模地修改租稅程序法典中有關規定，更
加引起稅法學說及實務界之注意。本文擬以此爲基礎，論述
說明法國稅制中有關概念之形成及制度之演進，評述說明法
國稅制值得我國稅制參考之處，俾爲日後相關問題之討論，
預作準備。

貳、法國稅法上「租稅規避」 概念之形成

一、概說

有租稅之課徵，則不可避免即有逃漏、規避等與稅法規
範目的不合之情形。尤其納稅義務人實施詐術，以虛僞之或
故意登載不實之資料以避免合致於租稅構成要件之情形，在

---

[5] 在德文之文獻中，即所謂「Steuerumgehung」之行爲。在德國稅法上，租稅
通則第 42 條之規定乃爲學說及實務所承認之一般性反避稅規定。柯格鐘，
稅捐規避極其相關聯概念之辯正，收錄於葛克昌／劉劍文／吳德豐（主編），
「兩岸避稅防杜法制之研析」，元照出版，2010，頁 110。

法國稅法實務中亦屬普遍，是為所謂租稅之詐欺（la fraude fiscale）[6]。就此等稅法上不法行為之處理，法國憲法委員會明確指出國家權力就此乃具有防杜之義務，俾以維持人權宣言第 13 條所揭示之平等課稅要求[7]。然則，相對應於具有刑事法上可罰性之租稅詐欺行為而言，稅法制度中尚存在諸多形式上合法，卻與租稅規範目的不合之情形，是為所謂「租稅規避」[8]。於一般稅法領域之中，稅捐稽徵之權利義務關係所側重者乃納稅義務人應稅經濟活動之實質經濟上意義，當租稅債務債務人所從事之交易活動於法律形式上之外觀與經濟上之實質不一致時，稅捐稽徵機關甚或司法機關所採認者，通常為該等應稅行為經濟上之實質意義，而非形式上之意義，是為「實質課稅原則」。不過，在法國稅法領域中，雖在實際之稅捐稽徵案件中亦存在相類之行為，但**法國稅法學說與實務長年以來一直未直接使用類似德語「規避」**（Umgehung; Éluder）**一類用語**。在此一理解之下，避稅此一概念在法國稅法領域中之形成，即有進一步論述之必要。

　　租稅規避與租稅詐欺之案件不同，乃在於後者所具有者主要為刑罰之效果，係刑事法上之可罰行為，乃以偽造變造

---

[6] J. Grosclaude / P. Marchessou, Procédures Fiscales, 2 édition, Dalloz, Paris 2001, p.237.

[7] DC 29 déc. 1983. n° 83-164. 憲法委員會並於本案中明確指出，此等不法行為應予壓制，乃不容納稅義務人以個人自由為實施詐術之藉口。

[8] C. Robbez-Masson, Fraude et Evasion Fiscales, Dictionnaire Encyclopédique de Finances Publiques, p.855.

等堪稱詐術之措施之作成爲其前提[9]。然而，在租稅規避之相關論述中，吾人所不可否認者乃稅法規範雖經常被期待成爲規範密度較高之法領域，但事實上有其難以完全照顧之部分。是以「法律所未禁止者，即屬許可（non omme quod licet honestum est, licet tamen）」[10]，某種程度上不可不被引述作爲納稅義務人自由安排形成其私法上交易關係之基本原則。是以如何將納稅義務人濫用其私法上之形成權利所進行之迂迴刻意安排與其他稅法上不法行爲明確區別，本即有其困難之處。在此一理解之下，稅捐規避可謂是稅法上的投機行爲（la optimisation fiscale），界乎於合法與違法之間[11]。大體而言，在法國稅法之中租稅規避概念之形成係經由法國中央行政法院長期之判例所形成，也因此在說明租稅規避之概念之前，必需特別留意此一概念形成之過程。

二、法國中央行政法院裁判中的稅捐規避與實質課稅原則

　　正如前述，在法國稅制之中，納稅義務人透過刻意之迂迴安排，使得形式上合法之經濟活動，足以達到規避原本應

---

[9]　J.-P. Lieb, Etat des lieux et perspectives en France, in: T. Lambert (Dir.), Les sanctions administratives fiscales: aspects de droit comparé, l'Harmattan, Paris 2006, p.11 et suivantes.

[10]　C. Robbez-Masson, La notion d'évasion fiscale en droit interne français, LGDJ, Paris 1990, p.127.

[11]　O. Fouquet, Le caractère subsidiaire de l'abus de droit, DF n° 20 2007, comm. 522.

稅之效果者，所在多有。例如為規避贈與稅之課徵，故意以
低價締結買賣契約是[12]。長年以來，在所謂「實質課稅原則」
之下，法國稅法實務雖容許稅捐稽徵機關針對構成稅捐規避
之稅捐申報剔除重核，但此一重核權力受到相當嚴格之限
制。此等限制，或者來自於中央行政法院判例之要求；或者
來自於實定法之規範。在解釋適用上，可以大體上區分為下
面幾個要件：

1. 實質課稅原則僅適用在法律列舉之有限之稅目，並非
　一體適用於所有稅捐。在法國稅法制度中，雖承認稅
　捐稽徵機關得因為特定交易關係之外觀與實質不一致
　而剔除重核納稅義務人之申報。但此等剔除，乃被強
　調並非得以毫無困難地適用在所有稅捐課徵案件中
　[13]。例如在薪資稅（la taxe sur les salaires）之課徵關
　係中，租稅之課徵因受到就源扣繳原則之拘束，大體
　上即被認為不易發生納稅人權利濫用之可能性，因此
　在原則上不生實質課稅問題[14]。此外，倘若特定稅目
　並非以納稅義務人之申報為基礎而係由稅捐稽徵機關
　依職權查得之資料主動開立稅單稽徵者，大體上也不
　發生實質課稅問題。另外，雖在法律規範之中並未有

---

[12] J. Grosclaude / P. Marchessou, Procédures Fiscales, 2 édition, Dalloz, Paris 2001, p.237.

[13] CE 25 févr. 1966, Bourgeon; CE 10 juin 1992, SARL Gournac-Thomas.

[14] C. David / O. Fouquet / B. Plagnet / P. F. Racine, Les grands arrêts de la jurisprudence fiscale, 5e, Dalloz, Paris 2009, p.235.

明文之規定，但長期以來法國中央行政法院之判例之中，針對加值型營業稅（TVA）之課徵關係，法國中央行政法院亦有不少判例認為此種繫諸交易發票及進項稅額扣抵權利行使之稅目，不至於發生權利濫用之問題，亦不生實質課稅原則的適用問題[15]。在此一理解之下，事實上法國租稅規避之概念，亦被認為應針對不同稅捐領域或不同稅目有所區分；或至少在承認一般性的稅捐規避防杜規定之前，有必要先行處理個別性的稅捐規避防杜規定。

2. 實質課稅僅在於對抗納稅義務人足以降低稅捐負擔的特定交易關係中，因此以減輕納稅義務人所應負擔之納稅義務為必要。倘若特定之交易活動看來係人為之**特定安排，但實際上不足以減輕納稅義務人之稅捐義務，則亦不可能構成實質課稅原則之適用對象**[16]。因此在判斷上，法國中央行政法院於近期之裁判中特別重視納稅義務人實際獲得不法利益之判斷；亦特別強調納稅義務人僅以獲取租稅上之利益作為此等迂迴措施之唯一目的，方得以構成租稅規避。但在此法國中

---

[15] 特別是以所謂「非常規交易」之案型，在加值型營業稅中基本被認為較不易發生。黃源浩，論進項稅額扣抵權之成立及行使，月旦法學雜誌，第 118 期，頁 101。

[16] M. Cozian, Les transactions intra-groupe: le principe des transactions à prix normal, in « Les grands principes de la fiscalité des entreprise », p.384-385; CE 11 févr. 1994, SA Ed. J-C. Lettès; CE 18 mars 1994, n° 68799-70814, SA Sovemarco-Europe.

央行政法院近期判例更加進一步指出者，乃實際租稅
利益之存在：倘若特定之迂迴交易行為雖然被認定行
為時主觀上確實僅具有稅捐上的考量，但在實際上不
足以真正地對納稅義務人所應納稅額造成影響（lorsque
la charge fiscale de l'intéressé ne se trouve en réalité pas
modifiée par cet acte）之際，亦難認為有濫用稅法上
權利之可言[17]。因此，「純粹之迂迴刻意安排，加上
稅捐上之實際利益」，可謂為近年法國中央行政法院

---

[17] CE, 8e et 3e ss-sect., 5 mars 2007, n° 284457, SELARL Pharmacie des Chalonges.
本件所涉爭議事實略為：Bigourdan 女士係在法國 Loire-Atlantique 地區開設
藥局（名為 la SELARL Pharmacie des Chalonges）之執業藥師。在 1993 年 12
月所提出之申報中，Bigourdan 女士申報了該藥局在估價上擁有價值 490 萬
法郎的無形資產（總資產約為 500 萬 4,000 法郎）。但到了 1995 年，其又
修正申報了此項無形資產增值到 810 萬法郎。在 1985 年，Bigourdan 女士乃
將其出資以 900 萬法郎的價格出讓，並且依據法國租稅總法典之規定，申報
其無形資產發生短期增值 39 萬法郎。稅捐稽徵機關乃認為 Bigourdan 女士
在 1995 年所進行之修正申報構成稅法上的權利濫用，主要的原因是透過 1995
年的申報故意衝高了無形資產的價格使其不符合市價（valeur vénale），以
規避出售藥局時所可能適用的較高的職業稅稅率。本件在行政上訴法院階
段，稅捐稽徵機關之見解尚被法院接受。但在中央行政法院的終局裁判中，
法院指出 Bigourdan 女士對於此等交易關係所適用職業稅之稅率計算根本搞
錯，因為職業稅之計算係根據職業活動場所使用面積大小與雇用職員人數來核
算，並不會因故意抬高無形資產價格影響應納稅額。因此，雖然此等高估無形
資產價格之刻意安排確實係出於稅捐上的考慮，也不構成租稅規避。另關於
法國稅法中職業稅之概念，規定在租稅總法典第 1473 條第 1 項：「職業稅，
係依據每一市鎮中負擔納稅義務之營業人所使用營業場所或土地之可租賃價
值，或依據負納稅義務之營業人所聘僱之員工人數多寡徵收。」參見黃源浩，
法國地方稅制之危機與轉機，臺大法學論叢第 35 卷第 3 期，頁 227-228。

之相關裁判中，用以認定特定行為是否構成稅法上權利濫用之規避行為之兩項主要標準[18]。因此，正如 O. Fouquet 教授對於 SELARL Pharmacie des Chalonges 一案的評論，認為：「到了最後，當納稅義務人成功地實施這類稅法上的投機行為時，可以逃離租稅規避的責任。要是他的投機活動完全搞砸了，特別是根本沒有任何稅法上的好處可言的時候，也不構成租稅規避。所以，納稅義務人如果不想構成稅捐規避之責任，要不然就非常聰明；要不然就非常蠢。相反地，那些蠢得不夠到家或聰明得不夠程度的納稅人，就會倒楣了[19]。」。

3. 作為實質課稅原則適用對象之交易活動，不以納稅義務人所從事之經濟活動形式上具有契約關係者為限。在法國司法實務中，稅捐稽徵機關動用所謂實質課稅之原則進而主張特定交易關係為稅法上權利濫用之規避行為，並不以納稅義務人締結書面之契約為限[20]。倘若二以上納稅義務人，雖在形式上未具有契約關係，但透過若干客觀上得以確認其存在之刻意安排因而達成規避特定稅捐效果之際，亦無礙於作為稅法上實質課稅原則之適用範圍。

---

[18] CE, 18 mai 2005, n° 267087, min. c/ Sté Sagal.

[19] O. Fouquet, Le caractère subsidiaire de l'abus de droit, DF n° 20 2007, comm. 522.

[20] CE 8 juillet 1988, n° 79610, RJF 1988, 10/1144.; CE, 9 déc. 1992, n° 71859, Ravot.

三、租稅規避之意義與法制現況

㈠ 個別性與一般性的租稅規避防杜規定

在法國稅法制度中，納稅義務人濫用其私法上之形成權利以圖規避應負擔之納稅義務之現象雖屬常見，但長年以來在實際的稅制運作中均係依賴中央行政法院之判例以形成租稅規避制度之內涵，法制化之進程仍屬晚近[21]。大體上，稅法之相關規範中出現個別性的防杜規定，其時程遠早於一般性之防杜規定[22]。此等個別性之防杜規定，可謂租稅規避之下位類型，其中在營利事業所得稅之領域中，租稅規避或權利濫用之防制主要展現在「不合常規交易」（l'acte anormal de gestion）之禁止，乃指從事營業活動之納稅義務人就其申報之應納租稅（尤其所得稅）被發現其交易活動有異於市場「正常」交易之情形，出於租稅公平之考量，稅捐稽徵機關亦得依據市場正常交易之狀況以剔除重核該申報稅額，因此在基本之功能上，可謂權利濫用此一概念在企業稅制中之具體展現[23]。進一步言之，稅法領域中所稱之「不合常規交易」乃

---

[21] C. Robbez-Masson, La notion d'évasion fiscale en droit interne français, LGDJ, Paris 1990, p.194.

[22] M. Cozian, La théorie de l'acte anormal de gestion, « Les grands principes de la fiscalité des entreprise », p.93.

[23] CE 7 juill. 1958, n° 35977, DF 1958, comm. 938; M. Cozian, Les grunds principes de la fiscalité des entreprises, p.91 et s. Concl. Poussière sur CE 5 janv. 1965, n° 62099, DF 1970, p.23; cité par P. Serlooten, Liberté de gestion et droit

指從事營業活動之納稅義務人就其申報之應納租稅被發現其交易活動有異於市場「正常」交易之情形：例如以顯然不相當或偏離市場行情之價格故意貴買賤賣、提供不正常之無息貸款（les avances sans intérêts）[24] 或其他利益，以達到將應稅利益移轉於其他納稅主體或降低應納稅額之目的[25]。或者如 J.-L. Médus 所指出者，乃「**使得公司企業增加經營上負擔或者剝奪其營收而未有相當之對價。或如近期所展現者，包括若干使企業承擔過度風險者，均可謂不合常規**（celui qui expose la société à une charge ou la prive d'une recette sans contrepartie, quelques décisions récentes semblant même considérer que l'acte excessivement risqué serait anormal[26]）。」。因此，出於租稅公平、實現國家財政高權之考量，稅捐稽徵機關亦得依據市場正常交易之狀況以剔除重核該申報稅額[27]。

---

fiscal: la réalité et le renouvellement de l'encadrement de la liberté, DF 2007, n° 12, p.10.

[24]　M. Cozian, Les avances sans intérêts, JCP E/A, n° 48, 1995, 508.

[25]　M. Cozian, La théorie de l'acte anormal de gestion, « Les grands principes de la fiscalité des entreprise », p.91 et suivantes.

[26]　其亦特別強調，不合常規交易之概念於法國法上係由判例首於稅法領域內形成，嗣後亦廣為商法領域所採用。J.-L. Médus, Bons de souscription autonomes, options sur titres: considérations fiscales, JCP E/A, n° 11, 1996, Docunent 60-65.

[27]　CE 7 juill. 1958, n° 35977, DF 1958, comm. 938. 就我國法制言，此亦可參見行政法院 80 年判字第 328 號判例：「原告以低於其他銷售對象甚鉅之價格，將產品回銷某商會，貴買賤賣，且經被告機關查明原告自七十一年至七十五年之情形均屬相同，故其非短期利用閒置資產所為之權宜措施，係以長期低

　　除了不合常規交易之防杜外，法國稅法制度中針對納稅義務人（特別是負擔納稅義務之企業）爲規避內國之稅捐負擔而將利益間接移轉於境外關係企業之交易活動，亦設有專門之規定，足以構成租稅規避之另一種下位類型[28]。法國租稅總法典第 57 條之規定，對於跨國界關係企業間所存在之移轉訂價交易關係，採行作爲判斷特定交易是否爲出於規避租稅之目的，而構成利益之間接移轉，乃以市場交易中其他具競爭關係之廠商互相間所從事之交易價格爲基礎[29]。該條第 1 項規定：「針對法國企業受境外之外國企業控制或從屬於該外國企業存在，而由法國企業經由買賣價格之高估或低估或其他方法將利益間接移轉於該外國企業者，該等利益應於該法國企業所提出之會計報表中加以揭露，並作爲該法國企業應納營利事業所得稅額核定之基礎。法國企業對存在於法國境外之企業有控制權者，亦同。」[30] 而該條第 4 項乃

於成本之價格回銷某商會，致發生鉅額虧損，自與營業常規不合。原處分依所得稅法第四十三條之一規定，按營業常規予以調整，並無違誤。」。

[28] 參見黃源浩，法國稅法上的移轉訂價交易，臺大法學論叢第 38 卷第 2 期，頁 48 以下。

[29] B. Castagnède, Précis de fiscalité internationale, p.61-66; N. Gharbi, Le contrôle fiscal des prix de transfert, p.121-135.

[30] 該項規定法文原文爲：「Pour l'établissement de l'impôt sur le revenu dû par les entreprises qui sont sous la dépendance ou qui possèdent le contrôle d'entreprises situées hors de France, les bénéfices indirectement transférés à ces dernières, soit par voie de majoration ou de diminution des prix d'achat ou de vente, soit par tout autre moyen, sont incorporés aux résultats accusés par les comptabilités. Il est procédé de même à l'égard des entreprises qui sont sous la dépendance d'une

指出，得以作爲稅捐稽徵機關調整參考基準者，爲「從事相類似之其他營業之企業正常之應納稅額（les produits imposables sont déterminés par comparaison avec ceux des entreprises similaires exploitées normalement）」[31]。因此，在法律規範中，法國租稅總法典可謂已針對經濟交易關係中較容易出現之規避類型設有規範，以圖解決個別性之規避行爲所造成之問題。

(二) 法國租稅程序法典對於反規避條款的規定及演變

相對於個別稅目中被類型化立法之規避行爲，法國稅法制度中長年以來一直存在著一基本之爭執：要否在稅法總則性之法典中，設置一般性之租稅規避防杜規定[32]？歷經長期之討論，法國租稅程序法典 L 64 條乃自 1970 年代起針對納稅義務人濫用其私法上之形成地位，設有防杜租稅規避之一般性規定：「（第一項）納稅義務人不得藉由下列各款行爲

---

entreprise ou d'un groupe possédant également le contrôle d'entreprises situées hors de France.」，特此引註，俾供參考。

[31] 此可參見 OECD 避免所得稅雙重課稅及防杜逃稅協定範本第 7 條第 2 項之規定：「二、除第三項規定外，締約國一方之企業經由其於他方締約國內之常設機構從事營業，各締約國歸屬該常設機構之利潤，應與該常設機構爲一獨立之企業，於相同或類似條件下從事相同或類似活動，並以完全獨立之方式與該常設機構所屬企業從事交易時，所應獲得之利潤相同。」。

[32] 特別是在一般性之基礎上，權利濫用被認爲由私法領域發展出之法律概念，因此出於稅法獨立性（l'autonomie du droit fiscal）之考量，要否採取此一制度於法國稅法中向有疑問。L. Trotabas / J. M. Cotteret, Droit fiscal, Dalloz, Paris 1997, p.12-13.

隱藏契約之真實內容而用以對抗稅捐稽徵機關：a.其行爲足以導致應納之契稅（droits d'enregistrement）以及土地登記稅（taxe de publicité foncière）之短徵。b.或其行爲足以導致交易實際內容被隱藏、或所得或利益被移轉。c.或其行爲足以因契約之履行，導致針對營業額所徵稅捐（taxes sur le chiffre d'affaires）可能因之全部或一部被逃漏者[33]。（第二項）針對前項行爲，稅捐稽徵機關有權根據交易之真實情況加以否認。於納稅義務人與稅捐稽徵機關對於此一認定見解不一致之際，納稅義務人得請求將其案件提交與「權利濫用案件諮詢委員會」（à l'avis du comité consultatif pour la répression des abus de droit）加以決定。稅捐稽徵機關亦有權針對被列入年度報告書（un rapport annuel）之決定提起爭訟。（第三項）倘若稅捐稽徵機關對前述委員會之決定不服者，其應對繫爭案件之剔除重核具正當理由負舉證之責（Si l'administration ne s'est pas conformée à l'avis du comité, elle doit apporter la preuve du bien-fondé de la rectification.）」。此一條文，並在近年有所修正。法國租稅程序法典 L64 條 2008 年新修正條文規定：（第一項）「爲探知交易關係之真實屬性，稅捐稽徵機關得在未有其他對抗事由之情形下，剔除或

---

[33] 本款所稱「對營業額課徵之稅」於法國稅制中所指涉者主要爲加值稅（TVA）。而應特別留意者，乃於法國稅制中不合常規交易基本上被當作稅法上權利濫用之特殊類型；本條規定固可能適用於加值稅領域，然不合常規交易則否。參見黃源浩，論進項稅額扣抵權之成立及行使，月旦法學第 140 期，頁 101 註 54 之說明。

排斥構成法律上權利濫用之行為。此等行為，或具備虛構之
特徵；或者雖然適用了法律條文或行政決定，但跟此等法律
或決定所追求之目的剛好相反；而此等行為所具備之目的，
僅在於規避或者延緩相關的租稅負擔。也就是減低如果這些
規避行為不作成的話，納稅義務人從事這些行為所可能正常
負擔的稅捐[34]。（第二項）在納稅義務人與稅捐稽徵機關之
間針對因本條所進行之剔除重核意見不一致之際，納稅義務
人得向『稅法權利濫用諮詢及防制委員會』提出請求其出具
意見。稅捐稽徵機關亦得向該委員會為相同之請求。（第三
項）倘若稅捐稽徵機關對前述委員會之決定不服者，其應對
繫爭案件之剔除重核具正當理由負舉證之責。（第四項）委
員會所作成之決議，應按年編冊公告之[35]」。在前述修正條

---

[34]　應該特別留意的是，法國國會雖在此行使立法權試圖對權利濫用下一定義，
　　不過這個項次的文字，很明顯是將中央行政法院 CE plén. 10 juin 1981, n°
　　19079 一案中，政府委員 Lobry 的審查意見書中所提出的定義照章抄入而已。
　　關於原文的說明，參見 J. Grosclaude / P. Marchessou, Procédures fiscales, 2°,
　　Dalloz, Paris 2001, p.178.

[35]　Loi n° 2008-1443 du 30 décembre 2008 de finances rectificative pour 2008 article
　　35 IX: Les I, II, III, VI, VII et VIII，自 2009 年 1 月 1 日起生效。本條法文原
　　文：「Afin d'en restituer le véritable caractère, l'administration est en droit
　　d'écarter, comme ne lui étant pas opposables, les actes constitutifs d'un abus de
　　droit, soit que ces actes ont un caractère fictif, soit que, recherchant le bénéfice
　　d'une application littérale des textes ou de décisions à l'encontre des objectifs
　　poursuivis par leurs auteurs, ils n'ont pu être inspirés par aucun autre motif que
　　celui d'éluder ou d'atténuer les charges fiscales que l'intéressé, si ces actes
　　n'avaient pas été passés ou réalisés, aurait normalement supportées eu égard à sa
　　situation ou à ses activités réelles. En cas de désaccord sur les rectifications

文中，某種程度上可謂暫時性地終結了法國稅法中有關要否設置防止租稅規避之一般性規定爭議，亦可謂法國稅制之中自此已針對租稅規避之概念做出清晰之定義性規定。不僅如此，且在條文中使用了「規避稅捐負擔」（d'éluder ou d'atténuer les charges fiscales）之用語，某種意義上似有將稅法上租稅規避之概念與私法上發展而出的權利濫用概念脫鉤之考量，實值後續續行觀察。

參、租稅規避與其他相類概念之區別

一、概說

　　雖然透過中央行政法院之相關裁判及學說之補充，在法國稅法制度中得以清晰探知租稅規避之意義及特徵。不過，在實際之稅捐稽徵案件中，租稅規避仍然面臨了與其他相鄰概念或相類概念之區別問題。尤其在稅捐規避措施之判斷標準在概念上係由中央行政法院之判例累積而成，其他相鄰之類似概念乃不可避免成為稅法上論述相關問題之際所應預先處理之事項。尤其是稅捐規避與稅法上納稅義務人所從事之

---

notifiées sur le fondement du présent article, le litige est soumis, à la demande du contribuable, à l'avis du comité de l'abus de droit fiscal. L'administration peut également soumettre le litige à l'avis du comité. *Si l'administration ne s'est pas conformée à l'avis du comité, elle doit apporter la preuve du bien-fondé de la rectification.* Les avis rendus font l'objet d'un rapport annuel qui est rendu public.」。

通謀虛偽意思表示、漏稅等行為之判斷,經常不易明確。因此,在論述稅法上權利濫用之際,探究其他相類之鄰近概念,乃有必要。

二、租稅規避與稅法上通謀虛偽意思表示

　　大體上,在法國稅法制度中,租稅規避或者所謂稅法上的權利濫用,與稅法領域中納稅義務人出於通謀之虛偽意思所作成之法律行為,仍屬有別[36]。稅法上的通謀虛偽(la simulation fiscale)乃因此被定義為:「稅法上納稅義務人為減輕其稅捐負擔所從事之秘密約定」。就此,法國民法第1321 條有關通謀虛偽意思表示之規定:「通謀虛偽之密約僅能在締約雙方當事人間生效,對於第三人不生效力(Les contre-lettres ne peuvent avoir d'effet qu'entre les parties contractantes; elles n'ont point d'effet contre les tiers.)[37]」亦可謂為法國稅法中得以適用之定義性規定。租稅規避或稅法上權利濫用之行為,與納稅義務人所從事私法上之通謀虛偽意思表示,仍屬有別。一方面,納稅義務人實施稅法上權利濫用行為之際,事實上所欲發生者乃該等行為之真實效果,並無虛偽之可言。另方面,法稅法實務中向來接受稅捐稽徵

---

[36] J. Grosclaude / P. Marchessou, Procédures fiscales, 2ᵉ, Dalloz, Paris 2001, p.238.

[37] 相形之下,我國民法第 87 條規定:「表意人與相對人通謀而為虛偽意思表示者,其意思表示無效。但不得以其無效對抗善意第三人。虛偽意思表示,隱藏他項法律行為者,適用關於該項法律行為之規定。」,與法國民法之規定該意思表示仍於締約雙方當事人間有效,並不相同。

機關得以成為法國民法第 1321 條所稱之第三人，因此在程序上稅捐稽徵機關通常援用民法之規定即足以作為剔除租稅申報之依據，因此所發生之問題較為有限[38]。

三、租稅規避與逃漏稅之區別

在稅法制度中，租稅規避與稅法上其他不被稅法秩序所容許之行為，特別是具備稅法上可罰效果之逃稅行為（l'évasion fiscale）或刑法上可罰之租稅詐欺行為，經常發生判斷上之混淆[39]。所謂漏稅，乃以納稅義務人故意隱藏其經濟活動之利益或故意增加其交易成本之負擔以圖達到減輕稅捐負擔目的之行為。而租稅詐欺或稱逃稅，乃以納稅人實施不法之詐術（les manoeuvres frauduleuses）使稅捐稽徵機關陷於錯誤俾以達到減免稅捐負擔之效果，且以當事人具備明確之主觀上意圖（un élément intentionnel）為必要，以故意遺漏申報、偽造單據、隱匿租稅客體等可罰行為實施。二者在稅法上本身即為明確之不法（contra legem）行為[40]。

---

[38] F. Deboissy, La simulation en droit fiscal, LGDJ, Paris 1997, p.2 et suivantes.

[39] C. Robbez-Masson, La notion d'évasion fiscale en droit interne français, LGDJ, Paris 1990, p.112.

[40] A. Chautard-Angotti, Bonne foi, mauvaise foi, manoeuvres frauduleuses: intérêt de la distinction, in: T. Lambert (Dir.), Les sanctions administratives fiscales: aspects de droit comparé, l'Harmattan, Paris 2006, p.144. 而相形之下，納稅義務人選擇稅法規範所有意引導之節稅行為，則構成法內行為（intra legem）。 C. Robbez-Masson, La notion d'évasion fiscale en droit interne français, LGDJ, Paris 1990, p.114.

然而租稅規避，於法國司法及稽徵實務上所被區分之兩種典型，亦即異常之管理行為（l'acte anormal de gestion）及權利濫用兩種類型中，均被當作所謂「法外行為」（extra legem）來看待，納稅義務人利用法律技術或其他形式上合法之行為作成迂迴之法律行為，以圖減輕其原本應納之稅額。例如，締結之契約名為買賣實為贈與，以圖規避贈與稅是[41]。稅法上權利濫用之定義，在學說上廣被引述者係 M. Cozian 教授下的定義：「稅法上的權利濫用，乃是稅法上對於『聰明得過了頭』的納稅義務人的懲罰。很明顯地，這類行為沒有明確違反既存的稅法規定，而與稅法上的其他不法行為，例如靠著隱藏的手段降低所獲得之利益或者應負擔稅捐之全部或一部等等，有所區別。因此，作為一種法律上所不容之行為，稅法上的權利濫用不是違反了法條的文字，而是違反了稅法的精神。這同樣為正義所不容，稅法上之權利濫用係對於法律制度之操弄，針對法律所賦予的形成空間或選擇空間的操縱。因此，權利濫用，乃是對於法律上選擇權的濫用[42]。」因此，在此定義之下，當納稅義務人針對

---

[41] M. Bouvier, Introduction au droit fiscal général et à la théorie de l'impôt, p.51.

[42] « l'abus de droit est le châtiment des surdoués de la fiscalité. Bien évidemment, ils ne violent aucune prescription de la loi et se distinguent en cela des vulgaires fraudeurs qui par exemple dissimulent une partie de leurs bénéfices ou déduisent des charges qu'ils n'ont pas supportés. L'abus de droit est un péché non contre la lettre mais contre l'esprit de la loi. C'est également un péché de juriste; l'abus de droit est une manipulation des mécanismes juridiques là où la loi laisse la place à plusieurs voies pour obtenir un même résultat; l'abus de droit, c'est l'abus des

特定稅法上交易活動，**故意隱藏交易之事實，則構成可罰之漏稅**。倘若係透過偽造變造等該當於詐術之不法行為者，則構成租稅詐欺而有刑事責任。反之，倘若納稅義務人對於交易活動之內容未有隱瞞，僅是透過私法上所被賦予的選擇權利或形成空間，做出不合稅法目的的選擇。

四、稅捐規避行為判斷不易之風險分配合理化

在法國稅法制度中，雖在學說理論上足以明確區分避稅、漏稅與逃稅之差異，然而不能否認者，乃在於實際之稅捐稽徵案件中，稅捐稽徵機關與納稅義務人之間仍有可能針對某些邊界案件發生爭執。另方面，稅捐規避之行為又因其內容變化萬千層出不窮，完全透過稅捐稽徵機關以解釋函令之方式明確將稅法上所禁止之規避行為類型化，亦有其困難[43]。因此，法國稅法事實上已經放棄了對於「權利濫用」此一稅法上現象深入探究之意圖，反而出於實用性之考量，試圖將稅法上權利濫用之避稅行為所造成之爭議，降至最低。就此，在法國租稅程序法典 2008 年之修正條文中，為避免

---

choix juridiques ». M. Cozian, Les transactions intra-groupe: le principe des transactions à prix normal, in « Les grands principes de la fiscalité des entreprise », p.22-23.

[43] 在法國稅法實務中，稅捐稽徵機關大體上被承認得以解釋令函（doctrineadministrative）針對特定稅法規範做出解釋，在適用上與我國稅捐稽徵實務相當接近。其中針對納稅義務人所採取特定交易行為是否被解釋為稅法上之權利濫用，亦為實務上經常可見之情形。CE 18 mars 1988, n° 73693, Min. c / Firino-Martell.

納稅義務人從事特定交易活動被稅捐稽徵機關定性為稅法上
權利濫用行為進而遭到剔除，法國租稅程序法典第 L64B 條
乃特別規定：「當納稅義務人在從事特定交易行為之前，預
先地向中央稅捐稽徵機關檢具足以說明交易內容之相關證明
文件提出諮詢，而受諮詢機關未能諮詢提出後在六個月以內
回答此一諮詢者，本法第 L64 條所規定之程序不得適用」[44]。
亦即在制度上，法國稅法制度可謂係透過稅捐稽徵機關事前
之諮詢意見提供，以降低徵納雙方所可能產生之歧見。

　　法國稅法制度中為使稅捐規避行為判斷不易之風險分配
合理化，所選擇之途徑在立法論上，尚包括透過公法上仲裁
程序，使納稅義務人與稅捐稽徵機關雙方均藉由公正第三人
之介入，實際上解決問題[45]。在前引法國租稅程序法典第 L64
條第二項之規定中，規定：「在納稅義務人與稅捐稽徵機關
之間針對因本條所進行之剔除重核意見不一致之際，納稅義
務人得向『稅法權利濫用諮詢及防制委員會』Comité
consultatif des abus de droit）提出請求其出具意見。稅捐

---

[44] 本條係由 Loi n° 2008-1443 du 30 décembre 2008 de finances rectificative pour 2008 article 35 IX: Les I, II, III, VI, VII et VIII 在 2008 年新增訂，並與前述租稅程序法典第 L64 條相同，自 2009 年 1 月 1 日起生效。法文原文引述如下：「La procédure définie à l'article L. 64 n'est pas applicable lorsqu'un contribuable, préalablement à la conclusion d'un ou plusieurs actes, a consulté par écrit l'administration centrale en lui fournissant tous éléments utiles pour apprécier la portée véritable de cette opération et que l'administration n'a pas répondu dans un délai de six mois à compter de la demande.」。

[45] M. Bouvier, Introduction au droit fiscal général et à la théorie de l'impôt, p.51.

稽徵機關亦得向該委員會為相同之請求。」。另外，法國租稅總法典 CGI 第 1653 條則規定了有關權利濫用諮詢及防制委員會之組成：（第一項）「租稅程序法典第 L64 條所規定之委員會，其成員包括下列人員：a.中央行政法院之調查官一名，並任主席。b.最高法院調查官一名。c.諳熟稅務爭訟案件之律師一名。d.審計法院調查官一名。e.公證人一名。f.會計專家一名。g.經檢覈考試合格之大學教授，法學或經濟學專業一名。（第二項）權利濫用諮詢及防制委員會之成員，由負擔預算事務之部長，經由前項第 c 款成員、第 e 款成員及第 f 款成員所組公會之全國聯合會推薦後提名組成。（第三項）權利濫用諮詢及防制委員會成員之缺任補充，其條件依前項規定進行之。（第四項）負擔預算事務之部長，得指定一名或數名公共財政總署所屬之 A 類公務員擔任本委員會調查官之職[46]。」。透過此等程序性設計，相當程度

---

[46] 本條規定之法文原文，引述如次：「Le comité prévu à l'article L 64 du livre des procédures fiscales comprend: a. un conseiller d'Etat, président; b. un conseiller à la cour de cassation; c. Un avocat ayant une compétence en droit fiscal; d. un conseiller maître à la Cour des comptes; e Un notaire; f. Un expert-comptable; g. Un professeur des universités, agrégé de droit ou de sciences économiques. Les membres du comité sont nommés par le ministre chargé du budget sur proposition du Conseil national des barreaux pour la personne mentionnée au c, du Conseil supérieur du notariat pour la personne mentionnée au e et du Conseil supérieur de l'ordre des experts-comptables pour la personne mentionnée au f. Des suppléants sont nommés dans les mêmes conditions. Le ministre chargé du budget désigne en outre un ou plusieurs agents de catégorie A de la direction générale des finances publiques pour remplir les fonctions de rapporteur auprès du comité.」。

也可看出法國稅法制度講求實用性的一面，似值參考。

肆、失敗的避稅與稅法上的裁罰權力

一、概說：善意與惡意之納稅人在稅法上之明顯區別

　　納稅義務人在交易關係中採取迂迴避稅之措施，固有可能成功說服法院而使得此等稅法上的投機行為獲致成功者[47]。然而，在前述有關法國稅法上權利濫用或租稅規避之相關制度說明之中，吾人不得否認者，乃失敗之租稅規避行為當毫無疑問在稅法上發生一定之效果。首先，稅捐稽徵機關有權在構成租稅規避之課稅案件中，動用所謂實質課稅原則剔除調整納稅義務人所申報之應納稅額[48]。倘若因可歸責於納稅義務人之規避行為因而遲延應納稅額之際，尚有可能負擔一定額度之遲延利息[49]。不過在稅捐稽徵實務中，真正的問題其實在於：失敗的避稅行為在遭到稅捐稽徵機關剔除調整之際，是否必然隱含著受到稅捐稽徵機關一定程度裁罰之風險？特別是在前述法國租稅程序法典 L64 條以及租稅總法典第 1729 條有關申報不實或遺漏的處罰中，均可見得如此之結果。不過，單純僅由法條之規定即認為納稅義務人之規避行為必然面臨稅法上之裁罰權力，也未免過於簡化法國

---

[47]　O. Fouquet, Le caractère subsidiaire de l'abus de droit, DF nº 20 2007, comm. 522.

[48]　CE Sec. 20 févr. 1974, Lemarchand.

[49]　CE 14 avril 1986, SA « Matériel ferroviaire et industriel ».

稅制之實際面貌。事實上，在法國稅法領域中，納稅義務人
對於不法行為之作成（特別是申報有所欠缺或遺漏），大體
上所發生之稅法責任應該依據納稅義務人的主觀可責性做明
確之區分。首先應特別指出者，乃在於法國中央行政法院長
年以來所確定之基本原則，乃在於善意（bonne foi）之納稅
義務人，亦即對於特定行為構成稅法制度所禁止之權利濫用
行為不知情者，大體上在稅法上之處理甚為寬鬆。反之，當
特定交易關係中之納稅義務人被認定為具有惡意（mauvaise
fois）甚或構成不法之詐術之際，則稅捐稽徵機關即取得相
當程度之裁罰權力[50]。因此，除了稅捐稽徵機關得以針對納
稅義務人規避措施得以剔除重核以外，在納稅義務人構成惡
意之際，法國稅法制度中亦設有處罰之規定。總體而言，在
法國稅法中針對因申報短漏所進行之裁罰，正如法國中央行
政法院所再三強調者，乃「**依據不法行為之性質及程度決定**
（la nature et l'importance des infractions commises）[51]」。

二、避稅與稅法上處罰措施

在法國稅法制度中，出於稅捐負擔公平分配之考量[52]，

---

[50] 當然，其中涉及納稅義務人應負擔刑事責任之追究部分，在法國法制中與我國法同，均以法院作為有權決定之機關。參見黃源浩，法國稅法規範基本問題，財稅研究，第36卷第3期，頁180以下。

[51] CE 2 octobre 1985, n° 18006, Kaminsky.

[52] 特別是法國憲法委員會所再三宣示者，「公共負擔應該基於負擔能力要平均地分配予公民（doit être également répartie entre les citoyens, en raison de leurs facultés）」。此乃使得法國稅制中，稅捐稽徵機關針對租稅逃漏甚或規避

原則上對於納稅義務人出於惡意，亦即明顯知情之情形下所從事之租稅規避或稅法上權利濫用行為，設有裁罰之措施。反之，針對因善意亦即不知情之納稅義務人所涉及之租稅上申報不足，至多僅有就其短納或短報稅額課徵遲延利息之可能，基本不生處罰問題[53]。判斷之關鍵，乃在於納稅義務人主觀上是否知悉，亦即是否具有惡意作為主要之判斷基準。

(一) 善意之納稅義務人

在法國稅法制度中，納稅義務人雖實施權利濫用之行為而遭到稅捐稽徵機關動用實質課稅原則剔除或調整其租稅申報內容，其效果主要係表現在本稅之追補或重核，此一重核之效果，無論納稅義務人主觀狀態如何均在所不問[54]。然而倘若納稅義務人係出於善意從事此等迂迴規避之行為，則基本上僅有本稅重核之補稅效果，並無其他處罰。所謂善意，係指納稅人不知特定行為為稅法所禁止，此在稅捐規避之領域中特別重要，蓋一來規避行為「這類行為沒有明確違反既存的稅法規定」，二來「法律所未禁止者，即屬許可」。一般於法國稅捐稽徵實務上，倘若特定行為已經由稅捐稽徵機

行為之防杜，取得其憲法依據。Cons.const. 30 décembre 1981, n° 81-133 DC, Loi de finances pour 1982 .

[53]　CE 2 octobre 1985, n° 18006, Kaminsky.

[54]　當然也必需強調，稅捐之稽徵就本稅而言係羈束之法律關係而非裁量之法律關係，與裁罰措施不同。L. Trotabas / J. M. Cotteret, Droit fiscal, Dalloz, Paris 1997, p.11-12.

關透過稅法上解釋函令明確宣示其構成稅法上權利濫用行為，通常即可推定納稅義務人非屬善意[55]。

　　法國稅法中對於善意之納稅義務人態度甚為寬容，不僅止於裁罰領域不罰善意行為人，甚至針對稅捐稽徵機關依據職權對於稅法所進行之解釋，亦被要求不得逾越善意納稅人保護之界限。法國租稅程序法典 LPF L-80A 第 1 項乃規定：「**善意之租稅債務人所應負擔之稅捐債務，不得因稅捐稽徵機關對稅法條文已作成之解釋有所不同而有所增加[56]。**」，換言之，在納稅義務人確定為善意之情形下，不僅排除對稅捐稽徵機關作成裁罰措施之可能性，甚且連本稅之嗣後稅捐之核課增加，亦在排除之列[57]。

---

[55] CE 8 avril 1998, n° 192539, Sté. De distribution de chaleur de Meudon et d'Orléon. 當然這樣的作法在行政實務上會引起另外一個問題：有沒有可能稅捐稽徵機關為了保險起見，浮濫地將所有可能發生的情況全部列入解釋函令加以禁止呢？作者知悉的狀況是，這種顧慮不太容易發生。一則在於前述「稅法權利濫用諮詢及防制委員會」會透過行政監督控制此等令函；二則在法國稅法上，解釋令函是有可能成為撤銷之訴（性質上乃客觀之訴）的對象的。

[56] 本條規定原文為：「Il ne sera procédé à aucun ressaussement d'imposition antérieures si la cause du rehaussement poursuivi par l'administration est un différend sur l'iterprétation par le redevable de *bonne foi* du texte fiscal et s'il est démontré que l'interprétation sur laquelle la première décision a été, à l'époque, formellement admise par l'administration.」。

[57] 不僅如此，即便是遲延利息，在納稅義務人善意之情形下，亦可根據法國租稅總法典第 1727 條在一定範圍內加以免除。

㈡ 惡意之納稅義務人

在納稅義務人申報稅捐之際，倘若對於所從事之交易活動構成法國租稅程序法典第 L64 條所稱之權利濫用行為有所知悉，亦即構成惡意之申報之際，設有裁罰規定。所謂惡意，**係指納稅義務人對特定行為係稅法所不許，事先知悉之謂**[58]。法國租稅總法典第 1729 條有關納稅義務人申報不實或遺漏的處罰大體上也是依據納稅義務人之可責程度加以區分；在納稅義務人係惡意之情形下：「在稅捐申報、有關稅基計算及支付之相關文件、以及稅捐不當支付由國家退稅返還之申報案件中，申報不實或有遺漏者，依下列規定課處納稅人滯納金：a.故意之缺漏者，應納稅額之百分之四十。b.構成租稅程序法典第 L64 條所稱之權利濫用行為時，應納稅額之百分之八十。但納稅義務人未能被確定採取主動的措施以形成權利濫用之行為，或機關未能確定納稅義務人係主要受益人時，應納稅額百分之四十。c.實施不法詐術、以偽造手段隱藏契約真實價格或者構成本法典第 792bis 條之交易者，應納稅額之百分之八十[59]。」因此，在出於維護稅

---

[58] 最常見之情形，莫過於針對特定類型之權利濫用，已為稅捐稽徵機關明列於解釋令函之中，納稅義務人仍執意（le caractère volontaire）從事該等行為。CE mai 1993, n° 116269, Cohen.

[59] 本條規定原文引述如下：「Les inexactitudes ou les omissions relevées dans une déclaration ou un acte comportant l'indication d'éléments à retenir pour l'assiette ou la liquidation de l'impôt ainsi que la restitution d'une créance de nature fiscale dont le versement a été indûment obtenu de l'Etat entraînent l'application d'une

捐公平及兼顧對於納稅義務人私法上法律關係或經濟活動不過度介入之考量下，法國稅制乃嚴守裁罰措施以惡意行為為對象之原則，藉以降低稅捐稽徵機關濫用稅法上實質課稅原則影響交易活動之可能。

三、舉證責任之分配

在前述避稅行為依據納稅義務人善意及惡意區分其可罰程度之制度中，稅捐稽徵機關面對納稅義務人之特定行為是否構成惡意之避稅，原則上負有證明之責。如此之制度主要來自於法國民法第 2268 條之規定：「行為原則上推定為善意，主張他人行為係惡意者，負舉證之責（la bonne foi est toujours présumée, et c'est à celui qui allègue la mauvaise foi à la prouver）」[60]。法國中央行政法院在 CE 26 février 2003, n° 223092, Sté. Pierre de Reynal et C ie 一案中，針對波爾多行政上訴法院（CAA Bordeaux）於下級審判決中所揭示之舉

---

majoration de: a. 40% en cas de manquement délibéré; b. 80% en cas d'abus de droit au sens de l'article L. 64 du livre des procédures fiscales; elle est ramenée à 40% lorsqu'il n'est pas établi que le contribuable a eu l'initiative principale du ou des actes constitutifs de l'abus de droit ou en a été le principal bénéficiaire; c. 80% en cas de manœuvres frauduleuses ou de dissimulation d'une partie du prix stipulé dans un contrat ou en cas d'application de l'article 792 bis.」。

[60] 由其必需進一步指出者，乃裁罰領域之舉證與稅捐稽徵領域之舉證不同，在法國法上特別要求就證明程度而言應達到與刑事處罰相同之標準。J.-P. Lieb, Etat des lieux et perspectives en France, in: T. Lambert (Dir.), Les sanctions administratives fiscales: aspects de droit comparé, l'Harmattan, Paris 2006, p.13-18.

證責任分配法則，明確指出謂：「鑑於，首先，企業為第三人之利益所同意進行之無息放款以及債權拋棄，就一般常理而言（en règle générale），並非合於常規之經營管理行為，除非此等行為係基於企業本身固有之利益而進行。是故，倘若稅捐稽徵機關認為此等企業為第三人之利益所進行之無息放款以及債權拋棄事實構成不合常規之營業，**稅捐稽徵機關乃被要求提出證據，以說明該企業無法證明因此等行為受有對價之利益。**」。因此，倘若納稅義務人所進行之特定交易雖被認定為權利濫用之行為，**倘若稅捐稽徵機關無法證明其為惡意，則至多僅能補稅，不得處罰。**

伍、結論

一、在法國稅法制度中，稅捐規避概念係透過「稅法上權利濫用」而形成。大體上在稅法權利濫用尚未被明文規定的年代，此一概念得以透過稅法與民法之共通性而適用在稅法領域。不過法國稅制仍然在租稅程序法典第 L64 條設置了一般性之規定，又另外針對個別常見之類型有個別之規範。不過權利濫用或稅捐規避在法國法上從來就不是容易判斷之行為，法國中央行政法院一方面承認稅捐稽徵機關有權否認此等經刻意安排之事實，另方面卻又堅持稅捐稽徵機關應證明此等事實僅表面真實[61]。是以在實際之課稅案件中，

---

[61]　CE 20 fév. 1974; CE 8 avr. 1998.

判斷上不免即發生疑難。為解決此一認定上之困難，法國租稅程序法典第 L64 條特別規定，遇有納稅義務人就特定行為是否構成權利之濫用而與稅捐稽徵機關發生爭執時，得請求將案件移交「權利濫用諮詢及防制委員會」（由公正之第三人認定係爭行為是否屬權利濫用[62]，而得為稅捐稽徵機關所否認。如此透過程序性之手段試圖降低因為稅捐規避認定不易導致之問題，可謂為法國稅法制度中的重要特色。

　二、租稅規避與漏稅並不相同，關鍵在於納稅義務人在**規避案件中並未有隱匿所得或交易關係事實**，而係透過迂迴婉轉之安排，使其規避掉原本可能發生之稅捐負擔。反之，稅捐逃漏，其中隱藏交易事實（例如有交易行為，帳冊故意漏未登載）者可能構成漏稅、使用詐術者（特別指的是偽造或變造交易憑證等）可能構成逃稅。**避稅乃法外行為，逃漏稅乃不法行為，彼此間容有相當之差距**，此亦為法國稅法制度所承認及強調。

　三、當納稅義務人所從事之私法上交易行為被認定為權利濫用之際，稅捐稽徵機關固有權剔除重核納稅義務人所進行之租稅申報。不過，**本稅之補稅與裁罰行為，在法國法上被嚴格區分**。法國稅法制度中，雖針對稅捐規避當事人設有罰則，不過此一罰則之限制甚多。首先處罰僅限於惡意之當事人，善意當事人不處罰。其次，納稅義務人所從事之規避行為雖屬惡意，但納稅義務人未能被確定採取主動的措施以

---

[62]　M. Bouvier, Introduction au droit fiscal général et à la théorie de l'impôt, p.51.

形成權利濫用之行為，或機關未能確定納稅義務人係主要受
益人時，處罰亦有減輕之規定。最後，在具體課稅案件中，
倘若稅捐稽徵機關認為納稅義務人所採取之特定交易措施構
成稅法上權利濫用而行使裁罰權力之際，稅捐稽徵機關針對
納稅義務人係屬惡意，應負擔舉證責任。

納稅人基本權系列之二十一

稅法學說與判例研究(一)

2012 年 7 月 初版發行

著　　者	黃源浩
發 行 人	洪詩棠
出 版 者	翰蘆圖書出版有限公司
法律顧問	曾榮振律師
印　　製	金華排版打字行
電　　話	02-2382-1169

總經銷	五南圖書出版股份有限公司
地址	106台北市大安區和平東路二段339號4樓
電話	02-27055066
傳真	02-27066100
網址	https://www.wunan.com.tw
信箱	wunan@wunan.com.tw
劃撥帳號	01068953
戶名	五南圖書出版股份有限公司
粉絲專頁	五南讀書趣Wunan Books
書號	4U23

加入會員，直購優惠。

書局缺書，請告訴店家代訂或補書，或向本公司直購。

定價　新臺幣 300 元

國家圖書館出版品預行編目資料

稅法學說與判例研究 / 黃源浩著. -- 初版. -- 臺北市：
翰蘆圖書，2012.7.
　冊；15cm×21cm. (納稅人基本權系列：21)

ISBN 978-986-7522-71-9 (第1冊：平裝)

1. 稅法　2. 判例　3. 論述分析

567.023　　　　　　　　　　　　　100019813